Controlling von Bildung, Evaluation oder Bildungs-Controlling?

Petra Gerlich

Controlling von Bildung, Evaluation oder Bildungs-Controlling?

Überblick, Anwendung und Implikationen
einer Aufwand-Nutzen-Betrachtung
von Bildung unter besonderer Berücksichtigung
wirtschafts- und sozialpsychologischer Aspekte
am Beispiel akademischer Nachwuchskräfte in Banken

Rainer Hampp Verlag   München und Mering   1999

Die Deutsche Bibliothek - CIP-Einheitsaufnahme

Gerlich, Petra:
Controlling von Bildung, Evaluation oder Bildungs-Controlling? :
Überblick, Anwendung und Implikationen einer Aufwand-Nutzen-
Betrachtung von Bildung unter besonderer Berücksichtigung
wirtschafts- und sozialpsychologischer Aspekte am Beispiel
akademischer Nachwuchskräfte in Banken / Petra Gerlich. -
München ; Mering : Hampp, 1999
    Zugl.: Eichstätt, Kath. Univ., Diss., 1998
    ISBN 3-87988-369-6

Liebe Leserinnen und Leser!
Wir wollen Ihnen ein gutes Buch liefern. Wenn Sie aus irgendwelchen
Gründen nicht zufrieden sind, wenden Sie sich bitte an uns.

∞   *Dieses Buch ist auf säurefreiem und chlorfrei gebleichtem Papier gedruckt.*

© 1999   Rainer Hampp Verlag   München und Mering
          Meringerzeller Str. 16   D - 86415 Mering

          Internet: http://www.hampp.de

Inhaltsverzeichnis

Abbildungsverzeichnis

Tabellenverzeichnis

Formelverzeichnis

Seite

Vorbemerkung

Die vorliegende wirtschaftspsychologische Studie hat es sich zum Ziel gesetzt, einen praktikablen, möglichst vollständigen und bildungsadäquaten Ansatz zur Erfassung des Aufwand-Nutzen-Verhältnisses von Personalentwicklung vorzuschlagen. Aus dieser Perspektive scheint es nötig und sinnvoll, sich zunächst mit den Ursprüngen des Controlling überhaupt, dessen Anwendung im Personalbereich im Sinne des Personal-Controlling und einem Überblick zu bereits bestehenden Konzepten zu Bildungs-Controlling zu beschäftigen. Um den Anspruch an ein bildungsadäquates Bildungs-Controlling einlösen zu können, müssen daher auch Konzepte berücksichtigt werden, die dem besonderen Wesen von Bildung gerecht werden; dies soll über den Einbezug der psychologisch-pädagogischen Beiträge aus dem Bereich der Evaluation und Transfersicherung geschehen. Für die Ableitung und Operationalisierung der Erfolgskriterien oder -indikatoren der Bildung werden insbesondere psychologische Konzepte von Motivation und Identifikation explizit in die Überlegungen mit einbezogen.

Aus den obengenannten Gründen ist die vorliegende Untersuchung sehr breit angelegt, um möglichst viele wichtige Facetten eines Bildungs-Controlling zu berücksichtigen. Dies hat zur Folge, daß die Darstellung und Diskussion der theoretischen Konzepte, was deren theoretische Begründung, Weiterentwicklung, aber auch Kritik und Würdigung betrifft, relativ knapp behandelt wird. Es wird daher im vorliegenden Rahmen an gegebener Stelle auf andere Autoren verwiesen, die die jeweiligen theoretischen Konzepte intensiver beleuchtet haben.

Das Ziel dieses ersten Teils ist also ein eher theoretisches, wohingegen in einem weiteren Teil das Zielinteresse vorwiegend praktischer Natur ist.

In diesem weiteren Teil der Arbeit wird versucht, das Ergebnis der theoretischen Überlegungen soweit möglich auf das Traineeprogramm der Volksbanken und Raiffeisenbanken in Bayern zu übertragen. Eine gewisse Einschränkung bei diesem Unterfangen ergibt sich aus der dezentralen Organisationsstruktur der genossenschaftlichen Primärbanken, die einem Verbund von ca. 650 autonomen Einzelunternehmen angehören.

Aber wie kam es überhaupt zu dieser Arbeit und in welchem Rahmen ist sie zu sehen?

„Die Akademikerquote bei den Sparkassen ist ... mit 3,2 % im Vergleich zum gesamten Branchenwert von 8,5 % immer noch relativ niedrig" (S. 185) schreibt Uttitz 1997. Das bedeutet, daß die 1992 in einer Personalstrukturanalyse festgestellte Akademikerquote bei den Volksbanken und Raiffeisenbanken in Bayern mit 1,17 % und bundesweit mit 2,26 % als äußerst niedrig bezeichnet werden darf. Damit rangiert in Bayern die Akademikerquote im Vergleich zu den anderen Verbandsgebieten an der elften und damit letzten Stelle (GVB, 1992).

Bei der Rekrutierung von Fach- und Führungsnachwuchs wird bei den bayerischen Volks- und Raiffeisenbanken häufig ausschließlich auf interne Stellenbewerber zurückgegriffen, die mit Hilfe einer gut ausgebauten Aufstiegsfortbildung in den Bildungsstätten der Genossenschaftsbanken entwickelt werden. Damit wird aber häufig ein Personalmarktsegment, bzw. eine andere Möglichkeit, qualifizierte Mitarbeiterinnen und Mitarbeiter extern zu gewinnen, völlig ausgeklammert, nämlich das Segment der Hoch-/Fachhochschulabsolventen.
Dies hat vermutlich vielfältige Gründe:

- Konservatismus bzw. Traditionalismus im Sinne von „bisher sind wir auch ohne Hochschulabsolventen gut gefahren" sowie Entscheidungsträger in Gestalt von erfolgreichen Praktikern und deren eigener Karriereerfahrungen;
- Bedenken bzgl. der Leistungsfähigkeit der Unternehmung im Hinblick auf die Erwartungen der Akademiker (Betriebsgröße, Gehälter, Aufstiegsmöglichkeiten usw.);
- Befürchtungen bzgl. der reibungslosen Eingliederung sowie mangelhafter Identifikation und Verweildauer der Akademiker;
- Kosten der Ausbildung (z.B. Traineeprogramm etc.);
- Bedenken gegenüber der Praxisferne der bisher hauptsächlich theoretisch ausgebildeten Hochschulabsolventen;
- Gefahr der Förderung im nachhinein doch ungeeigneter Personen (Irrtumswahrscheinlichkeit bei der Auswahl Förderungswürdiger).

Ein weiteres Problemfeld bei der internen Personalbeschaffung ergibt sich dadurch, daß viele Mitarbeiter mit Hochschulzugangsberechtigung, die sich der Bank aufgrund ihrer Leistung bereits empfohlen haben, das Unternehmen zunächst für die Dauer eines Studiums, aber zum Großteil auch für immer verlassen.

Zur Einordnung der vorliegenden Arbeit ist also folgendes vorwegzustellen: Im Rahmen eines Promotionsprojektes in der Akademie Bayerischer Genossenschaften, der Bildungseinrichtung der Volksbanken und Raiffeisenbanken in Bayern, waren folgende Aufgaben im Bereich „Akademischer Nachwuchs" auf wissenschaftlicher Grundlage eingehender zu untersuchen:

- Kontaktaufnahme zu Studierenden/Absolventen im Rahmen von Firmenkontaktgesprächen aus Rekrutierungsgründen;
- Information und Beratung von interessierten Banken, Bankmitarbeitern oder externen Bewerbern sowie Unterstützung bei der Planung und Durchführung von Maßnahmen;
- Organisation/Durchführung von Weiterbildungsveranstaltungen für den „Akademischen Nachwuchs" sowie Informationsmaßnahmen für die Banken;

• konzeptionelle Pflege, Weiterentwicklung und Evaluation der Programme.

Es gibt PE-Instrumente, die die oben beschriebenen Tendenzen abzufangen in der Lage sind bzw. die Attraktivität eines genossenschaftlichen Arbeitgebers steigern können. Anliegen dieser Arbeit ist es, eines dieser Instrumente, nämlich das genossenschaftliche Traineeprogramm, herauszugreifen und dessen Rahmenbedingungen, Voraussetzungen und Möglichkeiten einer Personalentwicklung im Segment „Akademische Nachwuchskräfte" in einer Art Phasenverlauf der beruflichen Planung näher zu betrachten. Dies schließt die beruflichen Ziele von Auszubildenden im Hinblick auf ein Studium, die beruflichen Ziele von Studenten mit/ohne Betreuung durch eine Bank ebenso ein, wie das Bewerberaufkommen für eine Tätigkeit in Genossenschaftsbanken und als Schwerpunkt die Leistungsfähigkeit eines Einarbeitungsprogramms für Akademiker.

Mein herzlichster Dank gilt allen, die an dem Zustandekommen dieser Arbeit beteiligt waren.
Ich danke den geduldigen Beantworterinnen und Beantwortern meiner Fragebogen.
Herrn Univ.-Prof. Dr. Dr. Roland Wakenhut danke ich recht herzlich für die äußerst wertvollen Anregungen im Laufe der Fertigstellung dieser Arbeit.
Herrn Gerhard Bürkle, Mitglied des Vorstandes des Genossenschaftsverbandes Bayern (Raiffeisen/Schulze-Delitzsch) e.V., bin ich für die Initiation und Ermöglichung dieses Dissertationsprojektes sehr verbunden.
Herrn Martin L. Landmesser und Herrn Reinhold Brugger danke ich für ihre Unterstützung und die flexible Gestaltung meiner Stelle. Meinen Kollegen, und hier v.a. Isabel Kuhlmann und Volkmar Hensel, danke ich für die betriebswirtschaftlichen Tips und Anregungen.
Für die Rührigkeit seines grammatikalischen und orthographischen Rotstifts stehe ich in Bernds Schuld.

Der Narr scheitert, weil er schwierige Dinge für leicht hält.
Der kluge Mann scheitert, weil er leichte Dinge für schwierig hält.

John Churton Collins

Für Andreas.

Einführung

Zumindest in der Fachliteratur besteht seit einigen Jahren Konsens darüber, daß die humanen Ressourcen oder einfach der arbeitende Mensch der auf lange Sicht wichtigste Erfolgsfaktor eines Unternehmens ist, da oft die meisten der übrigen Erfolgsfaktoren wie Know-how, Standort- und Kostenaspekte Konsequenzen bzw. Ergebnisse des Humankapitals sind. Neues Know-how wird beispielsweise nur durch Mitarbeiter[1] erreicht; von Ausbildungsstand und Motivation der im Unternehmen tätigen Menschen hängen Produktqualität sowie Kundenorientierung ab. Die Bedeutung dieser Aspekte wird dadurch betont, daß eben Know-how, Dezentralisierung und Entrepreneurship sowie die Stellung einer Unternehmung im europäischen als auch im globalen Gefüge immer wichtiger werden. Auch die Anzahl von Dienstleistungen nehmen einen immer größeren Anteil an Produktionen ein. Im Verband mit sich immer ähnlicher werdenden Produkten, v.a. im Bankensektor, personifiziert die Mitarbeiterschaft das Dienstleistungsprodukt, welches üblicherweise einem "Materialisierungsproblem" unterliegt. Denn Dienstleistungsprodukte sind flüchtig, sie sind nicht greifbar und weisen eine hohe Komplexität auf, so daß die Vorteile einer Markenbildung (Sicherheit, Orientierung, Differenzierung und Reduktion von Komplexität) nur schwer über das Produkt an sich zustande kommen können. Wenn also nun das Ziel der Markentechnik die Sicherung der Monopolstellung in der Psyche des Verbrauchers darstellt, und wenn der Verbraucher jemand ist, dessen Informationsverhalten kritischer und aktiver geworden ist, und zusätzlich die Orientierung für den Verbraucher im Dienstleistungsbereich nur schwierig über Marken-/Produkteigenschaften vermittelbar ist, so müßte eigentlich der dienstleistende Mensch das Produktimage bilden. Zielvariable in diesem Gefüge stellen also Mitarbeiter dar, die über das Können und Wollen verfügen, die Ziele der Organisation mit ihren eigenen zu vereinbaren und somit durch ihre Verhaltensweisen und Einstellungen sowohl zum Erfolg der Unternehmung als auch zu ihrem persönlichen Erfolg und Wohlbefinden beizutragen. Die Bedeutung eines Human Ressourcen Management in diesem Zusammenhang bringt Brandt (1992) wie folgt auf den Punkt:

> Zu den Gewinnern der herausfordernden Zukunft werden die Unternehmen zählen, die es verstehen, ihre Personalentwicklungs- und Weiterbildungsmaßnahmen systematisch den strategischen Zielsetzungen anzugleichen und mit klar definierten Erfolgssteuerungsinstrumenten eine hohe Kompetenz der Umsetzung zu gewährleisten. Je aufgeschlossener die Menschen in Unternehmen sind, je deutlicher jeder einzelne Sinn und Zusammenhänge seines Tätigkeitsfeldes erkennen kann, je offener über Lernen und Weiterbildung kommuniziert wird, desto erfolgreicher werden die Entwicklungs- und Bildungsmaßnahmen sein. (S. 75 f.)

---

[1] Die männliche Form wird im folgenden der Einfachheit wegen verwendet; selbstverständlich sind auch immer die Vertreterinnen einer genannten Gruppe gemeint.

Die immer lauter werdende Forderung nach einer vermehrt ökonomischen Betrachtung der Effizienz oder Wirtschaftlichkeit von Personalentwicklungsmaßnahmen karikiert W.F. Cascio mit den Worten „Like it or not, *the language of business is dollars, not correlation coefficients*" (1991, p. vii). Selbst wenn sich viele Konzepte bisher nicht oder nur mit Einschränkungen bewähren konnten, sprechen noch sehr viel einleuchtendere Argumente für den Versuch, jeden Weg nach umsetzbaren Effizienzmaßen zu verfolgen. So könnten diese in der Lage sein, als Bemessungsgrundlage der zu verteilenden, aber immer knapper werdenden Ressourcen im Weiterbildungsbereich zu dienen und „der Personalentwicklung den Ruf der beliebig kürzbaren ′Sozialleistung′ (zu nehmen), die nur Kosten verursacht, denen kein kalkulierbarer Nutzen gegenübersteht" (Thierau, Stangel-Meseke & Wottawa, 1992, S. 230). Weiterhin könnte es möglich sein, dem allgemeinen Bedürfnis nach rationalen Grundlagen für die Bewertung von und die Entscheidung für eine von mehreren Handlungsalternativen näher zu kommen und auch den faktischen Nachweis zu erbringen, daß der Unternehmenserfolg durch Weiterbildung positiv beeinflußbar ist; unter diesem Verdacht steht die Weiterbildung ja schon lange. Einen dritten Argumentationsblock stellt die anzustrebende Nachweisbarkeit von Lehr- und Lernerfolgen dar sowie die daraus wiederum resultierende Erhöhung der Lernmotivation. Abschließend könnte sich allerdings auch der Versuch des Nachweises von Bildungserfolg oder -wirtschaftlichkeit zu einer „Art Motor für die Entwicklung der betrieblichen Weiterbildung" (Wakenhut, 1996, S. 17) darstellen, mit der Absicht, daß sich das Bildungswesen weiter professionalisieren und etablieren könnte, daß die „durchgeführten Analysen einzelner Bildungsmaßnahmen ... Anregungen für die Gestaltung anderer Bildungsmaßnahmen" (ebd.) liefern oder, daß schließlich auf dem Weiterbildungsmarkt seriöse von unseriösen Angeboten unterschieden werden könnten.

Die vorliegende Arbeit ist also der Frage auf der Spur, **ob** und **wie** Bildungs-Controlling **Effizienz,** als Input-Output-Relation im Sinne von Wirtschaftlichkeit einer Maßnahme oder ′die Dinge richtig tun′, und **Effektivität,** als Input-Ziel-Relation im Sinne von Erfolg, Ergebnis, Nutzen für das Unternehmen oder ′die richtigen Dinge tun′, erfassen kann oder nicht.

1 Überblick zu theoretischen Wurzeln und Kontext eines Controlling-Ansatzes im Bildungsbereich

Ausgehend von der Hypothese, daß die Annahmen und Vorgehensweisen aus der pädagogisch-psychologischen Evaluationstradition mit denen aus der ökonomischen Controllingtradition zwei Seiten einer Medaille: *Bildungs-Controlling* (BC) darstellen, da BC weder nur kosten- noch nur inhaltslastig begriffen werden kann, ist die Frage zu beantworten, inwiefern beide Traditionen kombiniert werden können, um zu einem befriedigenden Ansatz für Bildungs-Controlling zu kommen. Hierzu ist es notwendig, grundlegend die Themen Controlling, Personal-Controlling und Evaluation zumindest überblicksartig darzustellen. Hiermit sollen die Eckpfeiler, Rahmenbedingungen, Prozesse und Inhalte eines zu entwickelnden Bildungs-Controlling-Ansatzes abgesteckt werden. Ausgangsbasis ist hierbei eine wirtschaftspsychologische Sichtweise, die durch einen betriebswirtschaftlich-ökonomischen Blickwinkel zu ergänzen ist.

1.1 Überblick zum betriebswirtschaftlichen Controlling-Ansatz

Bei der nun folgenden Darstellung soll ein kurzer Überblick über die Aufgaben, Inhalte, Instrumente und Modelle, aber auch über die organisatorische Einbettung und die Steuer- und Meßgrößen des (Unternehmens-)Controlling erfolgen, um in einem späteren Kapitel die für Bildungs-Controlling entlehnten Bestandteile herausarbeiten zu können.

1.1.1 Inhalt, Aufgaben und Instrumente des Controlling

Vermutlich wurde der Begriff **Controlling** zum ersten Mal im 12. Jahrhundert am englischen Königshof verwendet. Der *contre-role* war damals zuständig für die Ein- und Auszahlungen des Hofes. In den USA tauchte der Begriff 1778 erstmals auf, wobei der sog. *Comptroller* für das Staatsbudget und die Staatsausgaben zuständig war. Die Gemeinsamkeiten früherer Definitionen von Controlling lassen sich auf das Rechnungswesen und Kontroll- bzw. Überwachungsaufgaben beschränken. Später übernahm auch die US-amerikanische Privatwirtschaft die Funktion des Controlling, wobei hier zunächst Planung und Rechnungswesen sowie vornehmlich vergangenheitsorientierte Vorgänge im Mittelpunkt standen. Ab 1920 entwickelte sich das Rechnungswesen vom Registrier- und Kontrollinstrument hin zu einem Entscheidungs- und Führungsinstrument. Ab der zweiten Hälfte der 70er Jahre dieses Jahrhunderts fand das Controlling schließlich auch seine Akzeptanz in europäischen Großunternehmen. Gründe für die Einführung und Entwicklung des Controlling lassen sich in der immer größer werdenden Komplexität der Unternehmen selbst als auch ihrer Umwelt erkennen. Zunehmende Arbeitsteilung und Spezialisierung führten zu einem vermehrten Bedarf an Koordination. Controlling wurde somit zu einem Teil der Unternehmensführung mit dem besonderen Merkmal: zum einen die Informationsgewinnung von der Entscheidung und deren Ausführung zu trennen und zum anderen die Informationen zentralisiert zu gewinnen und damit wieder koordinationsfähig zu sein.

Nach Schulte (1989) entwickelte sich das Controlling über Stufen mit verschiedenen *Typen* von Controllern. Der Autor unterscheidet demnach im Zeitablauf den

* **historisch-buchhaltungsorientierten Typ,**
  mit der „Hauptaufgabe in der Einhaltung externer und interner Rechnungslegungsvorschriften" (S. 2);
* **zukunfts- und aktionsorientierten Typ,**
  mit der primären Rolle, „Wirtschaftlichkeitsprüfungen betrieblicher Prozesse durchzuführen und kostenorientierte Verbesserungsvorschläge einzubringen" (ebd.);
* **managementorientierten Typ,**
  mit der Ausrichtung „auf die Bereitstellung eines umfassenden Planungs-, Überwachungs- und Informationssystems" (ebd.).

Vom letzteren Verständnis darf heute ausgegangen werden, wenn die neueren Ansätze und Denkweisen des Controlling die Innovationsförderung als vornehmlichstes Ziel ins Auge fassen.

Ein exakteres Verständnis des heutigen Controllingbegriffs läßt sich allerdings über die Beschreibung der Aufgabenbereiche, der Stärke der Entscheidungsbeteiligung und der verwendeten Instrumente erreichen.

Allgemein läßt sich die **Aufgabe des Controlling** zunächst als **Koordinationsfunktion** im arbeitsteiligen Führungssystem fassen; die in der Literatur verbreitete Auffassung, der Controller würde bei der Gewinnsteuerung mitwirken, ist vom Begriff her nur bedingt richtig, denn dieses Verständnis setzte voraus, daß Controlling nur in Unternehmen mit Gewinnziel eingesetzt würde, was, betrachtet man die Verbreitung des Controlling auch in nicht-gewinnorientierten Organisationen, nicht zutreffend ist.

Eine wesentliche Servicefunktion des Controlling ist die Bereitstellung des EDV-unterstützten Methodenwissens für die Informationssammlung und -auswertung, aufgrund derer die erforderliche betriebswirtschaftliche Transparenz für Korrekturen im Hinblick auf die Erreichung vereinbarter Ziele ermöglicht wird. Diese **Methoden oder Instrumente** sind beispielsweise Kostenanalyse, Deckungsbeitragsrechnung, Kennzahlen bzw. Kennzahlensysteme, Betriebs- und Konzernrechnungen, Planungssysteme etc.

1.1.2 (Ablauf-)Modelle von Controlling

Beim Controlling handelt es sich um einen kontinuierlichen Soll-Istvergleich, wobei die Abfolge und Verbindung der einzelnen Schritte im wesentlichen in einem sog. *control cycle* dargestellt werden können, bei dem die Tätigkeiten Planen, Messen, Bewerten und Korrigieren zyklisch ineinandergreifen; es handelt sich also um immer wiederkehrende Aufgaben in einem geschlossenen Kreislauf. Bezüglich der Auswirkungen von Kontrolle oder Bewertung existieren die sog. *Feedback*-Steuerung und die *Feedforward-Steuerung.*

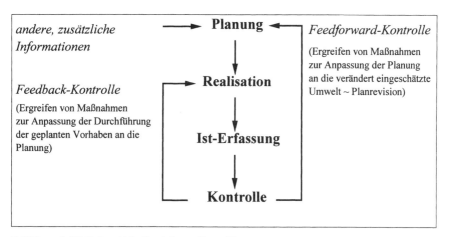

Abbildung 1: Einfaches Ablaufmodell von Controlling

Stark vereinfacht dargestellt, wirken sich die Ergebnisse der Feedback-Kontrolle auf nötige Modifikationen in der Realisationsphase aus und die der Feedforward-Kontrolle auf solche in der Planungsphase. Die Sollabweichungen können entweder anhand eines nachgeschalteten Sensors rückgemeldet werden oder bereits vor Eintritt des Ergebnisses mit Hilfe sog. Frühwarnsignale antizipiert werden. Kombinationen aus beiden Steuerungsansätzen - sowohl Feedback als auch Feedforward - sind ebenfalls möglich.

Schierenbeck (1994) zeigt allerdings ein Konzept auf, in dem die „Prozeßfunktionen im Bank-Controlling" (S. 14) in einen Zusammenhang gebracht werden, wobei sowohl Bewertung als auch Prognose Berücksichtigung finden. Dieses Konzept ist, obwohl aus dem Bank-Controlling stammend, ebenso geeignet, die Funktionen und Aufgaben des Controlling zu verdeutlichen (s. Abb. 2).

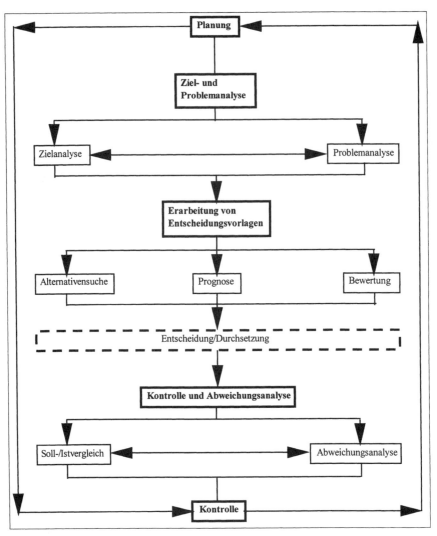

Abbildung 2: Prozeßfunktionen im Bank-Controlling (nach Schierenbeck, 1994, S. 14)

- **Ziel- und Problemanalyse**
  Diese beiden Komponenten im ersten Schritt des Controllingprozesses gehören eng zusammen, denn nur mit konkreten/richtigen Zielen können auch konkrete/die richtigen Probleme erkannt und gelöst werden.

❖ Zielanalyse/-planung

Das Controlling entwickelt Zielvorschläge, keine Zielvorgaben. Bezüglich des Zielsystems hat das Controlling die spezielle Aufgabe, Rentabilitätsargumente zu vertreten, Ziele zu konkretisieren und zu operationalisieren sowie auch Verträglichkeit, Realisierbarkeit und Konsistenz zu überprüfen und durch periodische Überprüfungen Zielrevisionen anzustoßen.

❖ Problemanalyse

Teilfunktionen, die sich aus der Zieldefinition ergeben, sind: den Ist-Zustand und seine Bestimmungsfaktoren festzustellen, wichtige Entwicklungstendenzen zu prognostizieren, Diagnose- und Prognoseergebnisse dem Zielsystem gegenüberzustellen und daraus Problemfelder zu identifizieren und diese schließlich zu zerlegen und nach Prioritäten und Abhängigkeiten zu ordnen.

• **Erarbeitung von Entscheidungsvorlagen**

Aufgrund der vorgelagerten Stufe der Ziel- und Problemkonkretisierung ist es auf einer zweiten Stufe möglich, konkrete Entscheidungsvorlagen zu erarbeiten. Hierzu findet das Controlling in folgenden drei Bereichen Anwendung:

❖ Alternativensuche

Hierbei werden alle prinzipiell zur Problemlösung geeigneten Handlungsalternativen zusammengestellt. Die gefundenen Alternativen werden dann gesammelt, geordnet, konkretisiert, auf Beziehungen und Bedingtheiten analysiert, auf Vollständigkeit und schließlich auf Zulässigkeit überprüft.

❖ Prognose

Im Rahmen der Prognose werden die gefundenen Alternativen im Falle der Umsetzung auf ihre möglichen, zukünftigen Auswirkungen beleuchtet.

❖ Bewertung

In diesem Schritt sind die prognostizierten Auswirkungen der einzelnen Handlungsalternativen bzgl. ihrer Zielwirksamkeit zu vergleichen. Dazu ist es allerdings nötig, daß „schrittweise die zugrunde liegenden [sic] Ziele in Bewertungskriterien umgesetzt, deren relative Bedeutung zueinander festgelegt, die gewünschten bzw. möglichen Skalen zur Messung von Zielwirksamkeitsunterschieden ausgewählt sowie schließlich die Bewertung selbst durchgeführt" (Schierenbeck, 1994, S. 16) werden.

• **Kontrolle und Abweichungsanalyse**

Damit Planung Sinn macht, ist es abschließend nötig, die realisierten Istwerte mit Ziel-/Sollwerten zu vergleichen und mögliche Gründe für Zielverfehlungen zu eruieren. Dies leisten auf einer letzten Stufe im Controllingprozeß folgende Komponenten: Soll-/Istvergleich und Abweichungsanalyse. Dabei ist zu beachten, daß neben den verbreiteteren Ergebniskontrollen (Orientierung an Ergebnissen des Soll-/Istvergleichs) auch Prämissenkontrollen (Orientierung an Aktualität und Adäquatheit getroffener Voraussetzungen) und Verhaltens-/Verfahrenskontrollen (Orientierung an Prozessen im Sinne eines Vergleichs

geplanter und tatsächlich verwandter Verfahren und Techniken sowie Vorgän-
gen bei der Entscheidung, Durchsetzung und Ausführung) möglich sind (vgl.
Schierenbeck, 1994, S. 14 ff.).

Eine wesentliche Aufgabe des Controlling ist es zudem, horizontal und vertikal,
bottom-up und top-down zu berichten und Ergebnisse oder Entscheidungsvorschläge
verständlich aufzubereiten und zu präsentieren.

1.1.3 Entscheidungsbeteiligung und organisatorische Einbettung des Controlling

Bezüglich der **Entscheidungsbeteiligung** weist der Ansatz von Schierenbeck dem
Controlling die Aufgabe der Entwicklung von Zielvorschlägen zu. Hierbei sollte
man sich dessen bewußt sein, daß bestimmte Zielvorschläge bereits bestimmte
Entscheidungen des Management implizieren oder in eine bestimmte Richtung
lenken können. Andere Ansätze gehen bereits so weit, daß sie dem Controlling in der
Planphase das Festlegen von strategischen und operativen Zielen und Zielerrei-
chungskriterien (Plan, Soll, Erwartungswerte) zugestehen.
Besonders treffend, um die Aufgaben des Controllers zu beschreiben, haben sich
bestimmte Metaphern erwiesen, wie der Controller sei Navigator oder Lotse für den
Kapitän, aber auch Sparringspartner des Unternehmens. Er ist häufig eingesetzt als
Management-Assistent, der Informationen liefert, Transparenz sicherstellt und
Korrekturen vorschlägt und einleitet.
Die Frage nach der **organisatorischen Einbettung** der Controllingfunktion läßt sich
nicht allgemeingültig beantworten; es existieren sowohl Linien- als auch Stabsorga-
nisation. Zanner (1988) ließ sich in einem Interview mit einem Controllingexperten
darüber aufklären, daß der Controller „in Unternehmen mit hohem Zentralisierungs-
grad ... eine Stabsfunktion bekleidet, während er in Unternehmen, die nach Sparten
oder Divisions aufgeteilt sind, eine Linienfunktion wahrnimmt" (S. 63). Ob die
Informationsaktivitäten im Rahmen des Controlling zentral oder dezentral organi-
siert werden sollten, ist im wesentlichen von der Beschaffenheit der Informationen
abhängig. Hauschildt und Schewe (1993, S. 71 ff.) unterscheiden beispielsweise
beim Bank-Controlling:

* „Erzwungene Zentralisierung"
  ein Teil dieser Informationen ist periodisch bereitzustellen und stark standardi-
  siert; ein anderer Teil richtet sich auf den gesamten Betrieb mit der Funktion,
  die Koordination und ein strategisches Zielsystem sicherzustellen, dadurch
  werden sie zu Managementinformationen;
* „Tabu-Zonen der Zentralisierung"

diese Art von Information wird schnell und individuell benötigt, es handelt sich um diskretionsbedürftige, subjektive oder subjektbezogene Informationen;
* „Bereiche möglicher (De-)Zentralisierung"
eine mögliche, aber nicht notwendige Zentralisierung ist bei großen Datenmengen, homogenem und standardisiertem Datenmaterial mit automatisierten Informationsprozessen gegeben; die Kriterien, die für oder gegen eine Zentralisierung sprechen, sind: Datenqualität, Konsistenz der Datenlieferung, Akzeptanz der Daten sowie die Wirtschaftlichkeit.

Häufig wird noch übersehen, daß Controlling oft eine in sich **widersprüchliche Funktion** darstellt. So soll der Controller in sich die Objektivität und den Mut zur Unpopularität haben, wie beispielsweise ein externer Prüfer, und gleichzeitig soll er als Mitglied Einsatzfreude und Mannschaftsgeist zeigen.

1.1.4 Steuer- und/oder Meßgrößen beim Controlling

Die Steuer- und/oder Meßgrößen, die sog. *controls*, gibt es gemäß v. Landsberg (1990) mit unterschiedlicher Aussagekraft und -richtung:

* **steering-controls** dienen der bereits erläuterten Feedforward-Steuerung;
* **Yes-no-controls** dienen einer prozeßbegleitenden Steuerung im Sinne einer Schleuse;
* **post-action-controls** dienen der erläuterten Feedback-Steuerung;
* **organizational controls** „liegen explizit vor und sind in das formale Zielsystem der Unternehmen eingepaßt" (S. 361);
* **social controls** sind nicht explizite Meßkriterien bzw. Standards, die im Rahmen informeller Arbeitsplatzbeziehungen zustande kommen;
* **self controls** sind von den Personen internalisierte Werte und Bestandteil des Wollens.

Weitere Unterscheidungskriterien von controls sind die Nähe zum zu messenden Ereignis, der Beitrag, den sie im Rahmen von anreiz- und beitragsorientierten Situationen spielen und der Erstreckungsgrad, d.h., ob sie sich auf das Gesamtunternehmen oder nur auf bestimmte Bereiche und Funktionen beziehen.

1.1.5 Operatives und strategisches Controlling

Abschließend sei noch der Unterschied bzw. die Komplementarität des operativen und des strategischen Controlling kurz erläutert. Das strategische Controlling ist langfristig ausgerichtet und bedient sich der strategischen Planung und Frühwarnung. Das operative Controlling bezieht sich auf die Bereitstellung von Informationen, die dem einzelnen erlauben, seine Tätigkeiten im Rahmen der strategischen Ziele selbst zu planen und zu kontrollieren. Operatives Controlling bedient sich der Budgetierung, der Budgetkontrolle sowie dem internen Berichtswesen. Komplementär sind operatives und strategisches Controlling aus zwei einfachen Gründen: strategisches Controlling ohne operatives bliebe reine Theorie; operatives Controlling ohne strategisches könnte sehr schnell zu Verwirrung und Ineffektivität führen. Soll der Controllingansatz also im Sinne eines Controllinggedankens das gesamte Unternehmen bzw. die Unternehmensführung ergreifen, so muß dieses Controlling sowohl operativ als auch strategisch ausgerichtet sein und muß mit letzterem auch den Personalbereich einbeziehen. Denn für den Erfolg des Unternehmens sind nicht nur die Planung, Steuerung und Kontrolle von beispielsweise Entwicklung, Beschaffung, Produktion und Absatz von entscheidender Bedeutung, sondern auch - und dies gilt für Dienstleistungsunternehmen um so mehr -, daß die richtige Person mit der richtigen Qualifikation zur richtigen Zeit an der richtigen Stelle ist.

1.2 Überblick zum pädagogisch-psychologischen Evaluationsansatz

Die nachfolgenden Erläuterungen sollen einen Überblick über Definitionen, Formen, Vorgehensweisen und Ziele der Evaluation wiedergeben. Zum Abschluß sollen Elemente und Bestandteile von Evaluation und Controlling einander gegenübergestellt werden.

Lange (1983) setzt die ersten nennenswerten Evaluationsstudien in den USA zu Beginn der 60er Jahre im Zuge der Reformprogramme unter Präsident Johnson an. Wittmann (1985) dagegen stellt fest, daß die Evaluationsforschung geboren wurde, als ein Soziologieprofessor dazu aufrief, die von Präsident Roosevelt initiierten sozialen Programme des *New Deal* zu evaluieren; das war in den 30er Jahren. Etwa um den Anfang der 70er Jahre verbreitete sich die Evaluationsforschung auch in der Bundesrepublik Deutschland, was auch die deutschen Veröffentlichungen zu diesem Thema belegen. Wulf beispielsweise gab 1972 ein Buch mit dem Titel *Evaluation* heraus, dem 1975 Veröffentlichungen zur Planung und Durchführung und zu Funktionen und Paradigmen der Evaluation folgten (vgl. Wulf, 1975a, b). Die Evaluation hielt Einzug in das Bildungswesen, das Gesundheitswesen, die Arbeitsmarkt- und Beschäftigungspolitik sowie das Arbeitsleben und wurde im Rahmen von politischen Reformprogrammen eingesetzt (vgl. Lange, 1983).

1.2.1 Inhalt und Aufgaben von Evaluation

Ausgehend von der Tatsache, daß in fast allen Situationen des täglichen Lebens Bewertungen vorgenommen werden, die Menschen, Meinungen, Produkte, Programme etc. betreffen und diese Bewertungen das Ergebnis eines mehr oder weniger bewußten Entscheidungsprozesses sind, sprechen Thierau, Stangel-Meseke und Wottawa (1992) in Abgrenzung von Alltagsentscheidungen oder -bewertungen bei einer wissenschaftlichen Evaluation von Bewertungen, die „explizit mit Hilfe systematisch angewandter, wissenschaftlicher Techniken und Methoden" (S. 229) durchgeführt werden. Ein sehr hohes Ziel verbindet Wottawa mit seiner Definition von Evaluation, wenn er davon ausgeht, daß diese „etwas mit dem Bewerten von Handlungsalternativen zu tun hat" (1986, S. 707). Die hohen Anforderungen an Evaluation, die sich aus einer ´Bewertung von Handlungsalternativen` ergeben, sind zum einen die prinzipielle Bekanntheit der bzw. aller Handlungsalternativen und zum anderen die Bereitstellung von Instrumentarien, die eine vollständige Be-*Wertung* erlauben. Während letzteres nur in den seltensten Fällen möglich sein wird, ist ersteres nie gegeben. Durchaus realisierbar scheint dagegen die Auffassung Cronbachs von Evaluation zu sein, wenn er diese „als Sammlung von Informationen und ihre Verarbeitung mit dem Ziel, Entscheidungen über ein Curriculum zu fällen" (1972, S. 41) versteht. Eine weitere, vornehmlich auf die Methodologie bezogene Definition lautet, daß Evaluation „einfach im Sammeln und Kombinieren von Verhaltensdaten mit einem gewichteten Satz von Skalen, mit denen entweder vergleichende oder numerische Beurteilungen erlangt werden sollen, und in der Rechtfertigung (a) der Datensammlungsinstrumente, (b) der Gewichtungen, (c) der Kriterienauswahl" (Scriven, 1972, S. 61) besteht.

Aus der Fülle der **Definitionen** von Evaluation lassen sich wesentliche und immer wiederkehrende Merkmale auffinden (vgl. Thierau et al., 1992):

• Evaluation ist Unterstützung für Planung und Entscheidung.
• Ziel- und Zweckorientierung stehen im Vordergrund; praktische Maßnahmen sollen überprüft und verbessert werden, womit Evaluation *Grundlagen* für Entscheidungen erarbeitet. Primär hat sie die Funktion bzw. das Ziel der Handlungsoptimierung.
• Die Verwendung aktueller wissenschaftlicher Techniken und Forschungsmethoden sollte dabei eine Selbstverständlichkeit darstellen.

Zusätzlich sind die meisten Evaluationen, v.a. jene, die auf der Grundlage pädagogisch-psychologischer Ansätze durchgeführt werden, auf den starken Einbezug und die Akzeptanz der Betroffenen und Beteiligten angewiesen; sog. ökonomische Evaluationsansätze, die auf Kennzahlen, Kostenanalysen und Investitionsrechnungen beruhen, sind zumindest bei der Datensammlung in nur geringem Maße auf die Akzeptanz des einzelnen angewiesen. Akzeptanz gilt es hierbei mehr den Ergebnissen und Konsequenzen zu verschaffen. Ob man ökonomische Ansätze allerdings unter dem Begriff Evaluation fassen kann, wie dies Thierau et al. (1992) tun, soll an späterer Stelle noch einmal kritisch aufgegriffen werden. Weitere **Funktionen** von Evaluation neben der in der Literatur häufig vorzufindenden Handlungsoptimierung und Entscheidungshilfe (vgl. Cronbach, 1972; Stufflebeam, 1972; Wulf, 1972, 1975a, b) sind: Legitimation, Integration und Prognose sowie im weiteren Sinne Erkenntnis- und auch Weiterbildungsfunktion (vgl. Nork, 1989; Will, Winteler & Krapp, 1987a).

Theoretisch können auch verschiedene **Formen** der Evaluation in formative oder Prozeßevaluation, summative oder abschließende Evaluation unterschieden werden.

Ausgehend von der Annahme, daß es sich bei Evaluationsvorhaben um geplante und systematische pädagogische Instrumente handelt, können sowohl verschiedene Ebenen der Handlungssteuerung als auch verschiedene Abschnitte des Handlungsablaufs der Evaluation unterschieden werden (vgl. Will et al., 1987a). Für die berufliche Weiterbildung können demnach bezüglich der **Ebenen der Bildungsmaßnahme**:

1. Bedarfsanalyse/Zielsetzung,
2. Planung/Entwicklung/Vorbereitung,
3. Durchführung,
4. Feststellung der Ergebnisse im Lernfeld und
5. Anwendung

unterschieden werden. Diesen Ebenen der Maßnahme entsprechen jeweils folgende **Evaluationsfelder**:

1. Kontext- und Zielevaluation,
2. Inputevaluation,
3. Prozeßevaluation,
4. Erfolgskontrolle im Lernfeld,
5. Transferevaluation (Erfolgskontrolle im Funktionsfeld).

Die Punkte 4. und 5. der Evaluationsfelder stellen dabei die Produkt- bzw. Ergebnisevaluation dar.
Evaluationen sollten in der Regel die Beantwortung folgender Fragen beinhalten:

Wer evaluiert **was**, **wo** und **warum** in welchem **Zeitrahmen** und mit **welchen Mitteln**? Wie sieht es mit der **Kosten-Nutzen-Analyse** aus?

1.2.2 Vorgehen und Instrumente der Evaluation

Wichtig für eine Evaluation sind - u.a. in Abgrenzung zum Controlling, das eine kontinuierliche Institution sein sollte, wogegen Evaluationen im Regelfall einen definierten Anfang und ein definiertes Ende haben - die Planung und Einhaltung der folgenden **Arbeitsschritte** (Thierau et al., 1992, S. 236):

- **Bestimmung des Evaluationsschwerpunktes:**
  es sind grundsätzliche, die Untersuchung betreffende Konkretisierungen über das Entscheidungsproblem an sich, die Entscheidungsträger und die Entscheidungsbetroffenen vorzunehmen. Zeitliche, finanzielle, rechtliche und personelle Rahmenbedingungen sind zu klären.
- **Situationsanalyse:**
  die institutionelle, organisatorische, aber auch unternehmens- und maßnahmenbezogene Situation, in der die Evaluation durchgeführt werden soll, ist zu analysieren.
- **Konsensfähige Bestimmung der Evaluationsziele und Bewertungskriterien:**
  abhängig von der zugrundeliegenden Fragestellung sind die Maßstäbe, an denen die Evaluationsgegenstände zu messen sind, festzulegen. Diese Maßstäbe oder Kriterien müssen möglichst konkret genannt werden, müssen von den Beteiligten mitgetragen werden und können entweder intern (im Lernfeld) oder extern (im Funktionsfeld) sein. Mögliche Konflikte müssen in diesem Schritt antizipiert und ausgeräumt werden.
- **Daten- und Informationssammlung:**
  in Abstimmung mit dem Evaluationsziel ist die Planung des Untersuchungsdesigns vorzunehmen, das im Rahmen von Evaluationen häufig quasiexperimentellen Charakter aufweist. Für das Evaluationsziel relevante Daten und Informationen werden gesammelt.
- **Daten- und Informationsauswertung:**
  ein Auswertungsplan wird erstellt und adäquate Auswertungsverfahren werden ausgewählt. Idealiter geschieht dies aber bereits vor oder parallel zur Datensammlung.
- **Informations- und Berichterstattung:**
  die Ergebnisse müssen in verständlicher Form aufbereitet und vermittelt werden; Überlegungen zu Art und Zeitpunkt, Zielgruppe und Gestaltung der Informationsweitergabe sind in diesem Schritt vorzunehmen. Des weiteren sollten bereits Vorlagen für Verbesserungsvorschläge existieren.
- **Evaluationsmanagement:**
  Planung, Steuerung und Kontrolle des Vorgehens, der personellen und finanziellen Ressourcen und des Zeitrahmens sowie die Berücksichtigung nötiger Planrevisionen noch während der Evaluation finden im Evaluationsmanagement

statt. Eine weitere wesentliche Aufgabe in diesem Rahmen ist die abschließende Bewertung der Evaluation selbst (Meta-Evaluation). Dies ist sowohl wichtig für die Interpretation der Ergebnisse als auch für die Planung zukünftiger Evaluationsvorhaben. Das Evaluationsmanagement ist nicht im Sinne eines letzten Schrittes zu verstehen, sondern als permanente Kontrolle und Steuerung der Evaluationsaktivitäten.

In Anlehnung an Thierau et al. (1992, S. 236) soll Abbildung 3 das Gesagte noch einmal übersichtlich verdeutlichen.

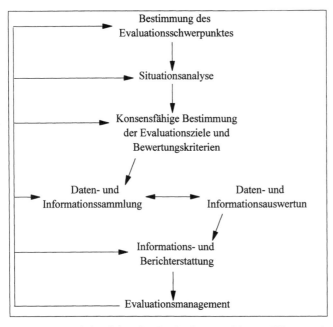

Abbildung 3: Arbeitsschritte einer Evaluation (angelehnt an Thierau et al., 1992)

Zu den **Instrumenten** einer Evaluation zählen prinzipiell alle in der sozialwissenschaftlichen Forschung bekannten Verfahren (vgl. Roth, 1995; Schnell, Hill & Esser, 1988). Namentlich beispielsweise Befragungen wie **Interview** (vgl. Lamnek, 1989; Raab, 1974; Wilk-Ketels, 1974) oder **Fragebogen** (vgl. H.D. Mummendey, 1987; Tränkle, 1982), **Beobachtungen** (vgl. Bortz, 1984; Huber, 1995; v. Koolwijk & Wieken-Mayser, 1974), **Analyseverfahren** (vgl. Lamnek, 1989), **kommunikative Verfahren** wie Gruppendiskussionen (vgl. Dreher & Dreher, 1982; Lamnek, 1989), **Tests** (vgl. Brickenkamp, 1975; Fisseni, 1990; jeweils aktueller Testkatalog der Testzentrale des Berufsverbandes Deutscher Psychologen), **Expertenratings** (vgl.

Bortz, 1984), **physikalische Messungen** (Frieling & Sonntag, 1987; Gros, 1994; Schmidtke, 1981) oder **psychophysiologische Messungen** (vgl. Schandry, 1988) etc.

1.2.3 Gegenüberstellung von Evaluation und Controlling

Dem Gedanken, den Begriff Evaluation mit dem des Bildungs-Controlling gleichzusetzen, wie Thierau et al. (1992) es vorschlagen, kann allerdings nicht zugestimmt werden.

Tabelle 1: Gegenüberstellung der wesentlichen Merkmale von Evaluation und Controlling

Merkmale	Evaluation	Controlling
Aufgaben/ Funktionen	Handlungsoptimierung, Entscheidungshilfe, Legitimation, Integration, Prognose, Erkenntnis- und Weiterbildungsfunktion	Planung, Steuerung, Koordination, Information, Soll-/Istvergleich, Prognose, Alternativensuche, Vorbereitung von Entscheidungen
Vorgehen	getrennt oder gesamt in best. Evaluationsfeldern	meist in ineinandergreifenden Zyklen
Instrumente	Befragungen jeglicher Form, Beobachtung, Analyseverfahren, kommunikative Verfahren, Tests, Expertenratings, physikalische Messungen etc.; nicht zwingend EDV-unterstützt, außer bei der Auswertung u. evtl. bei der Erfassung der Daten	Kostenanalyse, Deckungsbeitragsrechnung, Kennzahlen, Betriebs- und Konzernrechnungen, Budgetierung, Planungssysteme etc.; zwingend EDV-unterstützt
Messung	gemessen werden hauptsächlich qualitative Kriterien auf Rang- oder Intervallskalenniveau	gemessen werden hauptsächlich monetäre oder quantitative Größen auf Kardinalskalenniveau
Einbindung Beteiligter	häufig starker Einbezug Beteiligter oder Betroffener	mittlere Einbindung Beteiligter oder Betroffener
organisatorische Einbettung	meist externe Evaluatoren	zentral oder dezentral, in Stab oder Linie im Unternehmen
Perspektive	kurz- bis mittelfristig; Anfang und Ende definiert	kurz-, mittel- und langfristig; kontinuierliche Institution
Steuer-/ Meßgrößen	konsensual festgelegte Kriterien	objektive Controls

Die Gründe hierfür ergeben sich aus der Gegenüberstellung von Evaluation und Controlling. Im Laufe des Kapitels 3 wird noch genauer zu zeigen sein, daß sich Bildungs-Controlling bestimmter Elemente beider Traditionen bedient bzw. bedienen muß. Dies führt dazu, daß Bildungs-Controlling bestehend aus Elementen beider Traditionen nicht mit einer Ursprungstradition gleichgesetzt werden kann, auch nicht, wenn die Evaluatoren dies gerne hätten. Rein formal ergibt eben A + B = C, und nicht A + B = A!

Die direkte Gegenüberstellung der beiden Traditionen zeigt jedoch auch, daß sie sich prinzipiell nicht unbedingt ausschließen und durchaus kombinierbar sind. Die Idee der Kombination kommt in Kapitel 2 bei der Darstellung verschiedener Ansätze zum Tragen und wird im darauffolgenden Kapitel 3 nochmals aufgearbeitet werden.

1.3 Personal-Controlling als Bindeglied zwischen Unternehmens- und Bildungs-Controlling

Grob umrissen stellt das Personal-Controlling, wie bereits kurz erwähnt, ein Bereichs-Controlling des Unternehmens-Controlling dar, das sich vornehmlich mit personalwirtschaftlichen Daten und Fragen beschäftigt. Bildungs-Controlling wird in der Literatur fast ausschließlich als Teilbereich des Personal-Controlling verstanden, wobei dieses Verständnis auch für die vorliegende Arbeit gilt.

Die Gründe für die Übertragung des Controllinggedankens auf den Personalbereich liegen in der zunehmend strategischen Weiterentwicklung des Unternehmens-Controlling und der damit ebenfalls strategischen Lösung von Personalfragen sowie der zunehmenden Forderung an das Personalwesen, in ökonomischen Begriffen zu denken und zu handeln.

1.3.1 Inhalt und Aufgaben von sowie Anforderungen an Personal-Controlling

Der Bereich des Personalwesens entwickelte sich in den Jahren zwischen 1950 und 1990 von der reinen Personalverwaltung über die Personalplanung zum strategischen Personalmanagement, wobei seit wenigen Jahren zunehmend der Begriff des Personal- oder Human-Ressourcen-Management Verwendung findet, der noch deutlicher zum Vorschein bringen soll, daß es sich beim Personalmanagement mehr um eine Investitions- und weniger um eine reine Kostenbetrachtung handeln muß, da das Personal einer Unternehmung die *Quelle* für den Unternehmenserfolg darstellt, die gepflegt und entwickelt als erheblicher Erfolgsfaktor zu verstehen ist. Wunderer (1990) definiert Personal-Controlling „als ein planungsorientiertes Evaluationsinstrument zur Optimierung des Nutzens der Personalarbeit - mit unmittelbaren Steuerungswirkungen. Es soll vor allem die Effizienz der immer teurer, sensibler und schwieriger zu beschaffenden Ressource 'Personal und Arbeit' optimieren helfen" (S. 507).

Personal-Controlling allgemein beschäftigt sich mit den Themen Erfolgskontrolle und Personalinformationswirtschaft. Der Gegenstand ist damit die Gesamtheit aller Mitarbeiter. Es unterstützt folglich alle **Bereiche** des Personalmanagement wie beispielsweise Personalbedarfs- und -beschaffungsplanung, Personalauswahl und -entwicklung, Personaleinsatz, -erhaltung und -freisetzung sowie Ermittlung und Installation von Gehalts- und Anreizsystemen. **Quantitative und qualitative Perso-nalplanung** gehen dabei Hand in Hand, wobei hier folgende Komponenten zu berücksichtigen sind:

* Personal-Soll- und -Ist-Bestand und damit verbundene
  Personalbedarfsrechnungen;
* Stellenbeschreibungen und Anforderungsprofile;
* Analysen zu Qualifikation, Motivation etc.;
* Analysen zum Umfang der Fluktuation und ihrer Gründe;
* Arbeitsmarktanalysen;
* Laufbahn- und Karriereplanung.

Zudem gehört die **Personalkostenplanung** zu den Anwendungsgebieten des Perso-nal-Controlling, und zwar mit einer Aufspaltung in indirekte Personalkosten (z.B. sog. Opportunitätskosten und Wirtschaftlichkeitsanalysen) und direkte (z.B. Löhne und Gehälter, soziale Abgaben etc.). Die direkten Kosten bilden eine Schnittstelle zum Finanz-Controlling.

Ein dritter und letzter Anwendungsbereich des Personal-Controlling stellt das **Bildungs-Controlling** dar, das hier der Vollständigkeit willen nur kurz erwähnt und als Schwerpunkt der vorliegenden Arbeit im nachfolgenden Kapitel ausführlicher behandelt werden soll.

Zentrale Aufgabe von Personal-Controlling ist die Steuerung der Personalpolitik ganz allgemein. Die Ausfüllung dieser Aufgabe mit Leben führt zu den eher **grund-legenden Aufgaben** des Personal-Controlling, die im übertragenen Sinne denen des Unternehmens-Controlling, wie unter Kapitel 1.1 beschrieben, gleichen, wobei hier ebenfalls eine datenadäquate DV-Unterstützung notwendig ist. In einer Definition von Personal-Controlling von Potthoff und Trescher (1986) findet sich der ausdrück-liche Hinweis darauf, daß Personal-Controlling „alle Controllingaufgaben wie Planung, Kontrolle und Abweichungsanalysen sowohl im strategischen als auch operativen Sinne" (S. 25) umfaßt. Ergänzend fügen die Autoren eine Gleichwertig-keit der Betrachtung von Kosten und Leistungen einschließlich der auf sie wirkenden Faktoren an. Ein wesentlicher Punkt für Analysen mit Personal-Controlling ist also die Berücksichtigung sowohl kostentheoretischer als auch verhaltenswissenschaftlicher Erkenntnisse. Zu diesen Aufgaben gesellen sich die Entwicklung von Optimierungs- oder Gegensteuerungsmaßnahmen (v.a. in Fällen unerwünschter Ergebnisse), die Frühwarnfunktion, die Bereitstellung von Entscheidungsgrundlagen und die Berichtspflicht, die den Kontakt zu einzelnen Unternehmensbereichen notwendig macht. Der Kontakt zu einzelnen Unternehmensbereichen birgt allerdings eine weitere wichtige Aufgabe, nämlich die der **Koordination** zwischen einzelnen Teilplanungen. Wunderer und Sailer faßten 1988 in einer Umfrage unter 90 Praktikern aus Unternehmen die **Anforderungen** an Personal-Controlling zusammen. Hierzu zählten die „Verbesserung der Übersicht über Struktur und Entwicklung der Personalkosten" (S. 121) und die „Verbesserung der Entscheidungsgrundlagen für personalwirtschaftliche Aktivitäten, z.B. durch Ermittlung des konkreten Nutzens von Ausbildungsprogrammen" (ebd.) durchschnittlich zu den von den Praktikern am dringendsten und meist genanntesten Anforderungen. Bezüglich der Kompetenzen, die ein Personal-Controller innehaben sollte, nannten die Praktiker v.a. Beratungs- und Mit-Entscheidungskompetenzen. Aus den Anforderungen, die die Praktiker stellen, wird allerdings nur eine weitere Teilaufgabe von Personal-Controlling sehr deutlich, nämlich die **Informationsfunktion**. Informiert werden müssen sowohl die Personalabteilung als auch die Fachabteilungen und die Unternehmensführung. Nach Papmehl erfüllt der Personal-Controller diese Informationsaufgabe, indem er „unaufgefordert und eigenverantwortlich auf Schwachstellen bezüglich der Realisierung von Planzielen im Humanbereich [hinweist]; gleichfalls stellt er in diesem Zusammenhang sinnvolle Handlungsalternativen dar und unterbreitet praktikable Verbesserungsvorschläge" (1990, S. 37). Die Informationsquelle muß zentral zugänglich und DV-unterstützt sein.

Bedeutsam für die Aufgabenerfüllung des Personal-Controlling ist das Eingebundensein in das gesamte Unternehmens-Controlling und die Verknüpfung mit einzelnen Controllingbereichen. Ersteres ermöglicht v.a. die strategische Ausrichtung und Unternehmenszielkongruenz des Personalbereichs. Besonders wichtig wird die Koordinationsaufgabe beispielsweise beim Abgleich mit den Unternehmensbereichen Absatz, Fertigung und Beschaffung sowie mit deren Teilplänen.
Personal-Controlling kann allerdings im Gegensatz zur bisher eher weiten Bestimmung des Begriffs auch in einem engeren Sinne verstanden werden. Scherm beispielsweise versteht unter Personal-Controlling „die zielorientierte Bewertung und Steuerung personalwirtschaftlicher Maßnahmen" (1992, S. 522). Dabei ist nach Ansicht des Autors Personal-Controlling eindeutig von der Personalplanung abzugrenzen und nicht auf Personalmanagement auszuweiten. Ebenso wird die Informationsbeschaffung und -bereitstellung über Personal, Arbeit und Arbeitsmarkt außerhalb des Personal-Controlling angesiedelt und stellt einen eigenen Bereich dar. Dem Personal-Controlling werden damit lediglich die Aufgaben Kontrolle und

Steuerung im Abweichungsfall zugewiesen, die gemäß Scherm (1992) auf drei Ebenen durchgeführt werden können: „1) der Unternehmenszielbeiträge der Personalarbeit, 2) der Beiträge zu personalwirtschaftlichen Zielsetzungen, wobei diesen gegebenenfalls die relevanten Kosten gegenübergestellt werden können, und 3) des Inputs, das heißt der Personalkosten" (S. 524). Scherm will Personal-Controlling als Prozeß verstanden wissen, „der in den Köpfen der Entscheidungsträger abläuft und dazu führt, daß Entscheidungen hinterfragt, überprüft und gegebenenfalls auch korrigiert werden" (1992, S. 525). Mit der provokanten Frage, ob ein Personal-Controller dem Entrepreneur im Personalbereich nicht sogar im Wege steht, schließt er zunächst seine kritische Auseinandersetzung mit Personal-Controlling sowie personalwirtschaftlichen Kennzahlen, wobei letztere im Kapitel 1.3.4.1 (Der Kennzahlenansatz im Personal-Controlling) noch einmal anzusprechen sein werden.

1.3.2 Instrumente und Verfahren des Personal-Controlling

Auch die **Instrumente und Verfahren** des Personal-Controlling sind bekannt, da sie bereits seit längerem in der Personalarbeit angewandt werden. Neu ist allerdings „die **bewußte Planung (Soll) und Kontrolle (Ist)** personalwirtschaftlicher Tatbestände **in meßbaren** - oder zumindest **objektiv erfaßbaren** - Daten (v.a. erfolgswirtschaftliche Kenngrößen) sowie die Rückkopplung zwischen Kontrolle und Planung, indem die Ergebnisse der Abweichungsanalysen Grundlagen des Planungsprozesses werden" (Wunderer & Sailer, 1987a, S. 224). Zusammenfassend nennt Papmehl (1990) als Methoden, Instrumente und Verfahren des Personal-Controlling:

- Mitarbeiterbefragungen
  angewandt v.a. in den Bereichen Motivation, Führungsverhalten, Konflikte, Meinungsbildung etc.;
- Personalportfolios
  angewandt als anschauliches Überblicksinstrument zu Personalengpässen, Bildungs-Controlling, Personalforschung, Altersstrukturentwicklungen etc.;
- Soll-/Istvergleiche
  angewandt als weiterführendes Instrument der qualitativen und quantitativen Personalplanung als Korrektiv für Planerreichung oder -modifizierung;
- DV-Unterstützung
  angewandt als Sammel- und Analyseinstrument der obengenannten Daten und zur Ermöglichung von systematischen Abfragen, Simulationen oder Verbesserungsvorschlägen.

Eine kurze Ergänzung zur DV-Unterstützung bzw. zu Personal-Controlling-Systemen (PCS) sei allerdings noch gestattet. Das Personal-Controlling-System muß nach

Ansicht seiner Proponenten benutzerfreundlich sein und den Datenschutz gewährleisten. Es sollte sowohl Möglichkeiten für kalkulatorisches Controlling als auch Effizienz- und Effektivitäts-Controlling bereithalten. Relevante Informationen beziehen sich auf die Erkennung von Abweichungen, Gegensteuerungsmöglichkeiten, Zielneudefinitionen sowie Zielrealisierung. Der zu berücksichtigende Zeithorizont umfaßt kurzfristig: Personalkosten und -planung, mittelfristig: Personalqualifikation und -motivation und langfristig: Human-Ressourcen-Entwicklung und Szenarios. Auch bei dem Einsatz von PCS empfiehlt sich der unternehmensindividuelle Zuschnitt.

1.3.3 Perspektiven des Personal-Controlling

Weiter oben wurde bereits kurz darauf hingewiesen, daß Personal-Controlling v.a. eine strategische Ausrichtung in einem strategischen Unternehmens-Controlling aufweisen sollte. Strategisches Controlling im Personalbereich bedeutet nun mehrerlei. Zum einen ist sicherlich ganz allgemein die systematische und auf die langfristige Zukunft bezogene Erschließung und Bearbeitung von Erfolgsmöglichkeiten gemeint. Um sich allerdings auf erfolgversprechende Faktoren und Potentiale i.S. von Stärken konzentrieren zu können, müssen Veränderungen in diesen Potentialen rechtzeitig erkannt werden, um im unerwünschten Abweichungsfall die Möglichkeit der Gegensteuerung ergreifen zu können. Auch ist ein frühzeitiges Aufspüren von Potentialen sinnvoll, um diese aktiv in die erfolgversprechende Richtung zu lenken. Besonders für die strategische Perspektive im Personalbereich eignen sich daher Verfahren, die Potentiale der Mitarbeiter aufdecken; dies sind: Assessment- und Potentialbeurteilungsverfahren sowie sog. Personalportfolios für die Grobsteuerung. Im Rahmen einer strategischen Personalpolitik wird dann auch der einzelne Mitarbeiter zum Leistungspartner: er **ist** produktiver Faktor und **nicht** Restgröße.
Unter Berücksichtigung der Perspektive eines nur quantitativ orientierten Personal-Controlling der betriebswirtschaftlichen Tradition nennen Bartscher und Steinmann (1990) für die operative, die taktische und die strategische Ebene folgende Empfehlungen, wobei hier die Zielsetzung des Personal-Controlling mit der „Auswertung und Bereitstellung aufgabenbezogener Informationen für das Management und die Mitarbeiter" (S. 389) definiert ist:

* Aufgaben der operativen Ebene:
  effiziente Lösung verwaltungsorientierter Personalaufgaben und „effiziente kurzfristige Personalplanung" (ebd.);
* Aufgaben der taktischen Ebene:
  „Implementierung eines Personal-Controlling-Systems unter Integration eines wirksamen Human-Resource-Accounting-Systems" (ebd.);

• Aufgaben der strategischen Ebene:
„langfristige Personalplanung unter Einbeziehung von Zukunftsprognosen sowie die Integration der personalwirtschaftlichen Komponente in die gesamte Unternehmensstrategie" (S. 390).

Bartscher und Steinmann (1990) betonen allerdings, daß quantitatives und qualitatives Personal-Controlling zwei Seiten einer Medaille sind, wobei sich qualitative Ansätze v.a. dort bewähren, wo aufgrund der Komplexität des Personalfaktors „rein quantitative ... Konzepte nicht mehr genügend problemadäquate Aussagekraft haben" (S. 390).

1.3.4 Schnittstellen zwischen Finanz-Controlling und Personal-Controlling

Beim Einsatz eines Personal-Controlling können einige Instrumente des Finanz-Controlling nutzbar gemacht werden, was neben Synergien den weiteren positiven Effekt hat, daß beide miteinander kompatibel sind. Diese Kompatibilität besteht nach Wunderer und Sailer „in einem 'Basissystem' (Personalkostenrechnung, Kennzahlen), das im wesentlichen auf monetären Größen beruht" (1987a, S. 227). Die Gemeinsamkeiten zwischen beiden Bereichen beziehen sich auf Personalkostenbudgets, Budgets der Personalabteilung oder auch personalwirtschaftliche Kennziffern, also v.a. auf den instrumentellen Bereich. Ebenso ist das Grundkonzept bzw. die grundlegende Aufgabe des Controlling, wie bereits weiter oben angesprochen, für beide Ansätze gleich.
Gegenüber dem Finanz-Controlling sind für das Personal-Controlling allerdings zwei entscheidende Erweiterungen hinzuzunehmen. Dies ist zum einen die notwendige **strategische Ausrichtung** bei der Personalarbeit und zum anderen die Berücksichtigung der Tatsache, daß Personal-Controlling sich mit **qualitativen und quantitativen Daten** zu beschäftigen hat (das Finanz-Controlling beschäftigt sich mit monetären, zahlungsstromorientierten Daten), die **nicht monetär** darstellbar sind. Daher haben die meisten Fragen des Personal-Controlling, die nicht in die gemeinsame Schnittmenge zum Finanz-Controlling gehören, im optimalen Fall Intervallskalenniveau im Gegensatz zum Verhältnisskalenniveau monetärer Berechnungen des Finanz-Controlling. Wunderer und Sailer weisen deshalb darauf hin, daß „ein Großteil der Abweichungsinformationen ... daher nicht die gleiche Exaktheit der Abweichungsdaten wie die des Finanz-Controlling" (1987 b) aufweist.
Welche Lösungsvorschläge für das 'Instrumente-Problem' im Personalbereich vorliegen, sollen die folgenden drei Kapitel aufzeigen, die sich den Kennzahlen, dem Kosten-, Effizienz- und Effektivitäts-Controlling sowie der Humanvermögensrechnung widmen.

1.3.4.1 Der Kennzahlenansatz im Personal-Controlling

Für die Systematisierung und Quantifizierung derartiger Daten stellt die Indikatorbildung über sog. **Kennzahlen** nach Ansicht ihrer Verfechter ein hilfreiches Instrumentarium bereit, das Aufschluß über den ökonomischen Erfolg im Personalbereich geben soll. Kennzahlen werden dabei definiert als „absolute Zahlen oder Verhältniszahlen, die über einen quantitativ erfaßbaren Tatbestand in konzentrierter Form informieren" (Schulte, 1989, S. 3). Kennzahlen zeichnen sich im wesentlichen durch ihren echten Informationscharakter aus, da sie zweckdienliche, entscheidungsrelevante Informationen übermitteln, sie sind quantifizierbar, da sie mit metrischen Skalen gemessen werden und sie sind in der Lage, ihren Informationsgehalt einfach, umfassend und benutzerfreundlich abzubilden. Nach Schulte (1989) können Kennzahlen folgendes leisten:

- Ermöglichung einer qualifizierten Datenselektion;
- Erkennen von Relationen;
- Abbildung der „Zusammenhänge zwischen Ursache und Wirkung sowie deren gegenseitige Beeinflußbarkeit" (S. 1);
- Hinweis „auf konkrete Systemzustände mit allen Stärken und Schwächen des betrachteten Teilbereichs" (ebd.);
- Bereitstellung „als Führungsinstrument für eine zielorientierte Aufgabenabwicklung" (ebd.).

Des weiteren können Kennzahlen verglichen werden, und zwar inner- oder zwischenbetrieblich - letzteres ist selbstverständlich nur bei völliger Vergleichbarkeit hinsichtlich der Zahlen und Begriffe sowie der Betriebe sinnvoll -, im Rahmen von Zeit- oder Periodenvergleichen sowie Soll-Istvergleichen derselben Periode. R. Weiß (1995) führt im Rahmen des Leistungs- und Kostenvergleichs v.a. bei der betrieblichen Weiterbildung an, daß „Vergleiche auch mit Unternehmen anderer Branchen und Größenklassen vorgenommen" (S. 164) werden. Gerade Aktivitäten herausragender oder vorbildlicher Unternehmen werden systematisch gesucht und analysiert. Diese Vergleiche beziehen sich neben Kennziffern v.a. auf „die Analyse von Strukturen und Prozessen" (R. Weiß, 1995, S. 164). Die Erhebung der Daten anhand zumindest vergleichbarer Kriterien bleibt allerdings Grundvoraussetzung, wobei methodisch zu unterscheiden ist zwischen: „Erfahrungsaustausch, die Erhebung von Daten innerhalb einer Branche, die Auswertung von Geschäfts- und Sozialberichten sowie empirische Untersuchungen" (ebd.). Der aus der Industrie stammende Begriff des sog. *Benchmarking* spielt bei dem Vergleich zwischen Unternehmen seit einigen Jahren eine wichtige Rolle. Der Kern des Benchmarking leitet sich aus der japanischen Redensart ´dantotsu` ab, was bedeutet, ´der Beste unter den Besten` zu werden. In Amerika befaßte sich zum ersten Mal Robert C. Camp systematisch mit diesem Thema, der 1989 auch ein Buch mit dem Titel Benchmarking veröffentlichte. Benchmarking, das Leistungsdefizite transparent macht und sich auf Produkte, Dienstleistungen und Praktiken bzw. Methoden beziehen kann, wird von Camp (1994) wie folgt definiert:

> Benchmarking ist ein positiver, wirksamer Prozeß, um betriebliche Prozesse in einer strukturierten Weise so zu verändern, daß Spitzenleistungen erreicht werden. Der Nutzen des Benchmarking liegt darin, daß betriebliche Funktionen gezwungen werden, die besten Methoden und Verfahren anderer, fremder Unternehmen oder Unternehmensbereiche zu untersuchen und die Praktiken in ihre eigenen Arbeitsabläufe aufzunehmen. (S. 3)

Der Nutzen von Benchmarking liegt dabei v.a. in der positiven, die Eigeninitiative der Mitarbeiter fördernden Gestalt, in der Unternehmens- oder Leistungsziele auf der Grundlage der „bestmöglichen Methoden und Verfahren" (Camp, 1994, S. IX) bzw. *best practices* festgelegt werden. Benchmarking ist dabei **keine Nachahmung**. Anhand eines 10-Schritte-Prozesses gelangt der Benchmarking-Prozeß von der **Planung** (Bestimmung des B.-Objektes, Identifikation vergleichbarer Unternehmen und Bestimmung der Methoden der Datensammlung) zunächst zur **Analyse** (Bestimmung der aktuellen Leistungslücke, Schätzung zukünftiger Leistungsfähigkeit). Es folgt eine Phase der **Integration** (Kommunikation und Schaffung von Akzeptanz, Aufstellen funktionaler Ziele) und darauf eine Phase der **Aktion** (Aktionsplan mit Ressourcen, Aufgaben, Zeitplan etc., Beobachtung des Fortschritts und Vornahme von Anpassungen). Sind die Marktführerposition bzw. die **Reife** erreicht und die neuen Methoden völlig integriert, treten zusätzlich Mechanismen der sog. **Rekalibrierung** zur laufenden Pflege der Benchmarks und somit zur kontinuierlichen Aktualität in Aktion.

Wie bereits erwähnt stammt das Benchmarking aus der Industrie und hier v.a. aus dem Bereich der Fertigung; die Übertragung eines Benchmarking auf den Personalbereich ist also zunächst einmal überlegenswert. Capelli und Crocker-Hefter (1997) allerdings stellen die kritische Frage, ob es vielleicht im Human Resource Management (HRM) gar keine *best practices* gibt? Sie stützen ihre Skepsis v.a. darauf, daß jedes Unternehmen seine eigene Unternehmensstrategie und seine Kernkompetenzen hat, die untrennbar mit dem jeweiligen HRM verbunden sind und sich gegenseitig beeinflussen. Die Autoren führen weiter kritisch an, daß „so verschieden die Kernkompetenzen, so unterschiedlich ... nämlich die sogenannten Best Practises" (S. K 7) sind. Die Autoren schließen mit der Feststellung, daß das Richtige im HRM von der Unternehmenskultur und -strategie sowie vom Zugang zu den Märkten abhängt. Alle in den Beispielen der Autoren verglichenen Unternehmen (z.B. Coke und Pepsi) sind höchst erfolgreich, aber „keines könnte seinen Erfolg fortsetzen, wenn es einfach die Best Practices der Konkurrenz kopieren würde" (ebd.). Mit diesem letzten Satz aber zeigen die Autoren, daß sie nicht das Benchmarking im HRM kritisieren, da Benchmarking, zumindest ursprünglich, nicht die unreflektierte und unangepaßte 1:1-Kopie will, sondern eben *best practises* auswählt, die zur Unternehmensstrategie passen; dies zeigt der 10-Schritte-Prozeß ebenso wie der branchenübergreifende Ansatz. Folgendes Beispiel von Camp (1994) soll die Überlegungen zum Benchmarking abschließen. Japanische ʹStudienreisendeʹ nahmen die aus der Lebensmittelindustrie übliche Kennzeichnung mit Strichcodes als Idee bzw. Anregung mit nach Hause und statteten „mit diesem Identifikationsverfahren als Teil des Steuerungsprozesses bei der Schreibmaschinenherstellung" (S. X) ihre Geräte aus, womit sie den Mitbewerbern, die sich weiterhin der manuellen Kontrolle der Seriennummern bedienten, den Rang abliefen. Dies nur als Beispiel dafür, daß mit etwas Kreativität Benchmarking auch im Personalbereich sinnvoll sein kann. Mit Benchmarking im Personalbereich beschäftigt sich eingehend ein jüngst von Kienbaum 1997 herausgegebenes Buch, auf das hier nur verwiesen werden kann.

Schulte schlägt ein Personal-Kennzahlen-System vor, in dem ein erster Teil Kennzahlen für Personalbedarf und -struktur, Personalbeschaffung, Personaleinsatz sowie Personalerhaltung und Leistungsstimulation enthält und ein zweiter Kennzahlen für Personalentwicklung, betriebliches Vorschlagswesen, Personalfreisetzung sowie Personalkostenplanung und -kontrolle. Dabei sind für jede Kennzahl eine Beschreibung bzw. Formel, Gliederungsmöglichkeiten, Erhebungszeitpunkte oder -räume, Zweck, Ziel, Basisdaten, Vergleichsgrundlagen sowie Interpretationen angegeben (vgl. Schulte, 1989, S. 51 ff.).
Allerdings sind für den Einsatz von Kennzahlen im Unternehmen einige **Voraussetzungen** zu erfüllen. Dies betrifft v.a. die Anwendung eines maßgeschneiderten Kennzahlensystems bzgl. der Anzahl, der Gliederung sowie der Erhebungszeitpunkte und -räume der Kennzahlen.
Die **Grenzen** einer kennzahlenorientierten Betrachtung des Personalwesens bestehen in der Gefahr, daß zu viele und/oder irrelevante Kennzahlen gebildet werden, daß falsches Zahlenmaterial herangezogen wird und schließlich, daß zwischen den in Beziehung gesetzten Größen kein Zusammenhang besteht bzw. daß die Kennzahlen untereinander in Widerspruch stehen (vgl. Schulte, 1989). Scherm (1992) betrachtet, wie bereits weiter oben erwähnt, die Anwendung von personalwirtschaftlichen Kennzahlen äußerst kritisch bzw. nur sehr begrenzt praktikabel. Er nimmt daher Einschränkungen vor, die die bereits explizierten drei Ebenen des Controlling im Personalwesen betreffen. Auf der *Ebene der Beiträge der Personalarbeit zu den Unternehmenszielen* „ist eine direkte Zurechnung von Unternehmenserfolgen auf personalwirtschaftliche Maßnahmen wegen fehlender deterministischer Mittel-Zweck-Beziehungen sowie nicht quantifizierbarer sonstiger Einflußgrößen und Interdependenzen nicht möglich" (Scherm, 1992, S. 524). Die Anwendung von Kennzahlen erscheint daher willkürlich. Auf der *Ebene der Beiträge zu personalwirtschaftlichen Zielen* sind nach Scherm (1992) vier Gruppen von Kennzahlen zu unterscheiden.

1. Kennzahlen, die die Planung betreffen,
   wie beispielsweise Qualifikationsstruktur, Ausbildungsquote, durchschnittliches Alter der Belegschaft etc.;
   sinnvoll sind hierbei vor allem Zeit- oder Branchenvergleiche.
2. „Kennzahlen, die für das Personalcontrolling irrelevant sind" (S. 524),
   wie beispielsweise Leistungsgrad, durchschnittliche Kosten pro Überstunde, Arbeitszeit und -volumen etc.;
   da die Ausprägungen der Kennzahlen von internen und externen Faktoren determiniert sind, haben sie keinen Aussagewert für die Steuerungsaufgabe und sind damit für das Personal-Controlling irrelevant.
3. „Kennzahlen, die direkt den Grad der Zielerreichung zum Ausdruck bringen oder vor allem aufgrund plausibler Wirkungszusammenhänge als Indikatoren für nicht quantifizierbare Sachverhalte" (S. 524) nützlich sind,
   wie beispielsweise Abbruchquoten, Fluktuationsgrad, Effizienz von Personalbeschaffungswegen, Rate der Verbesserungsvorschläge etc.;
   diese Kennzahlen sind mit Einschränkungen brauchbar, da sie im Abweichungsfall zu konstruktiver Unruhe führen können.
4. Kennzahlen in Form von „Beziehungszahlen, die als Quotient einer Input- und Outputgröße gebildet werden, ohne daß eine Kausalbeziehung zwischen beiden besteht" (S. 524),
   wie beispielsweise Bildungsrendite, Personalkosten/Mitarbeiterzahlen/Lohnsumme zu Umsatz etc.;
   diese Kennzahlen bergen häufig die Gefahr falscher Schlußfolgerungen und führen damit zu unangemessenen Steuerungseingriffen. „Auf die Bildung solcher Kennzahlen sollte von vornherein verzichtet werden" (Scherm, 1992, S. 524).

Auf der dritten und letzten *Ebene*, nämlich der *der Personalkosten*, hängt die Ausprägung der Kennzahlen wieder zu stark von internen (z.B. vorhandene Technologien) und externen (z.B. Gesetze) Faktoren ab, so daß Kennzahlen zur Kontrolle von Budgets nur mit großer Vorsicht und v.a. im Branchenvergleich zu genießen sind (s.a. zweite Ebene, Gruppe 2.).

1.3.4.2 Der 3-Ebenen-Ansatz im Personal-Controlling

Angesichts der Tatsache, daß personalwirtschaftliche Erfolgsfaktoren oft nicht mittels Kardinalskalen erfaßbar sind, schlagen Wunderer und Sailer (1987b) ein Konzept für Personal-Controlling auf den drei **Ebenen** Kosten, Effizienz und Effektivität vor. Dieser Ansatz wird beispielsweise auch von Bartscher und Steinmann

(1990) im Hinblick auf die Notwendigkeit einer integrierten quantitativen und qualitativen Betrachtung und Anwendung von Personal-Controlling begrüßt.
Für das Personal-Controlling ergeben sich hieraus folgende drei Komponenten:

- **Kosten-Controlling**
  Gegenstand des Controllingprozesses stellen hierbei die Personalkosten allgemein sowie die Kosten für die Personalabteilung selbst dar. Es handelt sich um ein rein monetäres oder kalkulatorisches Controlling. Die Instrumente dieser Komponente von Personal-Controlling sind aus dem Finanz-Controlling bekannt: Budgetierung und Kostenanalysen je Planungsperiode. Die Daten (monetäre Größen) sind bezüglich ihrer Qualität auf Kardinalskalen darstellbar.
- **Effizienz- oder Wirtschaftlichkeits-Controlling**
  Ohne Berücksichtigung der Zweckmäßigkeit der eingesetzten Ressourcen geht man „von definierten Aufgaben der Personalarbeit aus und überwacht den Mitteleinsatz für die daraus resultierenden Prozesse" (Wunderer & Sailer, 1987b, S. 288). Veränderungen in der Effizienz oder Wirtschaftlichkeit werden transparent. Verallgemeinernd kann davon ausgegangen werden, daß für gleichbleibenden Output die Kosten bzw. der Input minimiert werden sollen. Zusätzlich zu den im Kosten-Controlling verwendeten Instrumenten werden hier die kostenverursachenden Prozesse der Personalarbeit exakt definiert und diese den Kostenträgern möglichst verursachungsgerecht zugeordnet. Die Daten sind bezüglich ihrer Qualität auf Kardinalskalen (monetäre Größen) und auf Intervallskalen (Zeiteinsatz) darstellbar.
- **Effektivitäts- bzw. Rentabilitäts-Controlling**
  Hierunter wird der Beitrag der Personalarbeit zum Erfolg des Unternehmens verstanden, wobei die direkte Erfassung dieser Erfolgsfaktoren einige Schwierigkeiten bereitet. Die größten Probleme bei der Messung der Effektivität der Personalarbeit stellen die Erfassung der Veränderung der Arbeitsproduktivität (wünschenswerterweise in die positive Richtung) v.a. bei dispositiven Tätigkeiten oder solchen im Dienstleistungsbereich dar, also wenn meßbare Leistungseinheiten fehlen, des weiteren die Zurechenbarkeit dieser Veränderungen auf einzelne Personalinstrumente und schließlich die monetäre Bewertung dieser Veränderungen. Derzeit praktiziert wird die Erfassung indirekt mittels bestimmter „Leistungs- und Motivationsindikatoren, deren positive Beeinflussung als Nachweis für die Personalarbeit gilt" (Wunderer & Sailer, 1987b, S. 288). Solche Indikatoren stellen beispielsweise die Arbeitszufriedenheit, Fluktuationsquoten und Absenzraten dar. An diese Indikatoren sind allerdings zwei weitere Ansprüche formuliert: sie müssen möglichst valide sein und sie müssen bezüglich der Zurechenbarkeit auf die Wirkungen der eingesetzten Personalinstrumente differenzieren. Die Daten sind bezüglich ihrer Qualität auf Kardinalskalen (durchschnittliche Absenzzeiten), auf Intervallskalen (Lei-

stungstests) und auf Rangskalen (Befragungen zur Arbeitszufriedenheit) darstellbar.

Bartscher und Steinmann (1990) führen hierzu an, daß also auf der Ebene der Effektivität „Ertragsgrößen für den Maßnahmennutzen den Aufwendungen für die Maßnahmen gegenübergestellt werden" (S. 392) müssen, wobei die Autoren hierbei die Anwendung des Human Resource Accounting (HRA) für sinnvoll erachten. Wie sich die Anwendung des HRA vollzieht und welche Vor- und Nachteile dieser aufweist, soll im folgenden Kapitel behandelt werden.

1.3.4.3 Der Ansatz des Human Resource Accounting im Personal-Controlling

Neben dem kostenanalytischen Ansatz, bei dem also die direkten und damit zahlungswirksamen Kosten in einer Gewinn- und Verlust-Rechnung erfaßt und analysiert werden, und einem Personal-Controlling über Indikatoren bzw. Kennzahlen nennt Schulte (1989) einen dritten möglichen Zugangsweg zur ökonomischen Betrachtung des Personalbereichs, das sog. **Human Resource Accounting** (HRA). Der HRA-Ansatz soll der „Bewertung der für die Mitarbeiter anfallenden Kosten mit Hilfe der Investitionsrechnung [dienen], um so den Charakter des Personals als langfristig nutzbares Anlagegut zu erfassen" (Schulte, 1989, S. 5). Fischer-Winkelmann und Hohl (1982) führen an, daß die bisher vorliegenden Konzepte der Human- bzw. Personalvermögensrechnung „fast ausschließlich Vorschläge zur Verbesserung der internen Datenbasis und damit zur Verbesserung der Entscheidungen des Management im Hinblick auf die menschlichen Ressourcen des Unternehmens unter Wirtschaftlichkeits- bzw. Rentabilitätsgesichtspunkten darstellen" (S. 124). In Abwendung vom traditionellen betrieblichen Rechnungswesen, das im Hinblick auf die Ressource *Mensch* bisher nur unzureichende Entscheidungs- und Informationsgrundlagen lieferte, soll im Rahmen von HRA-Ansätzen, von denen es inhaltlich und formal eine reichliche Menge gibt, die Ressource *Mensch* systematisch und kontinuierlich erfaßt und bewertet werden (vgl. Fischer-Winkelmann & Hohl, 1982). Betrachtet man damit die für Personal aufgewendeten Kosten als Investition, so treten wichtige Merkmale der Investitionsrechnung in Erscheinung, wie beispielsweise, daß zunächst die Höhe und der Zeitpunkt der mit der Investition verbundenen Ausgaben und Einnahmen betrachtet werden. Der Wert des Humanvermögens soll aktuell ermittelt und dargestellt werden. Während die erstmalige Ermittlung zeitpunktbezogen erfolgt, werden später „Veränderungen erfaßt, die durch ´Investitionen` (z.B. Aus- und Weiterbildung) bzw. ´Desinvestitionen` (z.B. Kündigung) ausgelöst werden" (Bartscher & Steinmann, 1990, S. 392). Betriebliches Humanvermögen beeinflußt dabei den Erfolg einer Unternehmung und „kann als Summe aller betrieblichen menschlichen Faktoren (z.B. Wissen, Ausbildungsstand, seelische [sic] und körperliche Verfassung) ... bezeichnet werden" (Bartscher & Steinmann, 1990, S. 392 f.). Übergeordnetes Ziel des HRA ist die Informationsbereitstellung. Aufgrund dieser Informationen sollen Entscheidungen vorbereitet, erleichtert oder verbessert werden. Weitere Aufgabe des HRA ist die Kontrollfunktion, die i.e.S. nur die Personalkosten und i.w.S. alle relevanten Maßnahmen der Personalwirtschaft betrifft. Bartscher und Steinmann weisen des weiteren darauf hin, daß „es einen Humanvermögenswert an sich nicht gibt" (1990, S. 293), so daß für eine Bewertung Ersatzgrößen Verwendung finden. Bei den Bewertungsverfahren finden sich sog. *inputorientierte* und *outputorientierte* Modelle. Bevor nun diese Bewertungsverfahren im Überblick dargestellt werden, soll ein kurzer investitionstheoretischer Exkurs Klarheit über die speziellen Begrifflichkeiten geben.

Betriebswirtschaftlich betrachtet erscheinen **Investitionen** mit gewissen Ausnahmen in einer Bilanz, wobei diese eine exakte und detaillierte Gegenüberstellung des monetär bewerteten Vermögens und Kapitals zu einem bestimmten Stichtag enthält. Auf der Passivseite erscheinen die Vermögensquellen, auf der Aktivseite die eingesetzten Vermögenswerte, also die Verwendung des aufgebrachten Kapitals. Eine Differenz zwischen der Gesamtheit aller Aktiva und Passiva zeigt den Gewinn bzw. den Verlust an. Die Buchung eines Anschaffungswertes auf die Aktivseite bezeichnet man als *Aktivierung*. Einige Aktiva verlieren allerdings ständig an Wert, so daß sie eine erhebliche *Wertminderung* erfahren. Um dieser Tatsache Rechnung zu tragen, werden die unrichtigen Bilanzwerte von Vermögensgegenständen berichtigt, d.h. *abgeschrieben*. Dadurch werden überhöhte Buchungswerte korrigiert, die Gesamtkosten auf die gesamte Nutzungsdauer des Aktivpostens verteilt und eine Preiskalkulation im Hinblick auf eine spätere Ersatzbeschaffung ermittelt.

Praktisch ist der Investitionsgedanke für Personal und alle damit verbundenen Kosten nicht haltbar. Dies liegt zum einen daran, daß der Wert des Personals nicht in der Bilanz erscheint, wie dies bei Sachanlagen etc. der Fall ist. Deshalb können beispielsweise Bildungskosten, die theoretisch den Wert des vorhandenen Personalkapitals erhöhen würden, auch nicht in der Bilanz erscheinen, also praktisch auch nicht aktiviert werden. Kosten für Personalaufwand inklusive Bildungskosten erscheinen in der Gewinn- und Verlust-Rechnung und werden hier als 'Verlust' vom Jahresüberschuß abgezogen. Sie wirken sich damit lediglich auf die Höhe des zu versteuernden Überschusses dergestalt aus, daß sie diesen und damit auch den Wert der zu entrichtenden Steuern prinzipiell verringern.

Bei den Verfahren der Wertermittlung im HRA-Ansatz wird bei den inputorientierten Verfahren der Wert des Humanvermögens über die anfallenden Kosten oder Aufwendungen für die Mitarbeiter und bei den outputorientierten Verfahren über die Leistungsbeiträge der Mitarbeiter (bzw. über die Differenz zwischen Kosten und

Beiträgen) ermittelt. Beide Verfahrensarten bzw. Bewertungskonzepte stellen dabei indirekte Methoden dar, d.h. die Leistung wird über sog. Surrogatwerte bewertet. Bei den **inputorientierten** Verfahren unterscheiden Bartscher und Steinmann (1990, S. 393 ff.) bzw. Fischer-Winkelmann und Hohl (1982, S. 129 ff.) in einem Überblick die:

- **Kostenwertmethode**
  Ermittlung des Humanvermögenswertes über tatsächlich angefallene Kosten für Erwerb und Erhaltung sowie Entwicklung des Personals; Aktivierung und Abschreibung der Aufwendungen auf Konten für einzelne Mitarbeiter oder Mitarbeitergruppen;
- **Bewertung zu Wiederbeschaffungskosten**
  additive Ermittlung des Humanvermögenswertes über die Aufwendungen einer Stellenneubesetzung (s.a. Cascio, 1991);
- **Opportunitätskostenmethode**
  Ermittlung des Humanvermögenswertes über die Summe maximaler Angebotspreise im Rahmen eines unternehmensinternen Marktes;
- **Bewertung zu ranggewichteten Personalkosten**
  Ermittlung des Humanvermögenswertes über jährliche Personalkosten, die nach hierachischen Stufen gegliedert und mit rangspezifischen Faktoren gewichtet werden;
- **Effizienzgewichtete Personalkostenmethode**
  Ermittlung des Humanvermögenswertes über den Vergleich eines gewichteten mit einem ungewichteten Gegenwartswert der zukünftigen Personalkosten (vgl. Fischer-Winkelmann & Hohl, 1982, S. 134). Der ungewichtete Gegenwartswert ergibt sich aus der Abzinsung der zukünftigen Personalaufwendungen (inkl. Gehalt) und der geschätzten Berücksichtigung der Lohnsteigerungsraten auf eine Dauer von 5 Jahren. Dieser Wert wird im Anschluß mit einer sog. Effizienzrate gewichtet, die für einen gleichen Zeitraum bestimmt wird aus einem „Vergleich der jährlichen betriebseigenen Rentabilität mit der Durchschnittsrentabilität der Branche" (Fischer-Winkelmann & Hohl, 1982, S. 134);
- **Bewertung auf der Basis der zukünftigen Einkünfte der Mitarbeiter**
  Ermittlung des Humanvermögenswertes über die Addition einzelner Humanvermögenswerte, die wie folgt berechnet werden: ausgehend von der statistischen, lebensalterabhängigen Einkommenserwartung werden diese zukünftigen Einkünfte mit der geschätzten Verbleibdauer in der Unternehmung gewichtet und auf den Gegenwartswert abgezinst (der Zinsfaktor wird festgesetzt).

Outputorientierte Ansätze unterscheiden Verfahren wie:

- **Firmenwertmethode**

  der Humanvermögenswert wird ermittelt über eine kapitalisierte Differenz aus organisationsbezogenem und branchentypischem Rentabilitätsprozentsatz, wobei der „Rentabilitätsprozentsatz aus zu Marktpreisen bewerteten Durchschnittssachvermögen und Jahresgewinn" (Bartscher & Steinmann, 1990, S. 394) berechnet wird. Grundgedanke dabei ist, daß ein überdurchschnittlicher Unternehmensertrag aus überdurchschnittlichem Mitarbeiterpotential resultiert oder anders ausgedrückt *„die Differenz zwischen bilanziellen und dem tatsächlichen Vermögen (sogenannter 'Firmenwert') das Humanvermögen sei"* (Fischer-Winkelmann & Hohl, 1982, S. 135);

- **Bewertung mit Hilfe zukünftiger Beiträge**

  der Humanvermögenswert wird ermittelt unter der Annahme, daß die zukünftige Mitarbeiterleistung abgrenzbar und bewertbar und die jeweiligen zukünftigen Leistungsbeiträge hierarchie-, positions- und verweildauerabhängig seien; für diese Faktoren werden Eintrittswahrscheinlichkeiten bestimmt, um den Leistungsbeitrag des einzelnen zu ermitteln. Unter der Prämisse, daß der Wert eines Mitarbeiters von seinen Eigenschaften und von Merkmalen der Unternehmung determiniert ist, sollen bei der Zurechnung zukünftiger Erlöse auf einzelne Mitarbeiter soziale, ökonomische und psychologische Faktoren berücksichtigt werden; Fischer-Winkelmann und Hohl fügen hierzu an, daß „die praktische Einsetzbarkeit dieses Verfahrens von seinem Erfinder jedoch selbst als nicht gegeben angesehen" (1982, S. 137) wird;

- **Methode der Verhaltensvariablen**

  für die Ermittlung des Humanvermögenswertes werden sowohl ökonomische als auch psychologische Variablen herangezogen. Es wird dabei unterstellt, daß eine Wirkungsbeziehung von kausalen Variablen (Managerial Leadership und Organisationsklima) über intervenierende Variablen (Peer Leadership, Gruppenprozesse und Zufriedenheit) auf die Endergebnisvariablen (z.B. Kosten, Erträge, Produktivität) besteht (vgl. Likert, 1973, p. 9 f.).

Gemäß Bartscher und Steinmann (1990) sowie Fischer-Winkelmann und Hohl (1982) sind alle oben kurz dargestellten Ansätze v.a. wegen ihren unterstellten Kausalitätsbeziehungen, wegen der Verwendung von Ersatzwerten/-maßen und Berücksichtigung nur einer Dimension, nämlich der Kosten, angreifbar. Vor allem zum Kritikpunkt der Messung über Surrogatwerte fügen Fischer-Winkelmann und Hohl an, daß „eine formal einwandfreie Lösung des Problems der indirekten Bewertung eines HV ... nur dann gegeben [wäre], wenn ... zwischen einem 'HV' und 'input' oder 'output' bzw. 'input/output'-Differenzen der Unternehmen eine *funktionale* (z.B. lineare) Verknüpfung *begründet"* (1982, S. 143) behauptet und nachgewiesen werden könnte. An späterer Stelle fassen dieselben Autoren zusammen, daß „alle bisher vorgeschlagenen Surrogatverfahren für die monetäre Bewertung des zukünftigen Leistungspotentials der Mitarbeiter eines Unternehmens ein HV der Unternehmen eben nicht zu bewerten vermögen!" (ebd.). Auch Papmehl führt an, daß die Verwendung geschätzter Werte sowie die Richtigkeit der Zurechnung, also die Schlußfolgerung, daß ein „kausaler Zusammenhang zwischen den finanziellen Aufwendungen für einen Mitarbeiter und dessen tatsächlichem Beitrag zum Unternehmenserfolg besteht" (1990, S. 72) fraglich sind. Des weiteren wäre es nötig, die Einflüsse organisatorischer und technologischer Art von denen personalwirtschaftlicher Art zu trennen, um Aussagen über die Abhängigkeiten der Produktivität zu ermöglichen. Bartscher und Steinmann führen zusätzlich die Problematik ins Feld, „wieweit vergangenheitsorientierte Meßmethoden (z.B. Kosten für Personalbeschaffung, -auswahl, Weiterbildung) zukunftsbezogene Entscheidungen ermöglichen" (1990, S. 396). Fischer-Winkelmann und Hohl schreiben hierzu, daß die versprochene Zukunftsorientierung der meisten Modelle nicht verwirklicht werden kann und „man sich bei den Modellen zudem auf Daten des herkömmlichen Rechnungswesens stützt, die per se keine neuen Informationsmöglichkeiten bieten" (1982, S. 146).

Weiterhin kritisch zu sehen ist die Unterstellung, daß humane Ressourcen mit technischen bzw. materiellen gleichgesetzt werden sollen.

Dennoch sehen Bartscher und Steinmann (1990) den Wert des HRA in der Informationsfunktion, die mit Näherungslösungen und der Erfassung von Veränderungen die Entscheidungsfindung ermöglicht. Dienlich sind die Ergebnisse des Human Resource Accounting der Beschaffungs- und Freisetzungspolitik, der Personalentwicklungspolitik sowie der Selbstdarstellung des Personalbereiches, also der strategischen und ökonomischen Ausrichtung desselben.

Für die Anwendung von HRA-Modellen in der Praxis empfiehlt Papmehl (1990) die Testung an vorerst kleinen Zielgruppen sowie den Einbezug individueller Unternehmensziele und die Berücksichtigung von „1. Art, Größe und Struktur der Organisation [und] 2. Art, Umfang und Qualität des vorhandenen HRA" (S. 75).

Im Sinne einer Regelkreiskonzeption, in der die Informationsfunktion im Zentrum steht, verstehen Bartscher und Steinmann (1990) das HRA, wobei eine Planungs-, eine Dokumentations- und eine Kontrollrechnung an den o.g. Grundproblemen der personalwirtschaftlichen Entscheidungsprozesse auszurichten ist. Im Rahmen der Einbindung des HRA in ein umfassendes und funktional gegliedertes Controllingsystem sind zum einen quantitative, aber auch qualitative Informationen zu ermitteln. Diese qualitativen Informationen sind beispielsweise im Rahmen von Personalbedarfs- und Bildungsbedarfsanalysen als auch für das Bildungs-Controlling von zentraler Bedeutung. Als Instrumentarien zur Ermittlung dieser Größen werden beispielsweise Assessment-Verfahren, Mitarbeiterbeurteilungen oder -gespräche genannt.

1.3.5 Zukunftsperspektiven und neue Aufgaben für das Personal-Controlling

Einen **Berührungspunkt** zwischen Finanz-Controlling und Personal-Controlling stellt die Personalkostenrechnung dar, die als Ausgangspunkt einer Integration der beiden Controllingsparten zumindest im operativen Bereich möglich ist. Obwohl das Controlling zur Analyse personalwirtschaftlicher Problembereiche beitragen kann, stellen Wunderer und Sailer fest, daß die „Verknüpfung finanzwirtschaftlicher Informationen mit Personaldaten" (1987a, S. 228) Mängel bezüglich ihrer Anwendbarkeit für das Personal-Controlling aufweist, nämlich die „fast ausschließliche Orientierung an monetären Größen" (ebd.) sowie die „ʹex-postʹ-Orientierung des Rechnungswesens" (ebd.).

Eine **Zukunftsperspektive** für Personal-Controlling muß gemäß Wunderer und Sailer „in der Verbesserung der ökonomischen Aussagekraft der Kennzahlen und Indikatoren liegen" (1987a, S. 228), damit diese über ihre bisherige Funktion von Beschreibung und Diagnose hinauszugehen vermögen und mit ökonomischen Kennziffern vergleichbar werden. Gemäß einer Unternehmensbefragung, die Papmehl 1990 durchführte, ist weiterhin zu fordern bzw. zu hoffen, daß die Unternehmen das strategische Plan- und Steuerungspotential des Personal-Controlling erkennen und dies in der Praxis einsetzen.

Die **neuen Aufgaben**, die sich mit Personal-Controlling ergeben, betreffen v.a. die Koordination der Ressource *Mensch*. Dazu müssen v.a. Stärken, aber auch Schwächen der Mitarbeiter ermittelt und Vorschläge zum Aufbau ersterer und zur Abstellung letzterer aufgezeigt werden. Des weiteren werden Personalengpässe frühzeitig aufgedeckt und erfolgversprechende Personalentwicklungsstrategien erarbeitet. Zu guter Letzt verspricht ein Personal-Controlling zu ermitteln, ob der vielzitierte ʹrichtigeʹ Mitarbeiter zur ʹrichtigenʹ Zeit mit der ʹrichtigenʹ Qualifikation am ʹrichtigenʹ Arbeitsplatz ist.

2 Ansätze und Konzepte für die Planung, Steuerung und Kontrolle von Personalentwicklungsmaßnahmen

Dieses Kapitel trägt mit Bedacht nicht den Titel „Ansätze und Konzepte von Bildungs-Controlling". Dies hat zwei Gründe: zum einen ist bis zum jetzigen Zeitpunkt für diese Arbeit noch nicht geklärt, was Bildungs-Controlling eigentlich ist, und zum anderen scheint es dies auch in der vorliegenden Literatur zum BC nicht zu sein. Betrachtet man nämlich die Literatur, die sich mit BC im weitesten Sinne beschäftigt, so fällt auf, daß eine Vielfalt verschiedener Ansätze existiert, deren Spektrum von einem Bildungs-Controlling verneinenden und auf die Selbstverantwortlichkeit des Individuums bauenden Ansatz bis hin zu einer ausschließlichen, EDV-gestützten und auf Kennzahlen beruhenden Kontrolle reicht. Gemeinsamkeiten dieser Ansätze sind relativ rar und beziehen sich häufig nur auf die Notwendigkeit einer Kosten-Nutzen-Analyse von Bildungsmaßnahmen oder allgemein von 'Personalentwicklung in Zeiten der Rezession'. Über weite Teile dieser Literatur zeigt sich diesbezüglich das gleiche Bild im zum Teil gleichen Wortlaut. Es werden bisherige Ansätze zur Messung oder ökonomischen Bewertung von Bildungseffizienz und -effektivität kritisiert, es wird von sich ändernden Anforderungen an Unternehmen und Mitarbeiter und einem sich verschärfenden Wettbewerb sowohl im Absatz- als auch im Arbeitsmarkt gewarnt, es wird auf die eminente Wichtigkeit von Bedarfsanalysen und der Verknüpfung von strategischen Unternehmenszielen und individuellen Mitarbeiterzielen hingewiesen und es wird, wie Ruschel (1995) es so treffend formuliert, mit „zum Teil schon ritualisierten Aussagen über die wachsende Bedeutung der Weiterbildung im Rahmen der Qualifizierungsoffensive" (S. 298) diskutiert. Die Notwendigkeit einer zielorientierten, systematischen Bildungsplanung, -steuerung und -kontrolle ist also offensichtlich und kann in allen Publikationen, die sich mit diesem Themenkreis beschäftigen, aufgefunden werden.

Aufgrund der einheitlichen Probleme, aber uneinheitlichen Herangehensweisen an Bildungs-Controlling empfiehlt es sich deshalb, sich zunächst einen Überblick über verschiedene Ansätze zu verschaffen.

Allerdings treten auch bei einer vorzunehmenden Kategorisierung der verschiedenen Ansätze Probleme auf. Diese beziehen sich vornehmlich auf die Nomenklatur, welche Ansätze denn nun unter Bildungs-Controlling oder Evaluation oder gar Humanvermögensrechnung zu zählen seien. Thierau et al. (1992) beispielsweise unterscheiden in ihrem Artikel zur *Evaluation von Personalentwicklungmaßnahmen* **pädagogisch-psychologische** Evaluationsansätze, nämlich ergebnisorientierte, prozeßorientierte, ebenenorientierte und handlungsorientierte von **ökonomischen** Evaluationsansätzen, wie kostenanalytische, investitionsorientierte und kennzahlenorientierte. Auf den ersten Blick beruhen also die markanten Unterschiede dieser verschiedenen Ansätze auf ihrer Herkunft aus zwei verschiedenen Disziplinen. Zudem setzen die genannten Autoren den Begriff Evaluation mit dem des

Bildungs-Controlling gleich. Wie bereits im Kapitel 1.2.3 *Gegenüberstellung von Evaluation und Controlling* aufgeführt, **kann** Evaluation nicht deckungsgleich mit Bildungs-Controlling sein.

Feige (1993) beispielsweise nimmt eine Unterteilung prinzipiell zwischen qualitativen und quantitativen Verfahren vor, wobei mit den ersteren die Verfahren der psychologisch-pädagogischen Tradition gemeint sind, die in Durchführungs-Controlling und Ergebnis-Controlling (im Lernfeld und on-the-job) aufgeteilt werden, und mit letzteren ökonomische und kennzahlenorientierte Verfahren.

Auch dieser Ansatz scheint nicht geeignet, die von verschiedensten Autoren vorgeschlagenen Ansätze und Konzepte zur Planung, Steuerung und Kontrolle von Bildung zu systematisieren. Zudem macht eine Kategorie *ergebnisorientierte Verfahren* (wie auch bei Thierau et al. verwendet) beim Bildungs-Controlling wenig Sinn, da bereits dargelegt wurde, daß zum einen Controlling etwas mit Planung, Steuerung und Kontrolle zu tun hat und zum anderen eine Ergebnisorientierung in jedem anderen Ansatz ebenfalls enthalten sein muß. Denn: Planung ohne Kontrolle ist sinnlos und Kontrolle ohne Planung nicht möglich.

Der Kompromiß für die Systematisierung der nun darzustellenden Ansätze von Evaluation oder BC oder HRA lautet daher, daß in loser Anlehnung an Thierau et al. (1992) in folgende Ansätze zur Planung, Steuerung und Kontrolle von PE-Maßnahmen, aber nicht primär in Evaluationsansätze (!), differenziert werden soll:

• prozeß- bzw. phasenorientierte,
• ebenenorientierte,
• handlungsorientierte,
• kostenanalytische,
• investitionstheoretische und
• kennzahlenorientierte Ansätze.

Des weiteren muß explizit darauf verwiesen werden, daß bezüglich der Unterscheidung Evaluation oder BC die von den Ursprungsautoren verwendete Nomenklatur verwendet wird. Die Einordnung der Ansätze erfolgt dabei unter dem Aspekt ihrer hervorstechendsten Merkmale, Reintypen sind hierbei eher selten.

Im Anschluß an diese Darstellung soll dann in einem folgenden Kapitel über die bereits angekündigte Integration und Reformulierung der vorgestellten Ansätze sowie der eingangs behandelten Bereiche Controlling und Evaluation ein ganzheitliches Konzept von Bildungs-Controlling erarbeitet und vorgestellt werden.

2.1 Prozeß- bzw. phasenorientierte Ansätze

Wesentliche Ziele und Merkmale der prozeß- bzw. phasenorientierten Ansätze sind, daß die Weiterbildung in allen Phasen, also von der Bedarfsanalyse bis hin zur Transferkontrolle, geplant, gesteuert und kontrolliert wird. Zusätzlich zu den Ergebnissen bestimmter Maßnahmen werden auch die dazugehörigen Prozesse betrachtet.

2.1.1 Ansatz mit Endlosschleife nach Heeg und Jäger

In einem BC-Ansatz mit **Endlosschleife** definieren Heeg und Jäger (1995) Bildungs-Controlling wie folgt:

> Bildungscontrolling beinhaltet ein umfassendes Planungs-, Bewertungs- und Informationssystem zur Koordination und Steuerung der betrieblichen Bildungsprozesse in enger Abstimmung mit den Unternehmenszielsetzungen zur Erfassung und Darstellung der Effizienz und der Effektivität sowie der Kosten von Bildungsprozessen.
> Bildungscontrolling ist ein Instrumentarium zur Strategieentwicklung und -verfolgung. Es soll die enge Verzahnung zwischen Unternehmens- und Bildungsplanung ermöglichen und somit die optimale Planung des erforderlichen 'Humankapitals' und dessen Einsatzes sicherstellen.
> Daneben stellt Bildungscontrolling ein Instrument zur Überprüfung, Bewertung und Deutung von Abweichungen sowie deren betriebswirtschaftlicher Analyse dar und beinhaltet eine systematische Entwicklung von Wirtschaftlichkeitskriterien und ihrer Umsetzung, d.h. die permanente Beachtung der für die Planung, Durchführung und Transfersteuerung beeinflussenden Handlungsparameter. (S. 343)

Hauptziel des so verstandenen BC ist, eine möglichst genaue Zurechenbarkeit des Nutzens der Bildungsmaßnahme auf den Unternehmenserfolg zu erreichen. Voraussetzung hierfür ist, daß das Bildungswesen konzeptionelle und steuernde Aufgaben wahrnimmt, daß der direkte Vorgesetzte im Planungs- und Transfergeschehen Mitverantwortlicher wird, und daß die Weiterbildung auf die Bedarfe des Unternehmens - hinsichtlich strategischer Unternehmensziele - bzw. des Mitarbeiters zur Erfüllung seiner tätigkeitsbezogenen Aufgaben abgestimmt wird. Zu den Aufgaben des BC gehört dann v.a. die Bereitstellung und Pflege eines adäquaten Informationsinstrumentariums mit sowohl quantitativen als auch qualitativen Daten, die den Abruf von Informationen erlauben, die für die operative, taktische und strategische Planung, für die vergleichende Kontrolle sowie für ad hoc- oder periodenbezogene Auswertungen relevant sind.
Den Prozeßcharakter dieses Ansatzes von Heeg und Jäger (1995) bildet eine Endlosschleife über folgende immer wieder zu durchlaufende Stationen:

• Ermittlung des aufgaben- und mitarbeiterbezogenen und damit unternehmensweiten Bildungsbedarfs,

*   „Festlegung der Bildungsziele, der Meßkriterien und der geeignetsten Bildungs-
    maßnahme" (S. 345),
*   „Durchführung der Bildungsmaßnahme" (ebd.) und
*   „Erfolgsmessung anhand der festgelegten Meßkriterien in der 'täglichen Arbeit'
    (= Erfolgsgrad)" (ebd.).

Eine relativ eingeschränkte Beachtung wird bei diesem Ansatz allerdings der
Kostenerfassung geschenkt, obwohl diese in der Definition explizit enthalten ist.

2.1.2 5-Phasen-Konzept nach Enderle

Ein **5-Phasen-Konzept** des BC schlägt Enderle vor.

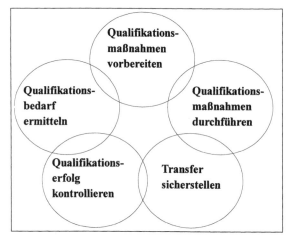

Abbildung 4: Wertschöpfungskette der Weiterbildung (nach Enderle, 1995, S. 30)

Auf der Basis einer Problemanalyse, die den in der Praxis wenig zielgerichteten
Einsatz von Personalentwicklungskonzepten auf den Grund geht, schlägt Enderle
einen Ansatz vor, der den „Weiterbildungsprozeß ... in seiner Gesamtheit als
Wertschöpfungskette und in seiner Wechselwirkung zu anderen Bereichen"
(Enderle, 1995, S. 29 f.) betrachtet.
In den einzelnen Phasen sind folgende Kernpunkte zu beachten (vgl. Enderle, 1995,
S. 30 ff.):

- **Ermittlung des Qualifikationsbedarfs:**
  - ❖ Ist-Analyse der betrieblichen Situation und der vorhandenen Qualifikationen (inkl. der eigenen WB-Aktivitäten der MA);
  - ❖ Soll-Ermittlung geplanter betrieblicher Veränderungen (inkl. der zukünftigen Umfeldveränderungen), erwarteter Qualifikationsanforderungen sowie des Qualifikationsbedarfs im Sinne von Entwicklungszielen;
- **Vorbereitung der Qualifizierungsmaßnahme:**
  - ❖ Auswahl von Teilnehmern, Lernform und -ort;
  - ❖ Sicherstellung von Information und Abstimmung zwischen Unternehmen und Durchführer sowie Praxis- und Problembezug;
  - ❖ Einstellen des Teilnehmers sowie des Umfeldes auf die Bildungsmaßnahme;
- **Durchführung der Qualifizierungsmaßnahme:**
  - ❖ Sicherstellung eines störungsfreien Ablaufs der Maßnahme;
  - ❖ Einhaltung fachlicher und methodisch-didaktischer Anforderungen;
  - ❖ Gewährleistung von Teilnehmerorientierung und Feedback durch Bewertung des Seminars;
  - ❖ Durchführung von Lernkontrollen;
- **Sicherstellung des Transfers:**
  - ❖ Transfersicherung in der Vorbereitungs- und Nachbereitungsphase über die üblichen Transfersicherungsinstrumente (Selbstvertrag, Rückkehrgespräch, Supervision etc.) sowie zeitliche Kontiguität der Einübung, Ausräumen von Transferhindernissen, Nutzung des Multiplikatoreneffektes;
- **Kontrolle des Qualifikationserfolges:**
  - ❖ Überprüfung der Qualifikationsmaßnahmen im Hinblick auf individuelle und betriebliche Anforderungen;
  - ❖ Sicherstellung qualifikationsprozeßbegleitender Kontrollen;
  - ❖ Weitergabe von Hinweisen an den Anbieter zur bedarfsgerechten Verbesserung der Maßnahmen.

2.1.3 9-Phasen-Konzept nach Papmehl

Im Rahmen eines **9-Phasen-Konzeptes** definiert Papmehl (1990) Bildungs-Controlling und dessen Aufgaben wie folgt:

Bildungs-Controlling muß sich an den Unternehmenszielen orientieren und das Know-how bzw. die Motivation der Mitarbeiter adäquat steuern, damit die gesteckten Ziele erreicht werden. Innerhalb des Bildungs-Controlling werden sämtliche Aktivitäten definiert, gesteuert und gefördert, die der Entwicklung des geistigen Potentials und der Persönlichkeit der Mitarbeiter dienen und gleichzeitig dem Ziel gerecht werden, den Mitarbeiter zum 'Sub-Unternehmer' bzw. 'intrapreneure' zu entwickeln. (S. 47)

Dies scheint zunächst eine auf Bildung an sich fokussierte Definition von BC zu sein, da der Aspekt der Kontrolle oder Bewertung zumindest in der Definition von BC relativ kurz kommt. Für den Begriff BC in obiger Definition könnte ohne weiteres der Begriff Personalentwicklung eingesetzt werden; BC ist allerdings, selbst aus der bisherigen Betrachtung heraus, noch etwas anderes. An anderer Stelle räumt Papmehl allerdings ein, daß Bildungs-Controlling **grundsätzlich** „eine Versachlichung der Fort- und Weiterbildung auf der Grundlage ökonomischer Determinanten" (Baldin & Papmehl, 1989, S. 812) anstrebt.

Zu den Zielen des BC gehören nach Auffassung von Papmehl:
• Koordination der Bildungsziele von Mitarbeitern, Bereichen und Unternehmung,
• Steigerung der Effektivität der Bildungsarbeit,
• Koordination von Planung, Analyse und Steuerung der Bildungsmaßnahmen,
• Analyse der Identifikation und Motivation der Mitarbeiter,
• Schaffung von Transparenz hinsichtlich der Bildungskosten und des Bildungsnutzens,
• Sicherstellung zieladäquater Qualifikation der Human-Ressourcen und schließlich
• Dezentralisierung der Bildungsarbeit im Sinne eines Profit-Centers, so daß der einzelne und gegebenenfalls noch der Vorgesetzte zum Selbst-Controlling befähigt werden.

Für die Realisierung dieser Zielsetzungen des BC setzt Papmehl „die Konzeption und Implementierung eines DV-gestützten Bildungs-Controlling-Systems ... zur Steuerung, Koordination und Optimierung aller Aktivitäten" (Baldin & Papmehl, 1989, S. 813) voraus.
Über ein *9-Phasen-Modell* erreicht die Bildungsarbeit bei Papmehl idealiter einen strategischen Horizont, in dem der einzelne Mitarbeiter, der Fachbereich und das Bildungswesen jeweils über Planung, Analyse und Steuerung ein integriertes BC-System mit den Funktionen Frühwarnung, Selbstkontrolle und -verwaltung generieren und in diesem agieren.
Die Aufgaben für den **Mitarbeiter** in diesem integrierten BC-System sind demnach die eigenständige Planung des individuellen Bildungsbedarfs, die Analyse des eigenen Bildungskonzeptes sowie dessen bedarfsorientierte Modifikation. Aufgaben des jeweiligen **Fachbereiches** erstrecken sich über die Entwicklung ganzheitlicher Bildungskonzepte, Evaluation sowie Optimierung der Bereichskonzepte. Für das **Bildungswesen** ergeben sich hierin an konkreten Aufgaben die Harmonisierung der Ziele von Unternehmen, Bereich und Individuum, die Analyse potentieller Wettbewerbsvorteile durch die Human-Ressourcen sowie die Optimierung der Synergieeffekte, die aus der Bildung resultieren. Instrumente für das BC sind nach Papmehl

Mitarbeitergespräche, Assessment-Center, Karriereplanung und Bildungsbedarfsanalysen. Es wird leider keine Aussage darüber getroffen, wie die operative, die taktische und schließlich die strategische Phase zusammenhängen oder wie sie genau zu werten sind. Es ist allerdings anzunehmen (impliziert durch die eher negativen Konotationen der operativen und taktischen Phasen), daß die einmal erreichte strategische Phase das Optimum in der Unternehmensentwicklung hin zu einem integrierten BC darstellt. Anzumerken wäre hier, daß kurz- bzw. mittelfristige Perspektiven per se nichts negatives darstellen, sofern sie mit der strategischen Ausrichtung abgestimmt sind und sich in deren Rahmen vollziehen. Denn gerade ein überschaubarer Zeithorizont ist für die einzelnen vor Ort leichter zu handhaben.

2.1.4 Transfer-Phasen-Konzept nach Wilkening

Im Rahmen einer **Transfer-Phasenbetrachtung** schlägt Wilkening (1986) „zur Beurteilung der Transferwirksamkeit von Bildungsmaßnahmen" (S. 384) eine sog. *Nutzwertmatrix* vor. Kerngedanke hierbei ist, daß für jede Phase des Transferprozesses eine Kriterienliste von Bildungsverantwortlichen ausgefüllt wird, und zwar dergestalt, daß die zuvor gewichteten Kriterien auf einer 4-stufigen Skala, die den Erfüllungsgrad der Kriterien zahlenmäßig aber auch verbal angibt, bewertet werden. Besonders interessant an dieser Vorgehensweise ist allerdings nicht die Formel für den Nutzwert je Phase über alle Bewerter, sondern die operationale Definition der verschiedenen Wertungen der einzelnen Kriterien. Beispielsweise bei dem Kriterium *Bildungsbedarfsermittlung* werden folgende verbale Skalierungen angeboten:

- „Systematische Ableitung aus Unternehmensstrategien bzw. qualitative Bedarfsplanung und Teilnehmer-Bedarf" ~ 1,
- „Interviews und Fragebögen mit Vorgesetzten und Teilnehmern" ~ 2,
- „Fragebogen erfaßt Bildungswünsche der Teilnehmer" ~ 3 und
- „Schätzung durch das Bildungswesen über quantitative Anmeldungen" ~ 4 (Wilkening, 1986, S. 385).

Weitere Vorteile sieht Wilkening (1986) in der
- Lokalisationsmöglichkeit von Schwächen in der jeweiligen Phase,
- Beachtung wesentlicher Kontrollkriterien,
- Vergleichbarkeit verschiedener Bildungsmaßnahmen,
- Berechnung numerischer Größen aus der qualitativen Einschätzung,
- zeitnahe Identifizierbarkeit von Detailschwächen,
- „hohe Identifikation der Bildungs- und Budgetverantwortlichen durch einheitliche Bewertungsbasis und gemeinsame Definition der Kriterien" (S. 384) sowie

• in der Ableitung des Gewichtungsschemas aus den Personal-Management-Zielen.

Nachteile bzw. Probleme sind nach Ansicht des Autors „in der fehlenden Kontinuität der Bewertungsgrundlagen" (ebd.) und in der Auswahl der Personen, die die Gewichtung vornehmen, zu erkennen.

Tabelle 2: Phasenweise Kriterienliste zur subjektiven Einschätzung der Transferwirksamkeit (nach Wilkening, 1986, S. 385 ff.)

Phase	Vorbereitung	Durchführung	Nachbereitung
Kriterien	* Bildungsbedarfs-ermittlung * Bildungsbedarfs-analyse * Zielformulierung * Vorabinformation an die Teilnehmer * Vorabinformation an die Vorgesetzten * Entscheidung über Bildungsmaßnahme * Vorbereitungs-material * Teilnehmer-einstimmung * Teilnehmer-voraussetzungen ...	* Erwartungen der Teilnehmer * Problemdefinition * Mitsteuerung der Teilnehmer * Transfer-hemmnisse abbauen * wissensorientierter Inhalt * verhaltens-orientierter Inhalt * Einbindung der Teilnehmer * Übungen, Fall-studien, Rollen- und Plan-spiele * Rückkehrproblem * individuelle Trans-fermaßnahmen * gemeinsame Transfermaß-nahmen * Transferplan ...	* Auswertung des Vorgesetzten * Auswertung mit Kollegen * Erfahrungsaus-tausch * Lernpartner-schaften * Transferunter-stützung * Transfererreichung * Lernzielerreichung * Trainingskonse-quenz ...

Weitere Kriterien, die nach Wilkening im Bildungsprozeß Berücksichtigung finden müssen und sich auf dessen Qualität und Transferförderung auswirken, zeigt Tabelle 2.

2.2 Ebenenorientierte Ansätze

Im Rahmen der ebenenorientierten Ansätze soll der Weiterbildungserfolg möglichst auf einer höchsten Ebene ermittelt werden, die der des Unternehmenserfolges entspricht. Die vorgelagerten Ebenen bauen aufeinander auf; „positive Ergebnisse in einer vorgelagerten Stufe sollen Indikatoren für den Erfolg in einer nachgelagerten Stufe sein" (Thierau et al., 1992, S. 234).

2.2.1 4-Ebenen-Ansatz nach Kirkpatrick

Ein relativ frühes Modell ist das von **Kirkpatrick**. Der Stellenwert dieses Ansatzes zeigt sich v.a. darin, daß er in ursprünglicher oder modifizierter Form auch in heutigen Ansätzen noch häufig zum Tragen kommt. Dabei kann der Gedanke von Kirkpatrick für das Jahr 1976 als bereits sehr fortschrittlich bezeichnet werden. Im Rahmen einer Evaluation von Trainingsmaßnahmen berücksichtigt er die vier **Ebenen**: Reaktion, Lernen, Verhalten und Ergebnisse (für das Unternehmen). Für eine allgemeine Grunddefinition der jeweiligen Stufe schlägt er vor, die **Reaktion** mit der Frage „How well did the conferees like the programm?", das **Lernen** mit „What principles, facts, and techniques were learned?", das **Verhalten** mit „What changes in job behavior resulted from the programm?" und schließlich die **Ergebnisse** mit der Frage „What were the tangible results of the programm in terms of reduced costs, improved quality, improved quantity, etc.?" (Kirkpatrick, 1976, p. 18-2) zu fassen.

Die Erhebung der Reaktion bzw. des sog. Happiness-Index im Anschluß an ein Seminar gibt im wesentlichen Aufschluß darüber, ob die Teilnehmer aufnahmebereit und motiviert waren, das Informationsangebot zu nutzen oder nicht. Man kann davon ausgehen, daß das Inhaltliche keine Akzeptanz findet, wenn die Rahmenbedingungen nicht stimmen. Eine zufriedene Reaktion ist also eine notwendige, aber keine hinreichende Bedingung für die nächsten Stufen, nämlich tatsächlich etwas gelernt zu haben, Verhalten in der Praxis zu ändern oder für das Unternehmen Ergebnisse zu erbringen. Martens (1987) fügt hierzu an, daß „die Stimmung der Teilnehmer in der Gruppe ... nur in Extremfällen etwas mit der Lernleistung zu tun" (S. 96) hat und daß „Lernerfolg und Ergebnis im Stimmungsbarometer ... wesentlich voneinander abweichen" (ebd.) können. Als warnendes Beispiel dafür, daß die Stimmung im oder am Ende eines Seminars nicht gleichzusetzen ist mit dem Lernerfolg, schildert Martens Ergebnisse einer Untersuchung, in der die Werte extrem guter und extrem schlechter Stimmung im Seminar diametral zum Testerfolg und zum beobachteten Lernerfolg verliefen.

Deshalb ist auf der Stufe *Lernen* zu erfassen, ob die Teilnehmer Wissen und Fähigkeiten aufgenommen haben. Im Hinblick auf das Untersuchungsdesign schlägt

Kirkpatrick hierzu vor, den Lernerfolg bei jedem Teilnehmer einzeln zu erfassen, Vorher-Nachher-Messungen und Kontrollgruppen zu berücksichtigen und die Ergebnisse statistischen Analysen zu unterziehen. Erhebungsverfahren können hierbei sein: das Anwenden noch während des Seminars oder Paper-and-Pencil-Tests bzw. Klausuren. Dabei können Aussagen darüber getroffen werden, ob die Seminarinhalte *kognitiv präsent* sind.

Die nächste Stufe betrifft die Ermittlung der Verhaltensänderungen am Arbeitsplatz, die Anwendung des Gelernten oder einfach den Transfer. Voraussetzung für Transfer sind gemäß Kirkpatrick der Wille zur Anwendung, das Erkennen von eigenen Schwachstellen, ein offenes und Transfer zulassendes Arbeitsklima, soziale Unterstützung bzw. Supervision/Coaching sowie die Möglichkeit (s.a. transferbegünstigende Umfeldbedingungen), das Gelernte anzuwenden. Bei der Erfassung des Transfers gibt Kirkpatrick folgende Hinweise. Das Verhalten am Arbeitsplatz sollte vor und nach der Bildungsmaßnahme eingeschätzt werden, und zwar von dem Seminarteilnehmer selbst, von Vorgesetzten, Kollegen und Mitarbeitern, es sollte wiederum systematisch (z.B. statistisch) aufbereitet werden, und die Nachher-Messung sollte erst eine gewisse Zeit nach dem Seminar stattfinden, um Anwendungsmöglichkeiten zu gewährleisten.

Die letzte Stufe und v.a. im Rahmen eines Bildungs-Controlling interessantesten Hinweise betreffen nun die Ergebnisse, die die Bildungsmaßnahme für das Unternehmen erbringt. Die sog. Ergebnisse können nach Kirkpatrick die verminderte Fluktuation, verminderte Kosten, erhöhte Effizienz, Qualität oder Quantität der Tätigkeiten mit meßbaren Leistungseinheiten sein, aber auch Werthaltungen und Einstellungen betreffen. Wie bereits des öfteren erläutert, besteht auch bei diesem Ansatz wiederum die Problematik, meßbare Leistungseinheiten für dispositive Tätigkeiten auszumachen.

Für mögliche Brüche zwischen der Ebene des Lernens und des Verhaltens und für Brüche zwischen der Ebene der Verhaltens mit der Leistung führt Martens (1987) die Notwendigkeit an, die Ursachen für diese Brüche genauer zu untersuchen. Nach Auffassung des Autors sind für den Fall, „daß trotz guter Testergebnisse keine Verhaltensänderung beobachtet" (S. 92) werden kann, zum einen hinderliche Umfeldeinflüsse (z.B. Überlastung mit Routinetätigkeiten, Vorgesetzter etc.) oder fehlerhafte Formulierung der Lernziele verantwortlich, so daß „kein Zusammenhang zwischen Testergebnis und Verhaltensänderung besteht" (S. 92). Tritt der Bruch dergestalt auf, daß angestrebte Verhaltensänderungen beobachtet werden, sich aber Umsatzsteigerungen und verminderte Fluktuation nicht einstellen, so macht der Autor „konjunkturelle Einflüsse, Maßnahmen der Konkurrenz oder aber Entscheidungen des Unternehmens wie Werbe- oder PR-Maßnahmen, Preis- oder Produktgestaltung" (S. 93) sowie Schwächen in der Lernzielanalyse verantwortlich.

2.2.2 3-Ebenen-Ansatz nach Wunderer und Sailer

Der unter dem Aspekt des Personalcontrolling dargestellte **3-Ebenen-Ansatz** von Wunderer und Sailer läßt sich ebenfalls auf das Bildungs-Controlling anwenden. Zur Erinnerung sei nochmals kurz erwähnt, daß das Ausgangsproblem von Wunderer und Sailer darin identifiziert wurde, daß personalwirtschaftliche Erfolgsfaktoren oft nicht mittels Kardinalskalen erfaßbar sind. Die drei vorgeschlagenen **Ebenen** Kosten, Effizienz und Effektivität können auf BC angewandt folgendes beinhalten:

* **Kosten-Controlling**
  Gegenstand des Controllingprozesses stellen hierbei sämtliche in Verbindung mit einer Bildungsmaßnahme auftretenden Kostenentwicklungen und -strukturen dar. Der **Zweck**, der mit der Erfassung der Kosten von Weiterbildungsmaßnahmen verfolgt wird, ist gemäß Mentzel (1992) der notwendige Überblick über „Art und Höhe sämtlicher, in einer Abrechnungsperiode angefallenen Weiterbildungskosten" (S. 225). Des weiteren sind die Zurechnung zu verursachenden Kostenstellen und Rentabilitätskontrollen durchführbar. Erfaßte Kosten können aber auch als Basis für künftige Budgets, als Entscheidungsunterstützung zwischen alternativen Angeboten sowie als notwendiger Bestandteil des Dialogs der Sozialpartner betrachtet werden. Dazu gehören nach Aspekten der **Kostenrechnung** für die Planung, Kontrolle und Informationsverarbeitung der Kosten betrieblicher Bildung die Berücksichtigung von anfallenden Kostenarten, Kostenstellen und Kostenträgern. Die Einrichtung von Kostenstellen des Bildungswesens muß sich am organisatorischen Aufbau orientieren. Die Kostenstellen sind also die verursachenden Abteilungen. Nach Ebert (1995) kann „als Kostenträger ... für den Bereich der Fort- und Weiterbildung der *Seminartag* herangezogen werden" (S. 150), also die Kosten, die für die Bildungsmaßnahme an sich entstehen. Die Kostenarten können dabei nach Mentzel (1992) danach aufgeteilt werden, ob es sich um externe oder interne Bildungsmaßnahmen handelt. Bei letzterer Art können interne off-the-job- oder on-the-job-Maßnahmen unterschieden werden. Je nachdem also, um welche Form von Bildungsmaßnahmen es sich handelt, müssen folgende Kostenarten (Personal-, Sach- und sonstige Kosten) berücksichtigt werden:
  Externe Maßnahmen off-the-job:
  ❖ Seminargebühren
  ❖ Reisespesen
  ❖ Unterkunfts- und Verpflegungskosten
  Interne Maßnahmen off-the-job:
  ❖ Honorare und Spesen externer Referenten
  ❖ anteilige Gehälter interner Referenten (inkl. Vor- und Nachbereitung; berechenbar nach dem Ausfallstundensatz für Bildungsteilnehmer)

❖ Raumkosten
❖ Kosten für Lehrmittel
❖ sonstige Auslagen und Spesen
Interne Maßnahmen on-the-job:
❖ Unterweisungs-/Unterrichtskosten für den Vorgesetzten/Anleiter (eher theo-
retisch, da nicht exakt erfaßbar)

Weiterhin könnten Kosten angesetzt werden, die im Rahmen der Transfer-Be-
treuung am Arbeitsplatz entstehen, wobei hierbei zu überlegen ist, ob dies nicht
eine explizite Führungsaufgabe darstellt, die damit bereits abgegolten ist.
Für alle drei Formen der Weiterbildung können zusätzlich entstehen:
❖ Kosten für ausgefallene Arbeitszeit:
   für eine Steuerung und Kontrolle der Bildungskosten sollten diese Kosten
   zumindest berücksichtigt werden. Mentzel (1992, S. 227) schlägt hierzu
   folgende Formel vor:

Formel 1: Ausfallkostensatz

$$\text{Ausfallkostensatz je Stunde} = \frac{\text{Jahresentgelt} + \text{Sozialkosten}}{\varnothing \ \text{Jahresarbeitstage x tägliche Arbeitszeit}}$$

Ausgenommen ist hier allerdings die Kostenerfassung für on-the-job-Maßnahmen, da diese nicht exakt trennbar sind. Feige (1994) führt im Rahmen
der Berücksichtigung von Arbeitsausfallkosten für Seminarteilnehmer allerdings an, daß Weiterbildung, als Investition betrachtet, Arbeitsaufgabe ist.
„Für eine Sitzung, die der Mitarbeiter in Ausübung seiner Tätigkeit besucht,
werden die Arbeitsausfallkosten auch nicht einem Sitzungsbudget belastet"
(S. 168);
❖ Opportunitätskosten für Bildungsteilnehmer und Bildungsreferenten aus
   Fachabteilungen;
❖ anteilige Verwaltungskosten der Bildungs- oder Personalabteilung:
   diese Kostenart hat vornehmlich Fixkostencharakter. Es handelt sich v.a. um
   die Personalkosten der Mitarbeiter im Personalbereich.

Im Bildungsplan werden beabsichtigte Aktivitäten sowie materielle und personelle Aufwendungen festgeschrieben, die im Rahmen der Bildungskostenkon-
trolle über den SIV auf Abweichungen analysiert werden. Die Festschreibung
bzw. das Soll vor der Durchführung von Aktivitäten hinsichtlich der aufzuwen-
denden Kosten trifft im wesentlichen den Gedanken der **Budgetierung** (~
Aufstellung eines monetären Plans über insbesondere Kosten und Leistungen
für die Planperiode). Im Budget werden erwartete Einnahmen- und Ausgaben-
beträge geplant. Wichtiger Aspekt neben der Zurechnung zu Kostenarten und

-stellen ist hierbei der zu budgetierende Zeithorizont. In den Plandaten eines Budgets werden Abweichungen widergespiegelt; die Einleitung von Korrekturmaßnahmen wird möglich und die Zielorientierung soll sichergestellt werden. Zu Planungszwecken reichen nach Ansicht von Keßler (1995) „zwei Kennzahlen: 1) der Zeitaufwand pro Jahr, welcher für Bildungsmaßnahmen investiert werden kann, und 2) die Kenntnis der durchschnittlichen Kosten pro Teilnehmertag" (S. 160).

Nebenbei bemerkt sind in der Betriebswirtschaftslehre im wesentlichen drei Arten von Budgetierung zu unterscheiden: ex-post-plus-Verfahren (Fortschreibung des Bestehenden plus Steigerungsrate), Gegenstromverfahren (Verbindung des Detailwissens der Tätigen vor Ort und der Gesamtübersicht des Managements) und Zero-Base-Budgeting, die hier in der Reihenfolge ihrer *Fortschrittlichkeit* genannt werden. Letzteres Verfahren macht jeweils explizit deutlich, daß das Bestehende beständig in Frage zu stellen ist; der Zeithorizont dieser Budgetierung umfaßt ca. 3-5 Jahre. Für Kosten-Nutzenanalysen ist es allerdings nicht empfehlenswert, Budgets über prozentuale Anteile am Umsatz, Gehaltssumme etc., durchschnittliche Beträge pro Mitarbeiter und Jahr oder vom Mitarbeitergehalt sowie über eine Fortschreibung des Vorjahresbudgets zu ermitteln. Ein sinnvolles Personalentwicklungsbudget besteht nach H. Meier (1990) auf der Grundlage einer Strategiedefinition und deren systematischer Bedarfsanalyse aus einem Kosten- **und** Ziele- sowie Maßnahmenplan.

Die Kalkulation von Weiterbildungsmaßnahmen birgt nach Grünefeld (1976) neben der Realisierung von Rationalisierungsansätzen die Möglichkeit, „eine Kosten-Nutzenbetrachtung je Veranstaltung" und einen „Vergleich zwischen eigenen und fremden Veranstaltungen" (S. 340) durchzuführen. H. Meier (1990) geht in einem Kostenvergleich von Bildungsalternativen noch weiter und nennt für die Aneignung von EDV-Kenntnissen fünf Vergleichsmöglichkeiten:

1. autodidaktisch in der Arbeitszeit,
2. externes Seminar mit Vollpension,
3. externes Seminar ohne Unterkunft,
4. internes Seminar mit externen Referenten,
5. internes Seminar mit internen Referenten.

In einer Matrix lassen sich dann die Investitionsunterschiede je Alternative errechnen und abbilden. „Der Differenzbetrag zwischen der teuersten Alternative I. und der preiswertesten Alternative V. wird bei der Gewinnkalkulation für verschiedene Teilnehmerzahlen zugrunde gelegt" (H. Meier, 1990, S. 161).

• **Effizienz- oder Wirtschaftlichkeits-Controlling**
In der Erfassung der Effizienz von Bildungsmaßnahmen gelangt Bildungs-Controlling an seine Grenzen. Ein Verständnis von Effizienz im Sinne von

Wunderer und Sailer (1987b), wie es bereits weiter oben angesprochen wurde, also die Überwachung des Mitteleinsatzes für daraus resultierende Prozesse oder gemäß Wakenhut (1996) die Optimierung des „*Verhältnis* von Bildungs*erfolg* zur Bildungs*investition* ... kann BC nicht leisten" (S. 13). Denn, so führt Wakenhut weiter aus, „BC sichert mit seinem Effektivitäts-Controlling die *notwendigen* Voraussetzungen für die Effizienz einer Bildungsmaßnahme, läßt die hinreichenden Voraussetzungen aber offen" (S. 13). So verstanden ist es zwar möglich, daß die Sicherung der Effektivität die Effizienz steigert, dies ist aber niemals nachweisbar. Eine noch im Rahmen des kennzahlenorientierten Ansatzes zu kritisierende Formel für die Errechnung der Bildungsrendite (vgl. Schulte, 1989, S. 99) lautet:

Formel 2: Bildungsrendite

$$\text{Bildungsrendite} = \frac{\text{durch Bildung erzielte Deckungsbeiträge}}{\substack{\text{eingesetztes Kapital in Form von} \\ \text{Kosten der Bildungsinvestitionen}}} \times 100 \, [\%]$$

Dabei ist aber zu beachten, daß der durch Bildung erzielte Deckungsbeitrag nicht monetär ausgedrückt werden kann und die Bildungskosten durch die Opportunitätskosten kompliziert werden.

• **Effektivitäts- bzw. Erfolgs-Controlling**

Den Nachweis, daß Bildung zum Erfolg des Unternehmens beiträgt, kann BC also leisten. Dabei steht allerdings die Frage im Vordergrund, wie die Erfolgsfaktoren der Bildung oder ganzer Programme (z.B. Traineeprogramme, die sich über einen längeren Zeitraum erstrecken) gemessen bzw. der Maßnahme direkt zugerechnet werden können. Wie bereits erwähnt, ist dies gerade bei dispositiven Tätigkeiten oder wenn meßbare Leistungseinheiten fehlen, schwierig. Hier muß sich die Messung am Erreichungsgrad oder dem Transfer der Bildungsziele orientieren, wie z.B. Steigerung der Motivation, der Identifikation, der fachlichen oder sozialen Kompetenz bzw. bei Zielen, die die Persönlichkeitsentwicklung betreffen. Dabei ist an die üblichen Transferkontrollen bzw. -hilfen sowohl im Lern- als auch im Funktionsfeld zu denken. Zu den Kontrollmethoden gehören dabei Befragungen, Mitarbeiterbeurteilungen, Prüfungen und Tests. Weiterhin ist (mit Vorsicht) an relativ einfach zu beobachtende Kriterien zu denken, wie beispielsweise Fluktuationsquoten und Absenzraten. Weiterer Erfolgsfaktor von Bildung ist der Erreichungsgrad der Unternehmensziele. Für die monetäre Bewertung der Veränderungen resp. Steigerungen, die ursächlich auf die Bildungsmaßnahme zurückgeführt werden kann, entstehen allerdings wiederum erhebliche Probleme. Grünefeld (1976) führt hierzu an, daß Sachinvestitionen, wie beispielsweise Maschinen, einen sehr eindeutigen *return on investment* bringen, während 'Sozialinvestitionen`, wie beispielsweise die eines

Werkskasinos oder eines Erholungsheimes notwendig sind, „ohne daß nach ihrem Ertrag gefragt wird. Ähnlich verhält es sich mit Bildungsaufwendungen. Sie sind genauso notwendig wie soziale Einrichtungen und können ihre 'Berechtigung' genauso wenig wie diese durch Berechnung einer Marginalrendite nachweisen" (S. 341).

2.3 Handlungsorientierter Ansatz

Für Ansätze mit Handlungsorientierung stehen v.a. zwei Aspekte im Vordergrund: Dies ist zum einen die Betrachtung des gesamten Prozesses der Weiterbildung und zum anderen die Funktion der Evaluation „als flankierende Maßnahme oder als Bestandteil der Weiterbildungsmaßnahme" (Thierau et al., 1992, S. 234). Dabei werden die Beteiligten stark in den Evaluationsprozeß einbezogen. Evaluation wird demgemäß verstanden als sozialer Interaktions-, Kommunikations- und Beratungsprozeß. Folgen und Wirkungen der Evaluation werden für die Verbesserung der Akzeptanz, des Ablaufs, der Inhalte, der Ergebnisse sowie des Transfers genutzt. Ergebnisse oder Erkenntnisse sollen so rasch wie möglich rückgemeldet werden.

Historisch betrachtet, war die sog. **Handlungsforschung** ein Zwischenschritt der sich in den letzten drei Jahrzehnten vollziehenden Entwicklung von der „geisteswissenschaftlichen Hermeneutik hin zur qualitativen erziehungswissenschaftlichen Forschung" (Krüger, 1997, S. 190). Die ursprünglichsten Wurzeln der Handlungsforschung oder Aktionsforschung (von engl. *action research*) liegen allerdings in der Human-Relation-Bewegung und einem programmatischen Aufsatz von Kurt Lewin in den 40er Jahren (vgl. Krüger, 1997). In der Bundesrepublik Deutschland begann die Handlungsforschungsdebatte in den 70er Jahren, wo sie insbesondere von den Vertretern der *Kritischen Erziehungswissenschaft* (z.B. Klafki, Mollenhauer, Blankertz oder Gruschka) „als eine sozialkritische Forschungsstrategie theoretisch zu begründen und im Rahmen von Begleituntersuchungen zu bildungspolitischen Reformvorhaben praktisch umzusetzen" (Krüger, 1997, S. 190) versucht wurde. Einige Autoren sprachen sogar von einem Paradigmenwechsel, der aus einer Verbindung der analytisch-empirischen und der normativ-praktischen Tradition bestehen sollte (vgl. Lange, 1983; Lenzen, 1995). Die grundlegenden Annahmen der Handlungsforschung beziehen sich dabei zum einen auf das Erkenntnisinteresse, welches auf die Praxis bezogen und problemlösungsorientiert ist. Zum zweiten „greift Handlungsforschung unmittelbar in die Praxis ein" (Krüger, 1997, S. 191) und drittens wirken Praktiker und Forscher im Handlungs- und Forschungsprozeß direkt zusammen. Krüger (1997) stellt fest, daß „das klassische Konzept der Handlungsforschung ... hingegen in der aktuellen erziehungswissenschaftlichen

Methodendiskussion ... so gut wie keine Rolle mehr" (S. 197) spielt. Modernere Ableitungen sind aber durchaus noch zu finden. In handlungsorientierten Evaluationsprojekten bestehen nach Meinung von Will et al. (1987) Vorteile in der klaren Herausarbeitung der Maßnahmenziele, der Bewertungskriterien, der wirklich relevanten Fragestellung sowie der Steigerung der Kooperation der Beteiligten und der Akzeptanz der Ergebnisse. Des weiteren gibt es die Möglichkeit, daß Betroffene die Evaluation selbst durchführen oder den Ablauf kontrollieren. Bei den Betroffenen selbst handelt es sich demgemäß des öfteren nicht nur um die Teilnehmer einer Maßnahme, sondern v.a. um die Verantwortlichen, Durchführenden oder Betreuer. Hierbei ist das „eigene Spannungsfeld des Evaluators" (Teichgräber, 1987, S. 164) kritisch zu reflektieren, der unter einem gewissen Ergebnisdruck steht. Teichgräber berichtet hierbei über seine eigene Evaluation, daß „der Verfasser in Diskussionen wesentlich länger auf der Beibehaltung bestimmter Evaluationsgrundsätze [bestand], als es für den Seminarverlauf förderlich war" (ebd.). So weist beispielsweise Sonntag (1987) darauf hin: „Extreme Karriereorientierung und wissenschaftliche Profilierungssucht können ebenfalls einer effizienten Durchführung des Forschungsauftrages im Wege stehen" (S. 68). Zudem besteht die Möglichkeit, daß sich der Evaluator um seine Stelle im Haus evaluiert. Ein dritter und letzter zu beachtender Aspekt ist der sorgfältige und aufrichtige Umgang mit den Daten und v.a. den Ergebnissen der Untersuchung; ein gesundes Selbstvertrauen ist Evaluatoren hier sicherlich zuträglich. Dieses kann zum einen durch ein konstruktives Klima und zum anderen durch möglicherweise von Anfang an befristete Projektverträge für die Dauer der Evaluation unterstützt werden. Die besonderen Methoden dieses Ansatzes verdienen noch kurz Erwähnung, da es sich hier im speziellen um Instrumente der Handlungsforschung und somit v.a. um teilnehmende und reaktive Methoden handelt, z.B. narratives Interview, Stimmungsbarometer, Gruppendiskussionen, teilnehmende Beobachtung etc. Ziel des Ansatzes ist das *Verstehen* der Wirkungen von Programmen aus Sicht Betroffener. Die ursprüngliche Idee für das Heranziehen gerade dieser Methoden wurzelt im Habermas`schen diskurstheoretischen Modell (vgl. Krüger, 1997), welches auf einem dialogischen Wahrheitsbegriff basiert. Neu eingeführte Gütekriterien der handlungstheoretischen Forschung sind Transparenz und Stimmigkeit.

Ausgehend von der These, daß Evaluation die zu evaluierende Maßnahme verändert oder beeinflußt, schlagen Will und Blickhan (1987) für kleinere und praxisorientierte Evaluationen vor, „die kaum vermeidbaren, dynamisierenden Wirkungen von Evaluation nicht nur zu analysieren oder zu kontrollieren, sondern gezielt zu nutzen" (S. 49). Auch Teichgräber (1987) berichtet von der Wirkkraft der Evaluation an sich. Evaluation ist hierbei als Intervention zu begreifen; Funktionen oder Ziele eines so gearteten Vorgehens können dabei sein:

• stärkere Einbindung der Referenten,

- Anpassung von Zielen, Inhalten, Methoden oder Ablauf auf die Bedürfnisse der Teilnehmer,
- Lernstand-Feedback an die Teilnehmer,
- Unterstützung der Lernprozesse,
- vorbereitende Transferhilfe,
- Verbesserung des Wir-Gefühls und der Kommunikation innerhalb der Lerngruppe bzw. zwischen Teilnehmern und Dozenten,
- Verbesserung der Einstellung der Vorgesetzten zur Maßnahme, und damit eine wirksame Transferunterstützung
- etc.

Des weiteren ist es möglich, Wirkfaktoren zu identifizieren, die „als intervenierende Steuerungselemente zur Verfügung stehen" und diese „wirkungsvoll zum Vorteil des Treatments" (Will & Blickhan, 1987, S. 51) einzusetzen. Besonders hervorzuheben sind hierbei „Ansprechpartner, Informationsauswahl sowie Modus der Kommunikation" (ebd.). Teichgräber (1987) bringt den Nutzen eines handlungsorientierten Vorgehens mit den Worten auf den Punkt: „Das handlungsorientierte Vorgehen scheint insbesondere dann unerläßlich, wenn die Evaluation die Optimierung praktischen Handelns zum Ziel hat und damit einen Erkenntnisgewinn anstrebt, der zugleich Theorie und Praxis umschließt" (S. 166). Zu Beginn der Handlungsforschung in Deutschland lassen sich mehrere Forschungsprojekte unter dem Titel *Handlungsorientierte Curriculumforschung* fassen. Im von Klafki durchgeführten *Marburger Grundschulprojekt* finden sich beispielsweise zwei wesentliche Zielsetzungen, nämlich die „zunehmende Fähigkeit zur Selbstkontrolle und -steuerung der eigenen Lernprozesse und die Entwicklung sozialer Lernfähigkeit" (Cremer & Philipp, 1982, S. 580). Daher könnten auch solche Ansätze in einem erweiterten handlungstheoretischen Sinne verstanden werden, die **Bildungs-Controlling als Führungsaufgabe** betrachten und auch die Tendenz in Richtung eines **Selbst-Controlling** berücksichtigen. Während demnach traditionelle Ansätze von Bildungs-Controlling noch von Controlling-Systemen sprechen, legen *modernere* Ansätze die Zielerreichungskontrolle und die Abweichungsanalysen in die Verantwortung der betroffenen Personen selbst oder in einer Art Kooperation mit dem direkten Vorgesetzten. Voraussetzung für ein Funktionieren eines solchen Ansatzes ist die Verankerung von Problembewußtsein, Kompetenz und Verantwortlichkeit in den Köpfen jeder und jedes einzelnen. Dabei hat die Führungsintervention den Charakter einer Unterstützung und greift nur dann entscheidend ein, wenn der einzelne Betroffene dies benötigt. Dieser Ansatz des *Self-Controlling* und des *Management by Exception* ist nur durch einen zentralen Steuerungsbedarf beschränkt. Pächnatz (1994) verneint im Rahmen eines so verstandenen Bildungs-Controlling die Notwendigkeit zentraler Stellen für das Controlling und betont den „Prozeßcharakter der Bildungsarbeit, der im Wechselspiel professioneller Führungsarbeit mit den dafür zu entwickelnden

Petra Gerlich

Diagnoseinstrumenten der Beurteilung entsteht" (S. 42). Der Autor weist weiter darauf hin, daß „Bildungscontrolling ein integrativer Bestandteil von Führung und Zusammenarbeit ist" (ebd.), wobei die Leistungen für ein BC von Mitarbeitern und Führungskräften im Rahmen eines Qualitätsmanagements erbracht werden. Pächnatz (1994) schlägt im Rahmen einer qualitativ ausgerichteten Konzeption für Bildungs-Controlling vor, BC in ein *ganzheitliches Führungssystem* zu integrieren, welches aus den Elementen Leitbild, „Leitlinien für Führung und Zusammenarbeit" (S. 47) sowie aus einer auf Leitbild und Leitlinien abgestimmten Konzeption der Personalentwicklung besteht. Maßgebliche Voraussetzung für die Motivation und Identifikation der Mitarbeiter mit dem Leitbild und den Leitlinien, und damit für ein Bildungs-Controlling im Hinblick auf die Unternehmensziele, ist allerdings die Glaubwürdigkeit und Umsetzung der Leitgedanken. Weiterhin von Bedeutung sind im so verstandenen Sinne von BC die Aufgaben der Führungskräfte. Sie sind definiert mit Koordination und Steuerung durch Information und Kommunikation. Dabei spielen folgende Einzelaufgaben in der genannten Reihenfolge für das BC eine wesentliche Rolle:

1. Ziele vereinbaren
   Ausrichtung der Teilziele auf übergeordnete und operationale Definitionen;
2. Planen und Organisieren
   Festlegung der durchzuführenden Maßnahmen auf Basis der Ziele;
3. Entscheiden
   Entscheidung über adäquate Mittel zur Zielerreichung;
4. Realisieren
   Unterstützung der Motivation, der Leistungssteigerung und des Prozesses durch die Führungskraft;
5. Überprüfen
   Durchführung des Soll-Istvergleichs inkl. Abweichungsanalysen und Ableitung von Korrekturmaßnahmen für die neue Planperiode.

Erfolgs-Meß-Instrumente in einem integrativen Führungssystem sind v.a. Mitarbeitergespräch, Fragebogen und Leistungsbeurteilung durch die Führungskräfte. Sollte sich herausstellen, daß das Seminar keine 'spürbaren Impulse' erbracht hat, empfiehlt Pächnatz (1994) eine tiefergehende Ursachenforschung für das 'Versikkern' des Seminars zum einen bezüglich der Lernziele, zum anderen bezüglich der Ziel-Mittel-Beziehung und erst zuletzt, wenn alle anderen Ursachen 'abgetestet' sind, bezüglich der Person des Teilnehmers selbst. Mit der Beurteilung von Mitarbeitern kann die Führungskraft allerdings nicht annäherungsweise das Potential des Beurteilten einschätzen, was dazu führt, daß zum einen die Leistungspotentiale für zukünftige Anforderungen nicht genutzt werden können und zum anderen, daß auch über die Effizienz einer Maßnahme keine Aussagen getroffen werden können (da der

Mitarbeiter womöglich ohne oder nur mit geringer PE-Unterstützung die Ziele hätte erreichen können). Die wesentliche Rolle, die das Potential des einzelnen im Zusammenhang mit der Wirtschaftlichkeit einer PE-Maßnahme spielt, bringt Backhaus (1992) wie folgt auf den Punkt: „Nur entwicklungsfähige und -geeignete Mitarbeiter können mit ökonomisch vertretbarem Zeit- und Kostenaufwand entwickelt werden" (S. 411). Zudem spielen Faktoren wie Leistungsfähigkeit, Leistungsbereitschaft und das Dürfen eine Rolle.

Zur kritischen Würdigung von Ansätzen der Handlungsforschung und damit auch als potentielle Probleme neuerer handlungsorientierter Ansätze sind allerdings folgende Schwierigkeiten zu erwähnen (vgl. Krüger, 1997):

• die Zielsetzungen und Forschungsmethoden sind zu Beginn relativ offen und werden erst im Laufe des Untersuchungsprozesses schrittweise konkretisiert;
• Anerkennung notwendiger Rollendifferenzierungen;
• zeitliche Probleme der beteiligten Praktiker, die die Forschungsaktivitäten zusätzlich zu ihren üblichen Aufgaben bewältigen müssen;
• Komplexität und Dynamik des Untersuchungsfeldes;
• Komplexität der Interaktionsprozesse;
• zum Teil nicht einzulösender Anspruch, die Betroffenen zu beteiligen, z.B. bei der Auswertung;
• Kommunikationsprobleme zwischen Wissenschaft und Praxis;
• Anonymität ist nur schwierig zu gewährleisten;
• Einflüsse, aber auch Einbezug von Außengruppen bzw. nicht direkt Betroffenen;
• Probleme beim weiteren praktischen Einsatz bestimmter Instrumente oder Erkenntnisse nach Abschluß der eigentlichen Untersuchung;
• unzulässige Vermischung von Forschung und Praxis sowie unvereinbare „unkontrollierte Veränderung des Feldes mit der gleichzeitigen Erhebung von Daten im Feld" (Krüger, 1997, S. 79).

Weiterhin kritisch zu sehen ist das *Emanzipationspostulat* der Kritischen Erziehungswissenschaft, welches in den bisherigen Darstellungen nur implizit Erwähnung fand. Dieses Postulat beinhaltet, daß Erziehung und Bildung ihren Zweck in der Mündigkeit des Subjektes haben; dem korrespondiert, „daß das erkenntnisleitende Interesse der Erziehungswissenschaft das Interesse der Emanzipation ist" (Mollenhauer, 1968, S. 10). Für eine handlungsorientierte Umsetzung von BC ist nicht nur ein verantwortungsvolles und mündiges Individuum anzuzielen, sondern es muß in großen Teilen schon vorhanden sein. Abgesehen von einem sehr hochgesteckten, handlungsorientierten Ziel folgt daraus, daß auch die dargestellten Ansätze eines Self-Controlling bzw. eines Management by Exception (zu) hohe Ansprüche an den einzelnen stellen und im gesamten auf einem äußerst positiven Menschenbild beruhen.

2.4 Kostenanalytischer Ansatz

Auf die kostenanalytischen Ansätze soll nur kurz im Hinblick auf grundsätzliche Gedanken und Begrifflichkeiten eingegangen werden, da diese bereits im Rahmen des 3-Ebenen-Ansatzes von Wunderer und Sailer erläutert wurden. Des weiteren ist die Betrachtung der Kosten im Rahmen eines Bildungs-Controlling zwar ein wichtiger Bestandteil, allerdings sollte er keinen zu großen Platz einnehmen. Die Bedeutung der Kosten ist nämlich nur eine relative Größe zum inhaltlich Erreichten bzw. zur Erreichung der Sachziele.

Charakteristisch für die Ansätze, die sich unter dem Kriterium Kostenanalyse subsumieren, ist eine kostenerfassende, -verteilende, -zurechnende und -kontrollierende Vorgehensweise in bezug auf Weiterbildung. Der Kostenfaktor Weiterbildung wird über „Methoden der Betriebsabrechnung und der Soll- und Plankostenrechnung ... analysiert und kontrolliert" (Thierau et al., 1992, S. 235) und ist damit originär betriebswirtschaftlich. In einer Systematik lassen sich nach R. Weiß (1996) dabei im wesentlichen folgende **Kostenarten** unterscheiden:

* **Personalkosten und Sachkosten**
* **fixe und variable Kosten**
  während fixe Kosten unabhängig vom Umfang erbrachter Weiterbildungsleistungen anfallen, verändern sich die variablen Kosten proportional schneller oder langsamer als das Weiterbildungsvolumen;
* **Einzelkosten und Gemeinkosten**
  während sich Einzelkosten exakt einem bestimmten Kostenträger zuordnen lassen, müssen die Gemeinkosten gemäß „einer Schlüsselung bestimmten Kostenträgern zugeordnet werden" (R. Weiß, 1996, S. 142);
* **direkte und indirekte Kosten**
  die direkten Kosten betreffen „alle Personal- und Sachaufwendungen, die mit der Durchführung unmittelbar oder mittelbar zusammenhängen" (ebd.); indirekte Kosten dagegen stellen häufig kalkulatorische Kosten dar, z.B. Lohnfortzahlungen während dem Besuch von Bildungsmaßnahmen; gerade die indirekten Kosten, die in der Gewinn- und Verlust-Rechnung auftauchen sind Grundlage der Überlegung, Bildungsmaßnahmen vermehrt in die Freizeit der Mitarbeiter zu verlagern.

Bezüglich der internen **Verrechnung von Kosten** ist festzuhalten, daß die Ermittlung von Personal- und Sachkosten in der Regel keine Schwierigkeiten bereitet,

wogegen bei der Zurechnung von Verwaltungs- oder der Ermittlung von Opportunitätskosten erhebliche Schwierigkeiten auftreten. Kostenarten geben darüber
Aufschluß, welche Kosten entstanden sind und Kostenstellen darüber, wo diese
entstanden. Um einen möglichst hohen Grad an Kostentransparenz zu erreichen, ist
es sinnvoll, die Weiterbildungskosten den nachfragenden Abteilungen direkt
zuzuordnen, und diese nicht unabhängig von der Inanspruchnahme auf alle
Geschäftsbereiche mittels eines Gemeinkostenschlüssels umzulegen. R. Weiß (1996)
führt an, daß die „Ermittlung der Weiterbildungskosten ... Mittel zur Steigerung von
Wirtschaftlichkeit und Effizienz" (S. 144) sei. Bei der Kostenerfassung kann ein
Mengen- und ein Wertgerüst unterschieden werden, wobei ersteres Aussagen über
Teilnehmerzahlen und -stunden und letzteres Aussagen über tatsächlich angefallene
Kosten erlaubt. Im Rahmen des Mengengerüsts können Kosten-Kennziffern für die
Kosten je Maßnahme, je Teilnehmer, je Mitarbeiter oder auch je Teilnehmerstunde
gebildet werden.

2.5 Investitionstheoretische Ansätze

Die Bezeichnung dieses Ansatzes deutet bereits auf sein wesentlichstes Merkmal
hin, nämlich daß Weiterbildung als Investition in Humanvermögen betrachtet wird
und mit Hilfe entsprechender Investitionskalkulationen verschiedene Bildungsmaßnahmen untereinander oder mit Investitionsalternativen verglichen werden; Ähnlichkeiten zum HRA-Ansatz sind dabei nicht zufällig. Unter Investition ist dabei
betriebswirtschaftlich „die Anschaffung eines Wirtschaftsgutes zu verstehen, das
langfristig genutzt werden soll" (Corsten & Reiß, 1996, S. 937). Der monetäre
Vorteil einer Investition besteht darin, „am Ende der Nutzungsdauer des Investitionsobjektes mehr als die anfangs eingesetzten Mittel erwirtschaftet zu haben" (ebd.).

2.5.1 Ansatz zum ökonomischen Nutzen von Weiterbildung nach Eichenberger

Häufig in der Literatur zitiert wird im Rahmen investitionstheoretischer Überlegungen der Ansatz von Eichenberger. Vor dem Hintergrund der Überlegung, daß der
steigende Wettbewerbsdruck der Unternehmen nur dann zu bewältigen ist, wenn die
Human-Aktiva richtig gemanagt werden, entwirft der Autor ein Konzept von
Bildungs-Controlling, das vornehmlich die vierte Ebene des von Kirkpatrick formulierten Vorgehens (ökonomischer Nutzen für die Unternehmung) in den Mittelpunkt
rückt. Das richtige Management der Human-Aktiva in diesem Zusammenhang
bedeutet, daß BC eine begleitende Entscheidungshilfe ist, damit die richtige (= effek-
tive) 'Bildungsinvestition' richtig (= effizient)" (Eichenberger, 1990, S. 35) getätigt
wird. Bildung besteht für Eichenberger dabei aus der Ausbildung, die Potential

schaffen soll, aus der Weiterbildung, die die Leistung oder Performance erhöhen soll und aus der Fortbildung, die das Potential weiterentwickeln soll. Unter Bildungs-Controlling versteht der Autor die Messung des aus der Bildung resultierenden, ökonomischen Nutzens, der optimiert werden muß. Die vorgelagerten Ebenen von Kirkpatrick spielen demnach für ein BC keine Rolle. Die relevanten und zu erhebenden Controllingdaten dienen dabei zum einen *ex ante* der Prognose und der Entscheidungshilfe, zum anderen *ex post* der Schwächen- bzw. Abweichungsanalyse. Controllingtechnisch interessant sind die **ex ante-Daten** für die Planung zu besuchender Maßnahmen und die Abschätzung der bisherigen Erfolge derselben sowie die Steuerung der erfolgsrelevanten Faktoren und gegebenenfalls zusätzlich nötiger und gleichzeitig lohnender Investitionen (z.b. weitere Transferförderung, festgestellter Erfolg etc.). Bezüglich der **ex post-Daten** können sich erfolgsrelevante Hinweise ergeben, die die Ursachen und Gründe mangelnder Umsetzung bzw. dürftigen Nutzenoutputs offenlegen (z.b. Transferhindernisse feststellen).

Bildungs-Controlling hat gemäß Eichenberger aber noch **weitere Effekte** neben der Erfolgsmessung:

* aufgrund von BC-Gesprächen zwischen Mitarbeiter und Vorgesetztem ergeben sich Möglichkeiten einer erhöhten Identifikation mit Maßnahmen, einer Antizipation und Ausräumung von Transferhindernissen sowie einer besseren Kommunikation zwischen beiden Personen(kreisen);
* Bereitstellung von Argumentationsinstrumentarien für die Verteilung von Budgets sowie Rechtfertigungsinstrumentarien für Betroffene bei Mißerfolgen;
* es können zielgerichtet in Bereichen Investitionen getätigt werden, in denen mit einem höheren Return zu rechnen ist (~ optimierte Ressourcen-Allokation);
* der Zwang zum Planen, Steuern und Kontrollieren von Input-Output-Relationen fördert ein Rentabilitätsdenken im Bildungsbereich.

Formel 3: Berechnung von Effizienz, Effektivität und Rentabilität (nach Eichenberger, 1990)

$$\text{Effizienz} = \frac{\Sigma \text{ Bildungseinheiten}}{\Sigma \text{ Input}}$$

$$\text{Effektivität} = \frac{\Sigma \text{ Nutzenoutput}}{\Sigma \text{ Bildungseinheiten}}$$

$$\text{Rentabilität} = \frac{\Sigma \text{ Nutzenoutput}}{\Sigma \text{ Input}}$$

Effizienz, Effektivität und Rentabilität der Bildung lassen sich gemäß Eichenberger, wie Formel 3 zeigt, berechnen:

Mit der **Effizienz** sind Aussagen über das Verhältnis zahlenmäßig geschaffener Bildungseinheiten zum notwendigen Input möglich, wobei das Verhältnis optimal wird bzw. die „Bildungsarbeit effizient ...", wenn möglichst viele Bildungseinheiten mit möglichst wenig Input geschaffen werden" (Eichenberger, 1990, S. 41). Die Größe *Bildungseinheiten* ist dabei zu verstehen als „Summe aus der Anzahl der Mannjahre, -tage oder -stunden Bildungsarbeit" (ebd.). Hierbei ist allerdings das Problem zu lösen, wie detailliert diese geschaffenen Bildungseinheiten aufzuschlüsseln sind. Eichenberger nimmt folgende Aufteilung vor: Bildungsarbeit gesamt, Bildungsarten (Aus-, Weiter- und Fortbildung) und Bildungstypen (intern - extern). Die Größe *Input* als Summe der Aufwendungen kann wie folgt gegliedert werden: verrechneter Preis, Spesen, Gehaltsanteil und Opportunitätskosten (diese einzelnen Bestandteile der Bildungsaufwendungen wurden bereits im 3-Ebenen-Ansatz behandelt, so daß an dieser Stelle darauf verzichtet werden kann). Die **Effektivität** läßt sich darstellen „als Verhältniszahl zwischen der Summe aller Nutzenoutputgrößen gemessen an der Anzahl verursachender Bildungseinheiten" (Eichenberger, 1990, S. 41). Die Ermittlung der Größe *Nutzenoutput* ist dabei gemäß Eichenberger nicht schwerer zu bewerkstelligen als bei Sachinvestitionen auch. Der Nutzen wird ermittelt beim sog. 'Bildungserfolgs-Controlling-Gespräch`, welches zwischen Führungskraft und Mitarbeiter stattfindet. Zu beachten sind dabei fünf Bestandteile, die das Gespräch aufweisen muß (vgl. Eichenberger, 1990, S. 42):

1. „Leistungs-/Beitrags-Ermittlung"
   als Indikatoren für die Bewertung der Leistung bzw. des Beitrags des Mitarbeiters und der daraus resultierenden Einschätzung des monetären Nutzens für das Unternehmen werden erhöhte Qualität (weniger Ausschuß, Kosten, Fluktuation), Umsatz- oder Gewinngrößen sowie der Erfüllungsgrad vereinbarter Ziele herangezogen;

2. „Ursachenrückführung der ermittelten Leistung/des ermittelten Beitrags"
   als Indikatoren für die Ursachenanalyse und Aufklärung der Abhängigkeit bestimmter Faktoren, die am Erfolgsprozeß des Mitarbeiters positiv beteiligt waren, sollen Motivationssteigerungen aufgrund von verschiedenen Arbeitsgestaltungsmaßnahmen, besserer Kommunikation, private Gründe etc. Aufschluß geben;

3. „Anteilsmäßige Abschätzung der ermittelten Ursachefaktoren"
   durch die prozentuale Schätzung des Verursachungsgrades der verschiedenen Maßnahmen oder Gegebenheiten (z.B. Organisationsbedingungen und -strukturen, Verhältnis zur Führungskraft, aber auch private Gründe etc.) soll der

Beteiligungsgrad der Bildungsmaßnahme am Erfolg oder Mißerfolg herausgefiltert werden;

4. „Bestimmung der Bandbreiten des bildungsbedingten Outputs am Gesamtnutzen"
hierbei wird beispielsweise aufgezeigt, zwischen welchen maximalen und minimalen Erfolgsausprägungen „sich die Nutzenströme der aufgelisteten und gewichteten Ursachenquellen" (ebd.) bewegen;

5. „Versuch der Zuordnung der ermittelten Nutzengrößen auf einzelne oder zusammengefügte Bildungsmaßnahmen"
hier werden beispielsweise die „Gesamtnutzenströme auf die Ebene der einzelnen Bildungsmaßnahmen" (Eichenberger, 1990, S. 42) heruntergebrochen.

Die **Rentabilität** als Verhältnis der Gegenüberstellung vom „ermittelten Nutzenoutput (aus der Effektivitätsbeurteilung) zum aufgewendeten Input (aus der Effizienzbeurteilung)" (ebd.) gibt zu guter Letzt Aufschluß über den Erfolg der Bildungsmaßnahmen, und zwar relativiert an den Aufwendungen.

Kritisch ist hierbei anzumerken, daß sich für einige Formen der Weiterbildung auch für diesen Ansatz die üblichen Probleme der Quantifizierung ergeben (zu denken ist hier z.b. an die Veränderungsebenen Einstellungen oder Führungskompetenz). Reine „Pauschalisierungen von Nutzengrößen, wobei z.B. jede Bildungseinheit einer Nutzeneinheit entspricht, gehen am Ziel des genauen ökonomischen Erfolgsnachweises vorbei" (Feige, 1994, S. 167).

2.5.2 *Berechnung des Payoffs von Weiterbildung nach Boudreau, ergänzt durch Überlegungen von Cascio*

Ein weiterer interessanter Ansatz aus der HRA-Tradition ist im Rahmen der investitionstheoretischen Sichtweise von Bildungsmaßnahmen der von John W. Boudreau. Ausgehend von der Tatsache, daß für die Nutzenberechnung von Auswahlverfahren bereits seit über 40 Jahren Überlegungen und auch Anwendungen existieren, schlägt Boudreau (1983) aus der Kritik am Ansatz von Schmidt, Hunter und Pearlman (1982) eine erweiterte Nutzenformel vor.

Schmidt et al. entwickelten die ursprüngliche Nutzenformel in einem 1982 erschienenen Artikel weiter, so daß diese nicht mehr nur für Nutzenberechnungen von Auswahlverfahren geeignet war, sondern auch für die Anwendung von jeglichem „personnel program designed to increase the job performance of those treated by the program" (Boudreau, 1983, p. 552). Dabei lautet die **Formel** für die Nutzenberechnung der Anwendung von **Auswahlverfahren** wie folgt:

Formel 4: Zuwachs des durchschnittlichen monetären Payoffs
aus der Anwendung von Auswahlverfahren

$$\Delta U = (N)(T)(r_{x,y})(SD_y)(\overline{Z}_x) - C$$

Dabei bedeutet:

ΔU = Zuwachs des durchschnittlichen monetären Payoffs als Konsequenz aus der Auswahl von N Mitarbeitern mit einem Auswahlverfahren im Vergleich zur zufälligen Auswahl

N = Anzahl der ausgewählten Personen

T = erwartete Nutzungs- bzw. Verbleibdauer der ausgewählten Gruppe,

$r_{x,y}$ = Korrelationskoeffizient (innerhalb der Gruppe der vor-getesteten Bewerber) zwischen dem Prädiktorwert (x) und dem geldwerten Payoff (y)

SD_y = Standardabweichung des geldwerten Payoffs innerhalb der Gruppe der vor-getesteten Bewerber

$\overline{Z}_x$ = durchschnittlicher Standard-Prädiktorwert der ausgewählten Gruppe

C = Gesamtkosten der Auswahl für alle Bewerber

Die von Schmidt et al. 1982 erweiterte **Formel** für die Anwendung auf **Trainings-programme** oder einfach PE-Maßnahmen lautet demnach:

Formel 5: Zuwachs des Nutzens aus der Anwendung
von PE-Maßnahmen

$$\Delta U = (N)(T)(d_t)(SD_y) - C$$

Dabei bedeutet:

ΔU = Zuwachs des Nutzens als Konsequenz der Programm- bzw. Maßnahmendurchführung

N = Anzahl der Teilnehmer

T = erwartete Dauer der durch die Teilnahme erreichten Vorteile

d_t = wahre Differenz in der Arbeitsleistung bzw. Aufgabenverrichtung zwischen Teilnehmern und Nichtteilnehmern in Standardabweichungs-Einheiten

SD_y = Standardabweichung der monetär bewerteten Arbeitsleistung bzw. Aufgabenverrichtung innerhalb der Gruppe beschäftigter Mitarbeiter

C = Kosten der Maßnahmendurchführung für N Mitarbeiter

Cascio (1991) führt an, daß die Bestimmung von SD_y sehr schwierig ist und schlägt daher ein Schätzverfahren für diesen Term vor: genannt **CREPID** (Cascio-Ramos estimate of performance in dollars). Das Verfahren besteht aus den folgenden 8 Stufen:

1. Zerlegung der Gesamttätigkeit in Einzeltätigkeiten, z.b. 8 Einzeltätigkeiten von A-H;
2. Beurteilung dieser Einzeltätigkeiten bezüglich Zeit/Häufigkeit und Wichtigkeit auf einer Ratingskala von 0-7;
3. Berechnung des relativen Gewichtungsfaktors über die Multiplikation der Häufigkeit mit der Wichtigkeit für jede Einzeltätigkeit, z.b. für eine Einzeltätigkeit A ergibt sich 4 x 4 = 16 => relatives Gewicht bezogen auf 100 % (Gesamt der Einzeltätigkeiten) ist 16,8 %;
4. Herausrechnung der prozentualen Höhe der Einzeltätigkeit in Geldeinheiten aus einem durchschnittlichen Jahresgehalt, z.b. Jahresgehalt DM 35.000,- => Einzeltätigkeit mit Gewicht 16,8 % ist DM 5.880,- wert;
5. Beurteilung jeder Einzeltätigkeit auf einer Ratingskala von 0-200, und zwar im Hinblick darauf, inwieweit der Beurteilte in jeder Einzeltätigkeit besser ist als 25 % (~ 50), 50 % (~ 100), 75 % (~ 150) oder 99 % (~ 200) der übrigen Mitarbeiter;
6. Multiplikation der Einschätzung aus Schritt 5. (als Dezimalzahl) mit der monetären Bewertung der Einzeltätigkeit aus Schritt 4., z.B. 1,50 x DM 5.880,- = DM 8.820,-, d.h. der beurteilte Mitarbeiter arbeitet im Hinblick auf eine Einzeltätigkeit besser als 75 % seiner Kollegen und da die Einzeltätigkeit bzgl. Häufigkeit und Wichtigkeit mit DM 5.880,- bewertet ist, arbeitet er besser als er bezahlt wird;
7. Addition der für jede Einzeltätigkeit sich ergebenden DM-Werte aus Schritt 6.; ergibt sich hier beispielsweise ein Wert von DM 40.000,- bei einem durchschnittlichen Jahresgehalt von DM 35.000,-, ist nach Cascio die Arbeitsleistung dieses Mitarbeiters um DM 5.000,- besser als ihm dafür bezahlt wird;
8. Berechnung des Mittelwerts und der Standardabweichung der monetär bewerteten Arbeitsleistung über alle Mitarbeiter, was zu SD_y führt (vgl. Cascio, 1991, p. 213 ff.).

Die Fragen, die sich bei diesem Vorgehen ergeben, sind, ob hierbei nicht alle Mitarbeiter der Stichprobe das gleiche tun müssen oder anders formuliert, ob das Verfahren nicht anwendbar ist, wenn es diese Position nur einmal im Unternehmen gibt. Laut Cascio sind zwar keine Anforderungen an eine Normalverteilung der Arbeitsleistung zu stellen, dennoch muß die Stichprobe genügend groß und die einzelnen Teilnehmer bezüglich ihrer Einzeltätigkeiten müssen exakt vergleichbar sein. Ein weiterer Vorteil laut Cascio ist, daß CREPID nur zweimal Einschätzungen von Vorgesetzten benötigt und ansonsten nur aus objektiven Berechnungen besteht. Hierzu ist anzumerken, daß sich zum einen die möglichen, bekannten Schätzfehler, die einem Rater unterlaufen können, fundamental auf die weiteren Berechnungen auswirken können. Zum anderen ist zu beachten, daß aus praktischer Sicht ein Vorgesetzter bei zwei gewissenhaften Beurteilungen über n Mitarbeiter bereits kapazitätsmäßig gut ausgelastet ist. Wesentliche Voraussetzung für die Anwendung des Verfahrens ist des weiteren, daß das durchschnittliche Einkommen den ökonomischen Wert der Arbeitsleistung wiedergibt. Das Gehalt als Maßstab für die Arbeitsleistung einer Person wird in der Literatur gerne herangezogen. Grundsätzlich ist dies aber nur zulässig für weitreichende und restriktive Prämissen zum Arbeitsmarkt. Es muß nämlich davon ausgegangen werden, daß es sich um einen perfekten Arbeitsmarkt handelt, in dem jeder Beschäftigte nur soviel verdient, wieviel er 'wert' ist. Im Hinblick auf unternehmensbezogenes Spezialistenwissen ist es beispielsweise des öfteren der Fall, daß das Unternehmen dem Beschäftigten mehr bezahlt, als er auf dem Arbeitsmarkt *wert* ist. Auf Gehaltssysteme, die auf der Position, der Dauer der Mitgliedschaft oder auf Stundenlöhnen basieren, kann CREPID nicht angewandt werden. CREPID liefert also monetäre Bewertungen der Arbeitsleistung, die nur im Vergleich mit der übrigen Belegschaft, die mit den exakt gleichen Aufgaben betraut ist, zu interpretieren ist. Eine absolute Aussage zur geldwerten Leistung einzelner im Hinblick auf die Gewinne des Unternehmens, dem er diese Arbeitsleistung zur Verfügung stellt, ist nicht möglich. Zum Abschluß stellt sich außerdem die Frage, ob CREPID nicht auf den restriktiven Prämissen des Arbeitsmarktes aufbaut, um diese dann im Ergebnis zu widerlegen? Wie könnte es demnach möglich sein, daß ein Mitarbeiter nach der Berechnung über CREPID mehr *wert* ist, als er bezahlt bekommt?

Boudreau fordert in seiner Kritik für eine investitionstheoretische Betrachtung, die gleichen ökonomischen Erwägungen einzubeziehen wie bei traditionellen Investitionsentscheidungen. Das bedeutet, daß Investitionen in Personalentwicklung den im übertragenen Sinne gleichen Bedingungen wie Investitionsüberlegungen im allgemeinen (z.B. materielle Investitionen in Maschinen, aber auch Finanzinvestitionen) unterliegen. Die Gefahren der Vernachlässigung dieser Faktoren sind nach Boudreau Überschätzungen des Bildungs-Payoffs im Gegensatz zu anderen Investitionen. Die ökonomischen Faktoren, die auch in einer Bildungs-Nutzen-Rechnung nicht unberücksichtigt bleiben dürfen, sind demnach: variable Kosten, Steuern und Diskontierung.

Unter den **variablen Kosten** versteht Boudreau die Kosten, die sich in Abhängigkeit von der Produktivität verändern; diese variablen Kosten können zu- oder abnehmen. Die Veränderung der variablen Kosten muß demnach vom/zum gesteigerten Produktivitätswert subtrahiert/addiert werden. Gesteigerte Arbeitsleistung kann also sowohl Kosten verursachen (z.B. Bonus, Materialkosten) als auch Kosten einsparen (z.B. Verringerung der Ausschußquote). Mathematisch muß deshalb das y der ursprünglichen Auswahl-Nutzen-Gleichung neu definiert werden. Dabei spielt es nach Boudreau hier wie auch im folgenden keine Rolle, ob mit der Formel der Nutzen vor-getesteter Bewerber oder bereits tätiger Mitarbeiter nach einer PE-Maßnahme berechnet wird. Für die Redefinition von y sind zum einen also der sog. *sales value* (sv$_j$, also der Fluß von gegenwärtigen und zukünftigen Vorteilen, z.B. Verkaufseinkünfte) und zum anderen die sog. *service costs* (sc$_j$, also der Fluß von gegenwärtigen und zukünftigen Opfern ~ Kosten, z.B. Gehälter, Material etc.) zu berücksichtigen, die von dem Ausgewählten bzw. dem PE-Teilnehmer *j* abhängig sind. Die Differenz sv$_j$-sc$_j$ wird bei Boudreau als sog. *net benefits* (nb$_j$) bezeichnet. Unter Berücksichtigung der Tatsache, daß sv$_j$ und sc$_j$ sowohl positiv, negativ oder perfekt miteinander korreliert sind, kann nach Boudreau vereinfacht das Verhältnis von sc zu sv als neu einzuführender Term *V* dargestellt werden. Demnach ist *V* negativ, wenn ein höherer Anteil von Kosten (sc) mit dem Verkaufswert (sv) positiv variiert. *V* ist demnach positiv, wenn ein höherer Anteil von sc negativ mit sv variiert. Für die weiteren Ausführungen Boudreaus wird, resultierend aus den eben erläuterten Beziehungen, die folgende Formel zugrunde gelegt:

Formel 6: Zuwachs des Nutzens aus der Anwendung von PE-Maßnahmen
unter Berücksichtigung variabler Kosten

$$\Delta U = (N)(T)(r_{x,sv})(SD_{sv})(\overline{Z}_x)(1+V) - C$$

Die Anwendung dieser Formel auf Daten von Schmidt et al. (1982) bezüglich der Payoff-Werte eines Kurses für PC-Programmierer ergibt unter Berücksichtigung der variablen Kosten gemäß Boudreau nur 94,8 % des von Schmidt et al. berichteten Payoffs.

Ebenfalls bei Investitionsentscheidungen zu berücksichtigen sind die zu entrichtenden **Steuern**. Diese sind nämlich gemäß Boudreau für eine anteilsmäßige Verminderung von Einkünften und Kosten verantwortlich. Dies bedeutet also, je höher der Profit, der durch gut ausgewählte bzw. gut ausgebildete Mitarbeiter erwirtschaftet wird, desto höher die steuerlichen Abgaben. Die Steuerersparnis des um die Kosten der PE-Maßnahme verringerten, zu versteuernden Gewinns der Unternehmung verringert theoretisch die Kosten der Maßnahme. Mit anderen Worten ergibt sich die Verminderung des Unternehmensgewinns durch wirksame Bildungsmaßnahmen dadurch, daß bei einer durch Produktivitätssteigerung erreichten Gewinnsteigerung von beispielsweise 10 % auch 10 % mehr zu versteuernder Gewinn vorliegt.

Beispiel:
Steuersatz bei z.B. 45 %
Gewinn in t$_0$ = 100 TDM   => Steuerbetrag = 45 TDM
Gewinnsteigerung in t$_1$ um 10 % = 110 TDM   => Steuerbetrag = 49,5 TDM

Daraus folgt, daß eine Gewinnsteigerung von 10 % 4,5 TDM mehr an Steuern kostet.

Die Verminderung der Kosten für Bildungsmaßnahmen aufgrund der Berücksichtigung von Steuern ergibt sich aus der Verminderung des zu versteuernden Unternehmensgewinns durch die Aufwendungen für Bildung.

Beispiel:
Steuersatz bei z.b. 45 %
Gewinn ohne Bildungsausgaben = 100 TDM   => Steuerbetrag = 45 TDM
Gewinn mit Bildungsausgaben (v. 20 %) = 80 TDM   => Steuerbetrag = 36 TDM
Die eingesparten Steuern aufgrund von Bildungsausgaben betragen 9 TDM, die theoretisch von den Kosten für die Bildung abgezogen werden können.

Die um steuerliche Aspekte erweiterte Formel muß als Grundlage für weitere Betrachtungen lauten:

Formel 7: Zuwachs des Nutzens aus der Anwendung von PE-Maßnahmen
unter Berücksichtigung von Steuern

$$\Delta U = (N)(T)(r_{x,sv})(SD_{sv})(\overline{Z}_x)(1+V)(1-TAX) - (C)(1-TAX)$$

Die von Boudreau aufgestellte Hypothese im Zusammenhang mit Steuern lautet daher: je höher die Steuerrate eines Unternehmens, desto höher die Einbußen am Nutzen. Angewandt auf die bereits erwähnte Studie von Schmidt et al. ergaben sich nach Boudreau nur noch 52 % des ursprünglich von Schmidt errechneten Payoffs.

Schließlich stellt nach Boudreau auch die **Diskontierung** eine wesentliche Investitionskomponente dar. Für die Darstellung und das Verständnis dieser ökonomischen Komponente des Nutzen-Modells ist allerdings ein kurzer Exkurs in die Investitions- und Finanzierungstheorie nötig. Ein Außerachtlassen dieser wesentlichen Grundlagen der Betriebswirtschaftslehre würde allen investitionstheoretischen Betrachtungen von Bildungs-Controlling einen oberflächlichen und unechten Beigeschmack verleihen.

Exkurs: Kalkulationszinsfuß, Diskontierung, Barwert
Grundsätzlich wird in der Investitions- und Finanzierungstheorie davon ausgegangen, daß mit einer Investition immer Ein- und Auszahlungen verbunden sind. Eine Darstellung dieser Zahlungsein- und -ausgänge über mehrere Perioden (z.B. Jahre) wird als Zahlungsfolge, -reihe oder -strom bezeichnet. „Bei der

Zusammenstellung der Zahlungsfolge der 'Investitionsseite' einer Unternehmung sind die in der Zukunft erwarteten bzw. geplanten Zahlungen des gesamten Produktions- und Absatzbereichs ... zu erfassen" (Corsten & Reiß, 1996, S. 955). Elemente der Zahlungsfolge auf der Seite der **Einzahlungen** sind solche, die im Laufe der Nutzungsdauer und solche, die durch die Liquidation des Investitionsobjektes entstehen. Zahlungselemente auf der Seite der **Auszahlungen** sind solche, die ebenfalls im Laufe der Nutzungsdauer und durch Liquidation entstehen und zusätzlich solche, die sich durch die Anschaffung des Investitionsobjektes an sich ergeben. Auf der **Finanzierungsseite** einer Investition sind in der Zahlungsreihe folgende Elemente enthalten: der Eigenkapitaleinsatz, das Fremdkapital (mit Aufnahme, Tilgung und Zinszahlungen) und die Geldanlage (mit Anlage, Auflösung und Zinsertrag). Eine vergröberte Darstellung der finanziellen Konsequenzen wird dabei durch einen einheitlichen Zinsfuß ausgedrückt: den **Kalkulationszinsfuß** *i*. Der Kalkulationszinsfuß ist dabei nur subjektiv vom Investor bestimmbar, dessen Zielsetzung damit auch berücksichtigt wird; er beeinflußt die Vorteilhaftigkeit der Investition und wird in Anlehnung an den landesüblichen Kapitalmarktzins festgelegt. Der Kalkulationszinsfuß, der im wesentlichen also eine Pauschalannahme darstellt,

ist als äquivalenter Parameter anzusehen, durch den **zum einen** im Investitionszeitpunkt Detailannahmen über die Sollzinsen der zur Finanzierung der Anschaffungsauszahlungen aufzunehmenden Kredite sowie den Opportunitätskostensatz für die anderweitige Anlage der im Investitionszeitpunkt zur Verfügung stehenden eigenen liquiden Mittel implizit zum Ausdruck gebracht werden; **zum anderen** muß der Kalkulationszinsfuß auch die im Laufe der Nutzungsdauer anfallenden Habenzinsen für Geldanlagen bzw. Renditen für reale Reinvestitionen sowie weitere dispositionsabhängige Kredite und die zukünftigen Opportunitätskostensätze repräsentieren. (Corsten & Reiß, 1996, S. 967 f.)

Die **Diskontierung** ist dabei zu verstehen als die Abzinsung der zukünftigen Einzahlungs- und Auszahlungsreihen, um den Barwert bzw. Gegenwartswert zu ermitteln. Der **Barwert** stellt den unmittelbar vor der Investition abgezinsten Betrag der mit der Investition verbundenen Ausgaben und Einnahmen dar. Vereinfacht kann man sagen, daß damit im Zeitpunkt t_0 alle mit Ein- und Auszahlungen zu verrechnenden und damit in der Zahlungsreihe der Investition und Finanzierung auftretenden Zinsen bestimmt werden.

Für den Ansatz von Boudreau bedeutet dies, daß die Diskontierung für den Nutzen von PE-Maßnahmen insofern eine Rolle spielt, als Gewinne und Kosten über die Zeit aus diesen erwachsen. Der Autor geht von der Annahme aus, daß Produktivitätsgewinne, die von erhöhter Arbeitsleistung herrühren, sich fortlaufend ansammeln, solange der Mitarbeiter im Unternehmen bleibt. Die Lösungen von anderen Autoren, die Zeitkomponente zu berücksichtigen, wie beispielsweise die Multiplikation des

Payoffs für ein Jahr mit der durchschnittlichen Nutzungsdauer bzw. mit der Anzahl der Perioden, in denen ein Leistungsnutzen aufgrund der PE-Maßnahme auftritt, in der Formel ausgedrückt über *T*, hält Boudreau daher für unzureichend. Mathematisch führt dies zur Erweiterung der dargestellten Formel um einen letzten Term, über welchen sich mit der Formel nicht ein konstanter Payoff errechnen läßt, sondern eine Reihe von diskontierten jährlichen Payoffs, die ja über die Zeit variieren können.

Formel 8: Zuwachs des Nutzens aus der Anwendung von PE-Maßnahmen unter Berücksichtigung der Diskontierung

$$\Delta U = (N)\{\sum_{t=1}^{T} [1/(1+i)\,](SD_{sv})(1+V)(1-TAX)(r_{x,sv})(\overline{Z}_x)\} - (C)(1-TAX)$$

Dabei bedeutet:

t =   Zeitperiode, in der die *net benefits* auftauchen

i =   Kalkulationszinsfuß

Unter der Annahme, daß *V* und *TAX* über die Zeit konstant sind, entfällt der Indikator *t*. Sollten PE-Maßnahmen betrachtet werden, deren Kosten nicht nur am Beginn, sondern auch während der Zeit Aufwendungen benötigen, ist der Term (C)(1-TAX) zusätzlich mit dem Diskontierungsfaktor zu multiplizieren.

Für weitere Forschungen stellt Boudreau die Hypothese auf, daß je größer der Kalkulationszinsfuß, desto niedriger der Nutzen einer PE-Maßnahme ist. Die Anwendung dieser Formel auf die Daten von Schmidt et al. ergibt nach Boudreau einen Payoff von 45 % des ursprünglich berichteten Payoffs.

Die Schätzung der Steuerrate und des Diskontsatzes dürften nach Ansicht von Boudreau keine Schwierigkeiten bereiten. Für die Schätzung der variablen Kosten liegen allerdings noch keine optimalen Konzepte vor. Der Autor schlägt deshalb vor, in Zukunft nach solchen zu suchen. Weiteres Forschungsinteresse sollte demnach auch der Beschaffenheit der ökonomischen Variablen an sich gelten, da v.a. die Schätzwerte bezüglich SD_y trotz Anwendung rationaler Verfahren noch sehr stark differieren. Eine Vorgehensweise stellt hierbei die Schätzung des Nutzens von PE-Maßnahmen über die Bewertung dar, wieviel die erbrachte Leistung kosten würde, würde man sie am Markt einkaufen.

Nebenbei bemerkt, entwickelte Boudreau die o.g. Formel noch um Einflüsse von Mitarbeiterwechsel bzw. Fluktuation[1] weiter. Auf diese Erweiterung soll in diesem Zusammenhang aber nicht mehr eingegangen werden.

---

[1]   s.a. Boudreau, J.W. (1982). Effects of Employee Flows on Utility Analysis of Human Resource Productivity Improvement Programs. *Journal of Applied Psychology*, 68, 396-406.

Kritisch am Boudreau`schen Ansatz ist zunächst festzuhalten, daß der Einbezug explizit ökonomischer Investitionsüberlegungen in investitionstheoretisch orientierte Bildungskalküle nur konsequent ist. Hierdurch besteht zusätzlich die Chance, daß die Bildungs- oder Personalverantwortlichen in Budgetdiskussionen größeres Gehör finden, da sie sich einer ökonomischen Nomenklatur und Vorgehensweise bedienen. Allerdings tritt auch bei diesem Ansatz wieder die bereits häufig erwähnte Problematik zutage, daß die monetäre Bewertung der *job performance* bzw. die Zurechenbarkeit der PE-Maßnahme auf eine Steigerung der Produktivität nicht ausreichend zu erfüllen ist (s.a. Kritik zu den HRA-Ansätzen).

Cascio (1991) stellt des weiteren in seinem Kostenmodell des Human Resource Accounting die monetäre Bewertung verhaltensbezogener Ergebnisse, die durch die Arbeit in einer Unternehmung hervorgebracht werden, in den Vordergrund. Der Autor betrachtet daher Kriterien wie Absentismus, Fluktuation und Arbeitsleistung. Diese sollen gemessen und Kostenschätzungen unterzogen werden. Cascio geht dabei davon aus, daß „contrary to common belief, *all* aspects of human resource management (including morale) can be measured and quantified in the same manner as any operational function" (Cascio, 1991, p. 8). Während sich die Berechnung der monetären Payoffs für PE-Maßnahmen bei Cascio eng an die Berechnungen von Boudreau anlehnt, sind hiervon keine neuen Impulse zu erwarten. Erwähnenswert ist allerdings Cascios Ansatz für die *Bepreisung* (*costing* bei Cascio) von Fluktuation und Arbeitsleistung.

Während die Bepreisung der Arbeitsleistung bereits weiter oben im Zusammenhang mit der Schätzung von SD_y dargestellt wurde, folgt nun die Darstellung der **Bepreisung der Fluktuation**, die zunächst in vier Teilkosten aufgeteilt wird: die Fluktuationskosten an sich, die Ersatzkosten, die Qualifizierungskosten und die Kosten für unterschiedliche Arbeitsleistung des früheren und des aktuellen/neuen Stelleninhabers. Die **eigentlichen Fluktuationskosten** setzen sich für das Unternehmen zusammen aus Kosten für:

• das Abschlußgespräch,
• administrative Aufgaben, die mit der Fluktuation zusammenhängen,
• eventuelle Abfindungssummen,
• (Arbeitslosensteuer).

Die möglicherweise zusätzlich anfallenden **Ersatzkosten** setzen sich wie folgt zusammen:

• Kosten für Personalanzeigen oder sonstige Publikation der offenen Stelle,
• Kosten für administrative Aufgaben im Zusammenhang mit einer geplanten Stellenbesetzung,

• Kosten für Auswahlverfahren wie z.B. Einstellungsinterview, Testverfahren, Mitarbeiterbesprechungen etc.,
• Reise- und Übernachtungsspesen der eingeladenen Bewerber,
• Kosten für die Einarbeitung,
• Kosten für eventuelle medizinische Untersuchungen.

Die Zusammensetzung der **Qualifizierungskosten** folgt im allgemeinen den Kostenzusammenstellungen für PE-Maßnahmen. Diese wurden bereits behandelt.
Des weiteren berücksichtigt Cascio mögliche Unterschiede in der Arbeitsleistung zwischen dem früheren und dem aktuellen Stelleninhaber; dies geschieht über eine Berechnung mit den verschiedenen Gehältern der Stelleninhaber, die in Abweichungen von einer mittleren Gehaltshöhe dieser Art von Arbeit dargestellt werden. Die Abweichungen der zu vergleichenden Gehälter werden als Prozentsatz des mittleren, üblichen Gehalts ermittelt. Die Differenz zwischen dem Prozentwert des früheren Stelleninhabers abzüglich dem des neuen wird mit dem mittleren Wert (DM-Wert) multipliziert. Der sich ergebende Wert wird, ist er negativ, von den Ersatzkosten abgezogen und, ist er positiv, zu den Ersatzkosten addiert. Das Gehalt als Maßstab für die Arbeitsleistung einer Person unterliegt hierbei den bereits explizierten Problemen. Zusätzlich gilt auch hier (wie bei dem Ansatz von Boudreau) die im Rahmen der HRA-Ansätze vorgebrachte Kritik.

2.6 Kennzahlenorientierter Ansatz

Im Rahmen von Kennzahlensystemen werden nach Ansicht ihrer Proponenten *bildungsrelevante* Kennzahlen bezüglich Wirtschaftlichkeit, Struktur der Bildungsmaßnahmen etc. gebildet, die Aussagen zur ökonomischen Planung, Steuerung und Kontrolle liefern sollen (vgl. Thierau et al., 1992, S. 235).
Während im Kapitel 1.3 *Personal-Controlling* der Kennzahlenansatz bereits auf die gesamten Personalaufgaben angewandt und beschrieben wurde, soll an dieser Stelle explizit der Anwendungsbereich von Kennzahlen auf die Bildung, der nach Ansicht von Schulte noch relativ wenig verbreitet ist, erläutert werden. Die Ursachen für diese geringe Verbreitung sieht der Autor zum einen darin, „daß viele personalwirtschaftliche Sachverhalte qualitativer Natur, und somit einer Messung nur schwer zugänglich sind" (1995, S. 266) und zum anderen, „daß sich für eine Vielzahl von beobachtbaren Größen keine kausalen Zusammenhänge finden lassen" (ebd.). Im Rahmen des Bildungs-Controlling mit Kennzahlen unterscheidet Schulte fünf zentrale Aspekte der Weiterbildung, die dem Controllinggedanken (also Planung, Steuerung und Kontrolle) unterliegen (s.a. Tabelle 3).
Im Rahmen der **Planung** müssen gemäß Schulte (1989) vier Stufen berücksichtigt werden, in denen der Weiterbildungsbedarf ermittelt, die Weiterbildungsziele,

-inhalte und -methoden festgelegt und schließlich über den Träger der Weiterbildung (WB) entschieden wird.
Im Rahmen der **Kontrolle** sind die Kosten, die Rentabilität und der Lernerfolg zu ermitteln. Die Ermittlung der Kosten geht dabei relativ klar aus der Tabelle 3 hervor. Für die Berechnung der Rentabilität möchte Schulte die Bildungsrendite verwendet wissen und für die Lernerfolgskontrolle bieten sich (wissend um die Problematik der Zurechnung) zum einen die üblichen Methoden der Erfolgskontrolle (Befragungen, Gespräche, Tests, Leistungsbeurteilungen) und zum anderen Kennzahlen zu Umsatz, Fehlzeiten, Fluktuation etc. an.
Die meisten der in Tabelle 3 aufgeführten Kennzahlen sprechen für sich (genauere Aufschlüsselungen und Bestandteile einzelner Kennzahlen finden sich auch in Schulte 1989 und 1995), während andere, im vorliegenden Zusammenhang besonders wichtige, noch kurz erläutert werden sollen. Die hier besonders interessanten Kennzahlen beziehen sich vornehmlich auf die Spalte Weiterbildungserfolg. Während die Erhebung der Kennzahlen Teilnehmerzufriedenheit am Seminarende, Anteil realisierter Beförderungen an geplanten und Realisierungsgrad geplanter WB-Aktivitäten kein Problem darstellt, sind die übrigen Kennzahlen dieser Spalte zum Teil sehr problematisch, v.a. wenn es sich um Tätigkeiten ohne direkt meßbare Leistungseinheiten handelt. Die zentralen Fragen des BC, nämlich die nach dem Umsetzungserfolg und der Bildungsrendite, sprich die durch Bildung erzielten Deckungsbeiträge (~ monetäres Ergebnis der Bildung) im Verhältnis zum eingesetzten Kapital (~ Kosten der Bildung), können mit Kennzahlen nicht erfaßt werden; und zwar auch nicht über den Umweg der Produktivität oder Qualität.
Der Vorschlag eines Verfahrens „zur Quantifizierung der Erfolgskontrolle" von Schulte (1995) über die Ermittlung eines „Bildungswertes als Summe aus dem Lernwert und dem Transferwert" (S. 276) ist ebenfalls mit Vorsicht zu betrachten. „Beim Lernwert wird der maximale Lernnutzen einzelner Weiterbildungsziele monetär bewertet und mit dem Erreichungsgrad multipliziert. Um den Transferwert zu ermitteln, sind zunächst differenzierte Transferziele aufzuschlüsseln und ihr quantitativer Nutzen anzugeben. Durch die Verknüpfung mit dem Erreichungsgrad ergibt sich der Transferwert" (Schulte, 1995, S. 276). Aus weiteren mathematischen Anwendungen, in denen zunächst die monetär bewerteten Transfer- und Lernwerte über alle TN summiert werden, ergibt sich der Weiterbildungswert in TDM, von dem die Bildungskosten subtrahiert den Weiterbildungserfolg in TDM (!) ergeben. Bei diesem Vorgehen kann weder die „Quantifizierung des Lern- und Transferwertes pro Teilnehmer" (S. 277) noch die daran anschließende Wirtschaftlichkeitsberechnung wirklich überzeugen. Es wird sicherlich nicht das gemessen oder quantifiziert, was im Rahmen der Kosten-Nutzen-Betrachtung von Bildung wirklich gemeint ist. Eine exakte Quantifizierung und Meßbarkeit wird nur vorgetäuscht, da die grundlegenden Annahmen und Berechnungen auf reinen Schätzwerten beruhen.

Tabelle 3: Kennzahlensystem für ein Bildungs-Controlling (nach Schulte, 1989; 1995)

Weiter- bildungs- inhalte	Teilnehmer (TN)	Träger und Methoden	Kosten	Weiter- bildungs- erfolg
* Anteil spezif. Themen am gesamten WB-Bedarf * Anzahl Veranstaltgn. gesamt * Anzahl unterschiedl. Veranst. * Zeitaufwand für WB-Veranstaltgn. * Ø Zeitdauer je Veranst. * Anzahl bzw. Zeitaufwand f. verschied. Themenkreise * Struktur d. fachl. Veranst. nach Themenkreisen * Anzahl TN n. einzelnen Themenkreisen * Anteil d. Wiederholungsveranstaltgn.	* Anzahl TN insgesamt * Anzahl TN bei Einfachzählung * Anzahl TN bei Einfachzählung an Stammbelegschaft * Anteil weibl./ männl. TN * Anteil angestellter/ gewerbl. TN * Altersstruktur d. TN * Anzahl TN je Standort * Herkunftsstruktur d. TN nach Funktionsbereichen * IST-TN-Zahl im Verhältnis zu angemeldeten TN * jährliche WB-Zeit je MA * Anteil d. MA ohne bish. Teilnahme an WB	* Anteil interner bzw. externer Trainer bzw. Veranst. * Anteil einzelner Trainergruppen * Anteil firmenspezif. bzw. standardisierter WB-Programme * Anteil aktiver bzw. passiver Lehrmethoden * Ø Anzahl TN je Seminar	* Gesamtkosten der WB * Anteil einzelner Kostenarten * Anteil d. WB-Kosten am Umsatz * WB-Aufwand je MA * WB-Kosten je Betriebsteil bzw. MA-Gruppe * WB-Kosten pro Tag und TN * Durchschnittskosten interner bzw. externer Maßnahmen * Anteil WB-Kosten an Gesamtpersonalkosten * Kostenanteil einzelner Themenbereiche * Anteil ausgabewirksamer Kosten	* TN-Zufriedenheit (am Seminarende) * Produktivität * Qualität * Bildungsrendite * Lernwert * Transferwert * Anteil realisierter Beförderngn. an geplanten * Realisierungsgrad der geplanten WB-Aktivitäten

Die Gewichtung oder monetäre Bewertung der Lern- und Transferwerte als auch des Erreichungsgrades scheint relativ willkürlich und ohne Bezugsrahmen oder objektiven Null- und Optimalpunkt. Die Erhebung des Anteils der realisierten Beförderungen (oder auch noch an anderer Stelle dieser Arbeit: das Gehalt als Qualitätsindikator) ist ebenfalls im strenggenommenen Sinne kein Maß für den Weiterbildungserfolg; hierzu müßte dringend die jeweilige Beförderungspolitik (Seniorität, Leistung, tarifliche Höherstufung, Seilschaften etc.) geklärt werden. Die Beförderung (oder eben auch das Gehalt) als Indikator für den Erfolg müßte demnach auf einem differenzierten Leistungsbeurteilungsinstrument basieren, womit der Kreis zum Dreh- und Angelpunkt: Leistung und deren Rückführbarkeit auf die Bildungsmaßnahmen wieder geschlossen wäre.

In den Bereichen Weiterbildungsinhalte, -teilnehmer, -kosten sowie Träger und Methoden ist festzuhalten, daß Kennzahlen für den Bereich des Weiterbildungserfolgs von zweifelhafter Relevanz sind.

2.7 Abschließende Bewertung der dargestellten Ansätze unter Berücksichtigung der Beiträge von Evaluation und Controlling

Zur **abschließenden Bewertung** der dargestellten Ansätze, deren kritische Punkte bereits oben jeweils angefügt wurden, ist festzuhalten, daß ein phasen- und/oder ebenenorientiertes Vorgehen dem Bildungsgeschehen am ehesten gerecht wird. Um die Effekte von BC zu nutzen und um seine Akzeptanz zu steigern, scheint des weiteren auch eine handlungsorientierte Denkhaltung und Umsetzung wünschenswert, die jeden einzelnen für das Bildungsgeschehen und den Transfererfolg (selbst-)verantwortlich macht. Besondere Rollen nehmen hier v.a. Teilnehmer oder einzelner Mitarbeiter und der Vorgesetzte ein. Dennoch sollte auch eine zentrale Stelle Informationen sammeln, auswerten und den Interessierten zur Verfügung stellen sowie gewisse Koordinationsaufgaben übernehmen, um Doppelarbeit zu vermeiden. Diese zentrale Stelle sollte aber eher Zuliefercharakter haben anstatt Weisungsbefugnis.

Zur Rolle, die Kennzahlen und Berechnungen aus den HRA-Ansätzen sowie Kostenanalysen und eine Budgetierung spielen, ist folgendes anzumerken: keiner dieser Aspekte sollte im Mittelpunkt eines Bildungs-Controlling stehen. Die Budgetierung sollte als Plan auf der Formalebene genutzt werden. Kostenanalysen sollten den qualitativen Erfolgskriterien gegenübergestellt werden; dies scheint v.a. dort sinnvoll, wo verschiedene Anbieter gleiche oder sehr ähnliche Inhalte dozieren, aber auch für den Vergleich verschiedener Entwicklungswege. Dabei muß davon Abstand genommen werden, die qualitativen Kriterien monetär bewerten zu wollen. Sinnvoller scheint es, die je resultierenden qualitativen Outputs gegenüberzustellen und intern zu definieren, was einem diese qualitativen Nutzenoutputs, z.B. in Form gesteigerter Motivation, einer unternehmenszugewandten bzw. -positiven Einstellung, einer höheren Arbeitszufriedenheit etc. im Rahmen einer strategischen Personalpolitik oder kurz die Erreichung der Sachziele *wert* sind. Zu der zentralen Aufgabe von Bildungs-Controlling gehört es nach v. Landsberg und R. Weiß (1995), „den Nutzen der Bildung zu steigern" (S. 3) und nicht die Kosten der Bildung zu senken. Mit anderen Worten kann es nicht mehr Ziel sein, die Ressourcen möglichst günstig zu beschaffen, sondern eher diese Ressourcen maximal zu nutzen und auszuwerten. Dies kann BC nur leisten, indem es sog. Wettbewerbsvorteile, die durch die Bildung bedingt sind, zum Vorschein bringt bzw. transparent macht. Eine reine Kostenbetrachtung gäbe sich dabei der Gefahr preis, „die ´added values` und den ´strategic thrust` der Bildung wegzurechnen" (v. Landsberg & R. Weiß, 1995, S. 3). Für die Bildung sehen die Autoren im BC die Chance sich als Erfolgsfaktor und lohnende Investition in das Humankapital herauszustellen. Ein Umdenken ist hierzu erforderlich, und zwar konkret: weg von Berechnungen über Dinge, die eigentlich nicht gemeint sind, und weg von der Auffassung, Bildung sei etwas, das sich dem Erfolgsnachweis entzieht. Der monetär nicht berechenbare Nutzen von Bildung besteht beispielsweise für die Unternehmen in ökonomischer und sozialer Hinsicht aus:

• der prinzipiellen Erhaltung von Fach- und Führungskräften,
• einer Qualifikationsangleichung,
• einer Flexibilität beim Personaleinsatz,
• größerer Leistungsbereitschaft,
• größerer Betriebstreue,
• der Entwicklung, Förderung und Pflege einer Unternehmenskultur.

Für den Arbeitnehmer ergeben sich eine Vertiefung des Fachwissens, Möglichkeiten zur Selbstverwirklichung und Steigerung des Verantwortungsspielraumes, Aufstiegs- und Karriereperspektiven, aber auch soziale Anerkennung.

Ausgewählte Kennzahlen (und dies schließt die Berechnung einer Bildungsrendite eindeutig aus) können dabei unterstützende Informationen liefern, die jedem Betroffenen zugänglich sein müssen. Für eine Bewußtwerdung über die Kosten von beispielsweise Fluktuation kann es sinnvoll sein, diese einmal zu berechnen. Aber nur aus diesem Grund; von einer Humanvermögensrechnung im eigentlichen Sinne ist nicht nur aufgrund der heftigen und berechtigten Kritik (s. Fischer-Winkelmann & Hohl, 1982) abzuraten, sondern auch aufgrund der Frage, ob hierbei der Nutzen den Aufwand rechtfertigt. Die Berücksichtigung von variablen Kosten, Steuern und Zinssätzen bei der Nutzenberechnung von PE-Maßnahmen, wie Boudreau dies im investitionstheoretischen Sinne vorschlägt, ist konsequent; die praktische Relevanz allerdings ist fraglich.

Die Beiträge, die die Evaluation und das Controlling für den Entwurf eines Bildungs-Controlling leisten können, sollen im folgenden noch behandelt werden. Neben der bereits erfolgten Gegenüberstellung der beiden Ansätze ist allerdings noch die zunächst rein formale Frage von Bedeutung, *wie* diese sinnvoll kombiniert werden sollen. Zu berücksichtigen ist also bereits an dieser Stelle die Forderung nach einer **mehrdimensionalen Betrachtung von Bildungs-Controlling**. Aus den obigen Erläuterungen ist die Verknüpfung von eher qualitativen Wirkkriterien und quantitativen Kosten- oder Investitionskriterien naheliegend.

Im Rahmen einer bimentalen Betrachtung von Bildungs-Controlling ist die Frage zu stellen, ob ein ´gutes` BC - im Sinne eines bildungsadäquaten Bildungs-Controlling - immer in Form eines ökonomischen Pols und eines pädagogisch-psychologischen Pols dargestellt und durchgeführt werden soll oder, ob nicht eine verwobene Darstellung und damit eine verknüpft ökonomisch-pädagogische Denkhaltung eingenommen werden muß, um den Anforderungen an ein Bildungs-Controlling und dem spezifischen Charakter von Bildung gerecht zu werden. Dabei sollen die ursprünglichen Disziplinen nicht verwischt, aber im möglichen Rahmen verknüpft werden. Im Hinblick auf eine solche Sichtweise wäre denn auch der Begriff der Bimentalität von BC noch zu schwach. Die zentrale Frage ist also, ob es zulässig und sinnvoll ist, die beiden Disziplinen parallel nebeneinander her (oder auch aneinander vorbei?) wirken zu lassen oder, ob Controlling von Bildung und Evaluation sich nicht widersprechen und damit Ausdruck prinzipiell gleicher Zielsetzungen, nämlich den Nutzen der Bildung zu steigern, aus Sicht verschiedener Traditionen sind? Weitere Überlegungen müssen dabei in die Richtung gehen, in welcher Art und Weise sich nicht nur die Zieleinheitlichkeit darstellen läßt, sondern auch eine einheitliche und abgestimmte instrumentelle Vorgehensweise. Abbildung 5 soll das Gesagte nochmals veranschaulichen.

Es gibt also so betrachtet mindestens drei Möglichkeiten, Controlling von Bildung und/oder Evaluation zu kombinieren:

1. Biteleologisch-parallelistischer Ansatz:
   jede Disziplin einer jeden Tradition verwendet ihre eigenen Instrumente und verfolgt ihre eigenen Ziele, wobei Formalziele unabhängig von Sachzielen betrachtet werden; Synergien oder Kompensationsmöglichkeiten werden nicht genutzt; ein gegenseitiger Austausch findet nicht statt (hierunter soll allerdings kein Bildungs-Controlling verstanden werden).
2. Monoteleologisch-unabhängiger Ansatz:
   mit den Instrumenten jeder Tradition wird ein gemeinsames Ziel verfolgt. Die Ergebnisse jedes Vorgehens werden dabei kombiniert und ermöglichen damit eine ökonomisch-pädagogische Betrachtung der Zielerreichung.

3. Monoteleologisch-verknüpfter Ansatz:
Synergie- und Kompensationsmöglichkeiten werden bereits in der Phase der Datensammlung genutzt. Für die Zielerreichungsbetrachtung gilt das gleiche wie für Punkt 2.

Eigentlich sollten allgemein nur die zweite und dritte Möglichkeit als Bildungs-Controlling bezeichnet werden.

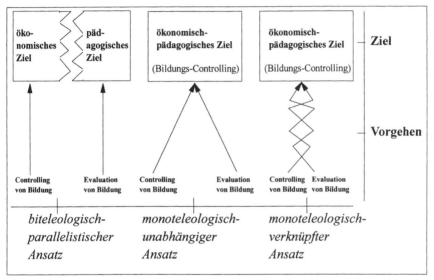

Abbildung 5: Mögliche 'Verknüpfungsarten` von Controlling von Bildung und Evaluation bzw. von ökonomischer und pädagogisch-psychologischer Tradition

3 Integration und Reformulierung der bisherigen Sichtweisen des Bildungs-Controlling

Im nun folgenden Abschnitt sollen zum einen die grundlegenden Anforderungen an ein Bildungs-Controlling formuliert und zum anderen ein Vorschlag für ein theoretisches Konzept zum Bildungs-Controlling vorgestellt werden.

3.1 Gegenstand des Bildungs-Controlling

Für den Versuch einer Anwendung des Controlling- und Evaluationsgedankengutes auf die Bildung oder PE-Maßnahmen allgemein ist es zunächst sinnvoll, sich die Ziele und das Wesen derselben zu verdeutlichen. Spricht man von den **Zielen der Bildung**, sollte klar sein, daß berufsbedingte Bildung an sich in der Wirtschaft nur insofern Ziele haben kann, inwiefern diese den Zielen der Unternehmung und den Zielen des Individuums entsprechen (die beruflichen Bildungsziele der Gesellschaft einmal außen vor gelassen).

Die **Unternehmensziele** im Hinblick auf die Weiterbildung bzw. die Personalentwicklung können demnach in folgenden Punkten erkannt werden:

- Qualifizierungsfunktion und Leistungsbeitragsoptimierung,
- Sicherung des Qualifikationspotentials bezüglich künftiger Anforderungen und flexiblem Personaleinsatz,
- Nachwuchsqualifizierung,
- Bindung qualifizierter Mitarbeiter an die Organisation durch Identifikationsmöglichkeiten,
- externes Personalmarketing und
- Vermeidung von Stellenfehlbesetzungen.

Feige (1994) spricht im Zusammenhang mit strategischen Unternehmenszielen von einem *strategischen Bildungs-Controlling*, das sich „mit der Gesamtheit aller Bildungsmaßnahmen oder mit Gruppen von Bildungsmaßnahmen zu beschäftigen" (S. 180) habe. Weiter führt er aus, daß sich dieses strategische Bildungs-Controlling beispielsweise den Themen zuwendet, „inwieweit die Bildungsanstrengungen die Erreichung strategischer Ziele der Unternehmung fördern bzw. gefördert haben" (ebd.) oder inwiefern die Bildungsziele aus der sog. Bildungsphilosophie abgeleitet wurden, die mit der allgemeinen Unternehmensphilosophie konform geht. In der vorliegenden Arbeit wird allerdings noch aufzuzeigen sein, daß dieses sog. strategische BC zwingender Bestandteil eines Bildungs-Controlling per se ist, da wie bereits erwähnt berufsbedingte Bildung aus Sicht des Unternehmens nicht zum Selbstzweck betrieben wird, sondern Vehikel zum Unternehmenserfolg ist, der u.a. - kommt er nicht überraschend - durch Unternehmensziele definiert ist.

Die zu berücksichtigenden **Individualziele** in der beruflichen Arbeit betreffen beispielsweise Möglichkeiten der Selbstentfaltung, bessere Aufstiegschancen und damit die Erweiterung von Handlungs- und Entscheidungsspielräumen, ein verbessertes Einkommen, aber auch, wie Pächnatz es nennt, „interessante, motivierende Tätigkeiten, die den persönlichen Erwartungen und Ansprüchen nach Abwechslung, nach ganzheitlicher Tätigkeit, nach Entspannung, aber auch nach Zusammengehörigkeit und sozialer Unterstützung Rechnung tragen" (1994, S. 45).

Beicht und Krekel (1996) führen an, daß in einer 1992 durchgeführten Studie (getrennt nach Ost- und Westdeutschland) allerdings als Weiterbildungsziel mit den häufigsten Angaben „am wichtigsten" mit 30-40 % die bessere berufliche Leistungsfähigkeit angegeben wurde. In Ostdeutschland folgte an zweiter Stelle mit 29 % direkt die Arbeitsplatzsicherheit, während in Westdeutschland den zweiten Rang mit je 15 % die besseren Aufstiegschancen und eine interessantere und anspruchsvollere Tätigkeit belegten (vgl. Beicht & Krekel, 1996, S. 189 ff.).

Die individuellen Kosten der Weiterbildung stehen oft nicht im zentralen Interesse. Beicht und Krekel haben diese allerdings einer genaueren Analyse unterzogen und stellen fest, daß über die Gruppen Facharbeiter, Meister, Techniker, Angestellte und Selbständige eine Selbstbeteiligung an Weiterbildungskosten durchschnittlich von DM 2.316,- p.a. im Westen und DM 1.827,- p.a. im Osten zu beobachten ist. Bei der betrieblichen Weiterbildung verzichteten die Mitarbeiter pro Jahr dabei im Westen auf 53 Stunden und im Osten sogar auf 127 Stunden ihrer Freizeit. Für die nichtbetriebliche Weiterbildung wendeten die Mitarbeiter im Westen durchschnittlich 356 und im Osten 493 Freizeitstunden auf, „was umgerechnet einem Zeitaufwand von rund 10 bis 14 betrieblichen Arbeitswochen entspricht" (Beicht & Krekel, 1996, S. 189).

Als Weiterbildungsziele auf Individualebene aus Sicht der Arbeitgeber können des weiteren die Entwicklung, Steigerung oder Erhaltung folgender Aspekte genannt werden:

• Identifikation mit der Arbeitsaufgabe und dem Arbeitgeber
• Leistungsbereitschaft/Motivation
• persönliches Wohlbefinden
• Arbeitszufriedenheit
• erlebte Attraktivität des Arbeitgebers
• Flexibilität
• Selbstorganisation
• Verantwortungsbewußtsein
• etc.

Das **Wesen der berufsbedingten Bildung** beruht idealiter auf zielgerichteten, bedarfsorientierten und planmäßig organisierten Maßnahmen und Tätigkeiten im Rahmen der Personalpolitik, wobei arbeitsplatzrelevante Kenntnisse und Fähigkeiten vermehrt und Einstellungen und Verhaltensweisen verändert werden sollen. Berufliche Bildung ist des weiteren als ein Prozeß zu verstehen, an dem viele Interessenvertreter, wie beispielsweise Unternehmung und Geschäftsführung, Personalbetreuer, -entwickler und Vorgesetzte, Betriebsrat sowie das Individuum, teilhaben.

3.2 Anforderungen an ein bildungsadäquates Bildungs-Controlling

Aus der Würdigung der bisher explizierten Ansätze, aus der Berücksichtigung formaler und inhaltlicher Vorüberlegungen zum Konzept eines BC und aus einer umfassenden Literaturdurchsicht ergeben sich besondere Anforderungen an ein Bildungs-Controlling, das moderne Lehr- und Lernerkenntnisse bei Erwachsenen und moderne Führungs- oder Managementansätze zu berücksichtigen hat. Die Anforderungen an ein solcherart bildungsadäquates Bildungs-Controlling müssen sich zunächst an den **Problemen** bzw. Tatsachen von BC, die mittlerweile fast Binsenweisheiten darstellen, orientieren:

* Es gibt **keinen feststellbaren Kausalzusammenhang** zwischen Bildung und Unternehmenserfolg, da Bildung stets unmittelbare, langfristige, beabsichtigte und unbeabsichtigte Folgen hat und auch der Unternehmenserfolg von verschiedensten, bildungsunabhängigen externen und internen Faktoren beeinflußt wird. Ziele und Erfolgskriterien von Bildung sind oft nur unzureichend **monetär** quantifizierbar.
* Selbst wenn die Bildung in die Unternehmensstrategie eingebettet ist, ist nicht automatisch davon auszugehen, daß über das ´gute` **Ziel**, abgeleitet aus Bildungsbedarfsanalysen und exakt hieran ausgerichteten Lernzielen und Durchführung, auch eine ´gute` **Wirkung** erreicht wird (vgl. Arnold, 1996).
* **Transfer** wird durch unterschiedlichste Bedingungen und Faktoren beeinflußt; die Planung und Steuerung von Transferförderung und -sicherung ist eine der vornehmsten Aufgaben von BC.

Die **Anforderungen** an ein bildungsadäquates BC können im wesentlichen in den folgenden vier Bereichen: Denkhaltung, Einführung, Vorgehen und Instrumente gesehen werden.
Die **grundlegende Denkhaltung** sollte dabei Weiterbildung nicht als Konsum- oder Kostenfaktor, sondern als Investition in Humankapital betrachten. Bei Schwierigkeiten sollten nicht Schuldige gesucht, sondern Problemlösungen und Unterstützung angeboten werden. Dabei kann Controlling jeder Art, aber v.a. ein Bildungs-Con-

trolling, nur im Dialog sinnvoll realisiert werden. In den Prozeß eines BC müssen alle Verantwortlichen miteinbezogen werden; der Aspekt einer sog. Mehrebenenarbeit (Management, Linienverantwortliche, Führungskräfte) muß Berücksichtigung finden (vgl. v. Landsberg, 1990). Ein weiterer wesentlicher Schritt bezüglich der Denkhaltung betrifft „zementierte Grenzziehungen zwischen der Pädagogik einerseits und der Betriebswirtschaftslehre andererseits" (Arnold, 1996, S. 253); diese müssen überwunden werden. Bildungs-Controlling muß sich des weiteren der Tatsache der Nichtlösbarkeit des Zurechnungsproblems sowie der fehlenden Kausalzusammenhänge stellen und innovative Lösungen vorschlagen. Dabei muß das Wesen und der Charakter berufsbedingter Bildung im Erwachsenenbereich explizit berücksichtigt werden, wobei das *Wozu* eine wesentliche Rolle spielt. Es ist nämlich bei der „Komplexität erwachsenenpädagogischer Situationen ... keineswegs denkbar, daß die Bedingungen des Gelingens solcher Bildungsprozesse situationsübergreifend definiert, zu Checklisten gebündelt, kontrolliert und gewährleistet werden können" (Arnold, 1996, S. 255). Um konsensfähige und akzeptierbare Unternehmensziele muß ein ehrliches Bemühen gegeben sein.

Für die **Einführung** und Implementation eines BC gilt, daß Widerstände antizipiert und eine breite Akzeptanzbasis geschaffen werden müssen. Berücksichtigung müssen dabei Hemmnisse bei den Betroffenen oder Verantwortlichen finden, die sich in Zeitmangel, Wissensdefizite, Skepsis, befürchtete Auswirkungen und Konsequenzen sowie Desinteresse niederschlagen. Für die Glaubwürdigkeit eines BC ist es dabei wichtig, mögliche Inkongruenzen von controls und Unternehmenszielen auszuräumen. Wichtigste Subjekte im BC-Prozeß sind einzelne Mitarbeiter und Führungskräfte, deren Selbstverantwortung bereits im Vorfeld stetig entwickelt werden muß; hilfreich hierzu ist ein 'Einschwören' aller auf die Unternehmensziele. Der am Erfolg des Unternehmens partizipierende Mitarbeiter im Sinne eines Subunternehmers widersteht dann auch der Versuchung, Weiterbildung als *Incentive* zu betrachten.

Bezüglich des **Vorgehens** müssen der Nutzen und das Neue, das BC bringt, deutlich herausgestellt werden. Hierzu ist es zum einen nötig, den Begriff des BC eindeutig zu definieren und zum anderen ökonomische und pädagogisch-psychologische Ansätze im Sinne der angesprochenen Bimentalität zu nutzen. Diese Bimentalität allerdings sollte das Gleichgewicht zwischen originär ökonomischen und pädagogisch-psychologischen Maßen bewahren; dies beinhaltet eine ökonomische Erfassung, Planung, Steuerung und Kontrolle für aufgewandte Mittel **und** eine pädagogische Erfassung, Planung, Steuerung und Kontrolle des Lernens (vgl. Becker, 1995). Des weiteren müssen die PE-Maßnahmen formal und inhaltlich mit der Unternehmensplanung abgestimmt sein; eine Überprüfung und Unterstützung von Sach- und Formalzielen der PE-Maßnahmen und ihrer Integration in die Unternehmensstrategie

ist dabei zwingend notwendig (vgl. Bundesministerium für Bildung und Wissenschaft, BMBW, 1990).
Bezüglich des konkreten Vorgehens bieten sich sog. Phasenkonzepte an, die den PE-Prozeß auch abbilden. Ein Vorgehen ist dabei wie folgt denkbar:

* grundlegende Zielformulierung **im Sinne der Unternehmensziele** auf möglichst operationale und verständliche Art und Weise als Ausgangssituation/ -voraussetzung;
* **Bildungsbedarfsermittlung und -analyse** und damit Auswahl der Teilnehmer sowie Beantwortung der Frage:
Sind die Unternehmensziele mit den vorhandenen Qualifikationen erreichbar?
Ein grundlegendes Vorgehen bei der Ermittlung und Analyse des Bildungsbedarfs ist dabei mit den Schritten 1) die Bestimmung der geforderten/notwendigen Qualifikationen, 2) die Ermittlung der vorhandenen Qualifikationen, 3) ein Soll-Istvergleich zwischen notwendigen und vorhandenen Qualifikationen und 4) die Identifizierung der Differenz des SIV als Bildungsbedarf zu erreichen;
* Zielformulierung i.s. **operationaler Bildungsziele** und damit Auswahl der Methoden und Lehrkräfte sowie Definition der Erfolgsdimensionen;
* **Entwicklung** zielkongruenter PE-Maßnahmen oder **Anpassung** bereits vorhandener;
* **Durchführung** der Maßnahme;
* **Transferförderung und Evaluierung** der Maßnahme.

Hierzu ist anzumerken, daß Transferförderung lediglich nach der Maßnahme zu kurz greift und deshalb transfervorbereitende Faktoren bereits in der Bedarfsanalyse bis hin zum Wechsel vom Lernfeld ins Funktionsfeld zur Wirkung kommen sollen. Transfervorbereitung bereits in die Bedarfsanalyse zu verlegen, erscheint auf den ersten Blick zunächst ungewöhnlich, erklärt sich aber daraus, daß sich in der Analysephase nur solche Maßnahmen als 'bildungsrelevant' herausstellen sollten, die tatsächlich auch praxisrelevant und damit transferierbar sind. Dies ist ein erster und sehr grundlegender Schritt der Transferförderung überhaupt. Die transferbegleitenden, -sichernden und -fördernden Maßnahmen im Lern- und Funktionsfeld werden als hinlänglich bekannt vorausgesetzt und deshalb an dieser Stelle nicht ausführlich erörtert (s.a. Wakenhut, Rank & Glaser, 1995).
Im Rahmen pädagogischer Phasenkonzepte sollen auch ökonomische Dimensionen des Bildungsprozesses berücksichtigt werden; dies beinhaltet:

* Budgetierung,
* Abweichungsanalysen,
* pretiale Lenkung sowie
* beim Controlling selbst auf Wirtschaftlichkeit zu achten.

Unter dem genuin controllingtheoretischen Aspekt müssen Ist-Daten (z.B. Lernerfolg und Bildungskosten) ermittelt werden, Abweichungsanalysen und Korrekturmaßnahmen durchgeführt und BC als Informationssystem genutzt werden (vgl.
BMBW, 1990).
Die **Instrumente** dürfen nicht nur leicht quantifizierbare Aspekte betrachten,
sondern es muß das erhoben werden, was *wirklich* wichtig ist. Hierzu ist es hilfreich,
ein umfassendes, bildungsgemäßes Berichtssystem zu installieren. Allerdings dürfen
im Berichtssystem keine 'Zahlenfriedhöfe' produziert werden; die hier zusammengetragenen Informationen müssen entscheidungsrelevant, zeitnah und zweckbezogen
sein. Zusätzlich hat die Konzentration auf die *wesentlichen* Standards und Ergebnisse stets Vorrang. Möglichkeiten zur Bereitstellung von Entscheidungshilfen und
zur Ableitung von Verbesserungsvorschlägen müssen geschaffen werden. Dabei
muß BC auch eine Selbststeuerung der Betroffenen ermöglichen, womit u.a.
Reaktanzeffekte von BC aufgefangen werden können. BC darf keine Beratungsab-
hängigkeit schaffen. Im Sinne der bisher dargestellten Anforderungen bedeutet dies,
daß Planung, Steuerung und Kontrolle nicht zentral in Form einer BC-Abteilung
implementiert werden sollten, sondern lediglich die Koordination und Pflege der
Informationen zentralisiert wird.
Die pädagogische Erkenntnis ist zu berücksichtigen, daß „Qualifikationen oder
Bildung bei Erwachsenen nicht 'erzeugt', sondern lediglich ermöglicht werden
können" (Arnold, 1996, S. 255). An die Selbstverantwortung der Teilnehmer einer
PE-Maßnahme werden hohe Anforderungen gestellt. Im Rahmen einer Partizipation
in allen Phasen der Bildungs- bzw. PE-Maßnahme (von der Bedarfsanalyse bis zur
Erfolgsanalyse) muß das Paradoxon umgangen werden, daß einem Mitarbeiter zwar
„Verantwortung für Millionenwerte von Maschinen" übertragen, aber die Verantwortung für die Beurteilung, „welchen Nutzen welche Lernprozesse für die Bewältigung seiner Arbeit haben" (Severing, 1995, S. 95) entzogen werden. Deshalb müssen
auch Instrumente Anwendung finden, die der Mehrdimensionalität des Prozesses und
des Erfolges von Bildung gerecht werden, d.h. soziale, kognitive, motivationale und
affektive Determinanten sind explizit zu berücksichtigen. Bei den bereits angesprochenen controls sollten gewisse Spielräume offengelassen werden, so daß BC nicht
zur 'Über'-Kontrolle führt. Hilfreich hierzu und für die Praktikabilität ist es, nicht zu
viele Instrumente einzusetzen; Kailer (1996) spricht von einer gezielten De-Instrumentierung. Die wenigen Instrumente sollten dabei kontinuierlich und nicht aperi-
odisch oder ad hoc eingesetzt werden, so daß BC ein dauerhafter Prozeß bleibt (vgl.
Becker, 1991). Es sollten nur aktuelle oder aktualisierte Instrumente eingesetzt
werden, deren Gütekriterien den üblichen Standards entsprechen; die Installation
einer benutzerfreundlichen EDV-Unterstützung ist zu überprüfen.
Neben der Dokumentation von Vergangenem ist, soweit im BC möglich, die
Verwendung von Feed-forward-Instrumenten bzw. die Nutzung von ex ante-Betrach-
tungen zu forcieren.

3.3 Theoretisches Konzept für ein bildungsadäquates Bildungs-Controlling

Die Grundlagen für die Formulierung des nun folgenden theoretischen Konzeptes eines Bildungs-Controlling wurden v.a. in der Darstellung der Anforderungen und den prinzipiellen Überlegungen zur Verknüpfbarkeit von Controlling und Evaluation, aber ebenso aus der Zusammenschau der verschiedenen Ansätze gelegt. Das vorzulegende Konzept soll dabei keineswegs den Anspruch auf Vollständigkeit oder Abgeschlossenheit erheben, sondern eher als ein Grundriß dienen, einen systematischen, aber keinesfalls standardisierten Rahmen für BC zu schaffen, in den bereits vorhandene Instrumente nach Prüfung der Kompatibilität integriert werden können. Die Abbildung 6 stellt dabei den Versuch dar, die in der bisherigen Arbeit zusammengetragenen und für sinnvoll befundenen Elemente aus obengenannten Bereichen in einem ganzheitlichen Konzept zu integrieren. Ganzheitlich ist dieses Konzept allerdings nicht in bezug auf das Gesamtunternehmen, sondern lediglich auf den Bereich, der sich mit dem Erreichen der Unternehmensziele mit Unterstützung von Weiterbildung befaßt. Die Abbildung enthält aus Gründen der Übersichtlichkeit zunächst nur die einzelnen Phasen, die Aufgaben, die in diesen zu erfüllen sind sowie die daran beteiligten Personen oder Personenkreise; die möglichen Instrumente folgen in den Erläuterungen zur Abbildung 6. Beginnend auf der strategischen Ebene symbolisiert die obige Abbildung die Abhängigkeit des Bildungs-Controlling-Zyklus von der **Unternehmensstrategie** zur Erreichung der **Unternehmensziele**, die ihrerseits von verschiedensten Entwicklungen und Umfeldbedingungen beeinflußt wird. Die exakten Auswirkungen technologischer, gesellschaftlicher, wettbewerbsbedingter, wirtschaftlicher sowie arbeitsmarktbedingter Entwicklungen stellen sich dabei wie in Kapitel 4.1 zu beschreibender Weise dar. Auf jeden Fall muß sich das Unternehmen in seinen Strategien darauf einstellen, um weiterhin erfolgreich zu sein und seine Ziele zu erreichen. Abgestimmt auf diese Strategien muß die Unternehmensleitung auch im Personalbereich bestimmte Strategien ergreifen, die im Rahmen einer transparenten Personalpolitik jeden einzelnen Mitarbeiter auf die Zielerreichung 'einschwören'. Dies ist ein erster Schritt für den Einbezug aller Beteiligten. Die Wege zur Verfolgung der Unternehmensstrategie werden über die einzelnen Hierarchiestufen, eventuell vermittelt über einen Bereich, der sich mit Personal-Controlling beschäftigt, *kaskadenförmig* jeweils immer eine Stufe weiter 'heruntergebrochen', so daß schließlich auf der operativen Ebene eine individuelle Bedarfsermittlung und -analyse steht. Diese hat festzustellen, ob der Mitarbeiter an einer bestimmten Stelle über die richtigen Qualifikationen, Einstellungen, Motivation etc. verfügt, um seinen Beitrag zur Erreichung der Unternehmensziele entrichten zu können bzw. zu wollen. Dabei betrifft die Frage der richtigen Qualifikationen explizit den operativen Bereich des Bildungs-Controlling, während die Frage, ob der richtige Mitarbeiter an der richtigen Stelle ist, eher als eine Frage des Personal-Controlling angesehen werden muß.

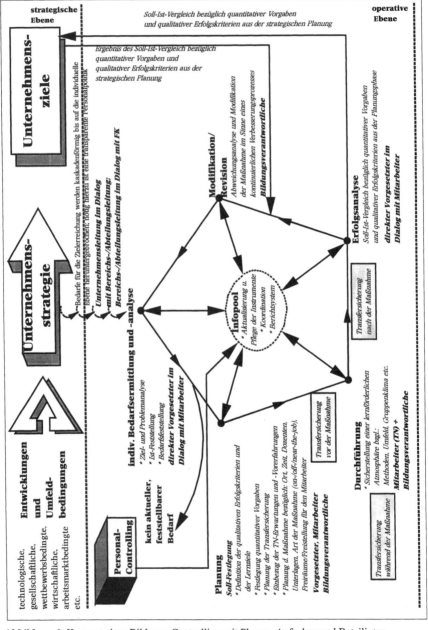

Abbildung 6: Konzept eines Bildungs-Controlling mit Phasen, Aufgaben und Beteiligten

Sinn (1996a) bemerkt hierzu, daß als Handlungsschnur für das strategische BC die Überzeugung bleibt, „daß diese oder jene Personalentwicklungsmaßnahme dem Unternehmen hilft, seine langfristigen Ziele schneller oder besser zu erreichen. Effizienzüberprüfung sowie Qualitätskontrolle und -steuerung sind im strategischen Bildungscontrolling nur schwer umzusetzen" (S. 38).

In der Phase der **individuellen Bedarfsermittlung und -analyse** müssen der direkte Vorgesetzte und der Mitarbeiter also zunächst herausarbeiten, wie die aus der Unternehmensstrategie abgeleiteten Ziele für den durch den Mitarbeiter (oder die Mitarbeitergruppe) abgedeckten Aufgabenbereich bzw. der Organisationseinheit zu realisieren sind, ob der Mitarbeiter über die hierzu nötigen Qualifikationen verfügt und ob damit Entwicklungsbedarf besteht. Eine andere Möglichkeit der Bedarfsfeststellung ergibt sich aus dem Umstand, daß der Mitarbeiter offensichtliche Schwächen aufweist, die der Erreichung der Unternehmensziele langfristig entgegenstehen. Ebenfalls in dieser Phase ist dann festzustellen, ob und wie diese Schwächen zu beheben sind. Eine dritte Möglichkeit besteht in der Feststellung offensichtlicher Stärken oder Vorlieben, die weiterentwickelt oder gefördert werden können. Diese letzte Möglichkeit ist im Hinblick auf die Effizienz einer Bildungsmaßnahme ein wichtiger Faktor, denn wie bereits erwähnt, läßt sich der Mitarbeiter mit einem bestimmten Grad an Potential ökonomisch prinzipiell am effizientesten entwickeln. Zur Frage der Auswahl der Mitarbeiter betont R. Meier (1995), „daß der richtige Mitarbeiter zur richtigen Zeit zum richtigen Seminar geht, unabhängig von Kriterien wie Sympathie und ´Nähe` zum Vorgesetzten" (S. 219).

Tabelle 4: Instrumente zur Unterstützung der Phase I:
individuelle Bedarfsermittlung und -analyse

Diagnose- und Steuerungsinstrumente für die individuelle Bedarfsermittlung und -analyse

* MA-(Beurteilungs-)Gespräch, z.B. auf der Grundlage von Anforderungsprofilen, Stellenbeschreibungen oder Ergebnissen einer Arbeitsplatzanalyse
* Anregung eines Assessment-Centers
* Karriereplanung
* Interviews, Workshops oder schriftliche Befragungen
* R. Meier (1995, S. 214) nennt:
  Zielanalyse, Verhaltensanalyse, Betroffenheitsanalyse, Veränderungsanalyse, Problemanalyse, Schwachstellenanalyse, Analyse kritischer Zwischenfälle, Qualifikationsanalyse und Adressatenanalyse

Die Instrumente nun, die in dieser Phase einzeln oder kombiniert zum Einsatz kommen können, zeigt Tabelle 4. Zur Anwendung bestimmter Diagnose- und Steuerungsinstrumente soll allerdings der Hinweis aus den Anforderungen (De-Instrumentierung) nochmals betont werden: so wenige wie möglich und so viele wie nötig.

Wurde also ein Entwicklungsbedarf festgestellt, und nur dann, erfolgt in einer nächsten Phase II die **Planung** der Maßnahme und deren anzustrebender Ergebnisse bzw. zu initiierender Prozesse. In der Planung zwischen Mitarbeiter und Vorgesetzten sollten dabei die wichtigsten Bestandteile der Maßnahme formuliert werden. Zusätzlich mit dem Bildungsverantwortlichen sind die qualitativen Erfolgskriterien und damit auch die Lernziele zu definieren und festzuhalten, so daß diese - sowohl während der Durchführung als auch im Anschluß daran - immer wieder überprüft bzw. gefördert werden können. Auch eine Planung der quantitativen Erfolgsdimensionen, nämlich der monetären Kosten, ist im Rahmen einer Budgetierung (z.B. im Gegenstromverfahren) oder Vorkalkulation vorzunehmen. Sinnvoll wäre es, beispielsweise im Rahmen der jährlichen Bildungs-Budgetierung, den Bereichsleitern ein bestimmtes Budget zur Verfügung zu stellen, welches diese in Zusammenarbeit und Abstimmung mit ihren Abteilungen beantragen können. Ziel dabei ist die Einhaltung des Budgets und der Nachweis einer sinnvollen Verwendung, welche in einer späteren Phase näher zu erläutern sein wird. Des weiteren in die Planung mit einzubeziehen ist das exakte Vorgehen bei der Transfersicherung sowie die Festlegung von Ort, Zeitraum, Dozenten, Unterlagen, Art der Maßnahme (on-/off-/near-the-job) und die Schaffung nötiger Freiräume für den Mitarbeiter. Für den Einbezug der Mitarbeiter bei der Personalentwicklungsplanung dokumentiert Sinn (1996b) anhand des Beispiels von BMW und der Bayerischen Hypo-Bank:

> Der Mitarbeiter trägt seinen persönlichen Weiterbildungsbedarf in den Personalentwicklungsplan ein. Der jeweilige Vorgesetzte kommentiert diese. Dazu kommt eine gemeinsame Einschätzung, welche Maßnahmen am sinnvollsten sind und über welchen Zeitraum sie sich erstrecken sollten. ... Aufgrund der Pläne werden dann die Bildungsmaßnahmen analysiert, geplant, gesteuert und durchgeführt. (Sinn, 1996b, S. 39)

Zusätzlich sind Teilnehmererwartungen und -vorerfahrungen zu erheben und zu berücksichtigen, und zwar schon in der Planungsphase.

Vor der nächsten Phase der Durchführung setzen die ersten **Transfersicherungsmaßnahmen** ein, wobei einige dieser Maßnahmen auch in der Durchführungsphase und danach angewandt werden sollen. Für den Transferbereich soll auf ein Transfermodell von Baldwin und Ford (1988) und dessen Weiterentwicklung in ein integratives Bedingungsmodell des Transfers gemäß Wakenhut et al. (1995) zurückgegriffen werden.

Tabelle 5: Transfermaßnahmen vor, während und nach der Bildungsmaßnahme

Transfermaßnahmen		
vor der Maßnahme	**während der Maßnahme**	**nach der Maßnahme**
* präzise Bedarfsanalyse (s.a. Phase I) * Planung der Maßnahme in Abstimmung mit vorhandenen Potentialen, Erwartungen, Erfahrungen etc. (s.a. Phase II) * Information über Inhalte, Ziele, Nutzen etc. (vgl. Wakenhut et al., 1995) * Transfer-Zielvereinbarungs-Gespräch	* Praxisrelevanz des vermittelten Stoffes bzw. Arbeitsplatzbezug sicherstellen * angemessene Methoden: mehrere Sinne ansprechen, aktiv beteiligende Methoden etc. * Lern- und Behaltenshilfen * Setzung von Transferzielen über Umsetzungsaktionspläne oder Selbstverträge * Rückfallprävention über z.B. back-home-Rollenspiele * Antizipation von Transferhindernissen * Schaffung einer lernförderlichen, d.h. offenen und angenehmen Gruppenatmosphäre * Transfermotivation durch den Dozenten * Aufzeigen konkreter Möglichkeiten zur Umsetzung, z.B. Fallstudien oder -beispiele	* Nachbereitungs- und Auswertungsgespräch mit Vorgesetzten * Follow-up-Veranstaltungen i.S. einer Auffrischung * Einsetzen/Fördern von Lerngruppen bzw. Transfergruppen/-partnern * Unterstützung zur Umsetzung durch das organisationale Umfeld * Beseitigung von Transferhindernissen

Das ursprüngliche Modell berücksichtigt hierbei als Voraussetzung von Transfer bestimmte *Teilnehmermerkmale* (Fähigkeit, Persönlichkeit, Motivation), bestimmte *Merkmale des Trainingsdesigns* (Lernprinzipien, Reihung des Stoffes, Trainingsinhalt) und *Merkmale der Arbeitsumgebung* (soziale Unterstützung, Möglichkeiten zur Umsetzung) (vgl. Baldwin & Ford, 1988; Gerlich, 1994; Wakenhut et al., 1995). Im Rahmen der Weiterentwicklung durch Wakenhut et al. ordnet das Modell „die für den Transfer relevanten Faktoren auf der zeitlichen Achse vor, während und nach dem Training ein, um die Dynamik des Transferprozesses zu verdeutlichen" (1995, S. 8). Die konkreten, daraus abgeleiteten Transfersicherungsmaßnahmen für die einzelnen Phasen sollen etwas vorgezogen (ohne Anspruch auf Vollständigkeit) bereits hier zusammenfassend dargestellt werden. Sollte die Maßnahme mehrteilig sein oder in Intervallen durchgeführt werden, so empfehlen sich ausgewählte, ursprünglich für die 'Nachher-Phase' vorgesehene Transfersicherungsmaßnahmen auch schon früher.

Für Phase III, **Durchführung**, gibt es in der Literatur einige Hinweise, wie in Seminaren erwachsenengerecht gelehrt und gelernt werden kann. Hierauf soll im vorliegenden Zusammenhang jedoch nicht näher eingegangen werden. Wichtig in dieser Phase ist, daß die Maßnahme selbst an den vorher formulierten und niedergelegten Lernzielen orientiert ist und der Weg zur Erreichung dieser Lernziele mit lern- und behaltensförderlichen, aktivierenden und zielgruppengerechten Methoden und Arbeitstechniken beschritten wird sowie idealerweise zusätzlich das inhaltliche Fach-thema als Vehikel zur Förderung der Persönlichkeitsentwicklung genutzt wird. Wie in den Transfermaßnahmen während der Maßnahme bereits angeführt, ist die Sicherstellung eines lernförderlichen Arbeits- und Gruppenklimas unabdingbare Voraussetzung für Lernen.

In der Phase IV, die mit **Erfolgsanalyse** (und nicht mit Erfolgskontrolle) betitelt ist, ist nun sehr deutlich, wie in der Planungsphase nur angedeutet, zwischen einer sog. *quantitativen* und einer sog. *qualitativen* Ebene zu unterscheiden. Unter quantitativen Gesichtspunkten sollen in dieser Phase die monetären Aufwendungen der Bildungsmaßnahme und andere Aufwendungen erhoben bzw. festgestellt werden. Dabei sollen möglichst alle Kosten, die im Rahmen der Bildungsmaßnahme auftreten, berücksichtigt werden, wie beispielsweise Wunderer und Sailer dies auf der Ebene des Kosten-Controlling vorgeschlagen haben. Explizit ausgespart sollten allerdings Berechnungen über Opportunitätskosten, Bildungsrenditen oder ähnliches bleiben. Zu der Berechnung von Bildungsrenditen bemerkt R. Weiß (1994), daß diese „als Marketing-Instrumente für Bildungsanbieter recht instruktiv" (S. 41) seien, aber als „Controlling-Instrumente sind sie weder praktikabel noch valide. Eine unmittelbare und eindeutige Zuordnung von betrieblichen Leistungsergebnissen zur Teilnahme an Weiterbildungsmaßnahmen ist regelmäßig nicht gegeben" (ebd.). Bei den anderen Aufwendungen sollten keine monetären Äquivalente berechnet werden, sondern lediglich absolute Zahlen, beispielsweise für den Betreuungsaufwand des Seminarteilnehmers oder der inhouse-Betreuung und/oder -Unterweisung. Instrumente für die quantitative Erfolgsanalyse sind etwa eine Nachkalkulation der Kosten, eine Kostenanalyse zum besseren Überblick der zusammengesetzten Aufwendung etc. Ein Soll-Istvergleich mit den kalkulierten Kosten aus der Planungsphase ist notwendig. Unter qualitativen Gesichtspunkten der Erfolgsanalyse sollen nun die kognitiven, affektiven und behavioralen Komponenten erfaßt werden. Dabei ist ebenfalls eine Orientierung an den Soll-Definitionen und Lernzielen oder einfach den in der Planungsphase formulierten, qualitativen Erfolgskriterien nötig. Während die Feststellung kognitiver Lernerfolge im Rahmen von Wissensprüfungen oder Tests, zum Teil noch in der Durchführungsphase angewandt, keine allzu großen Probleme bereiten dürfte, ist die Erfassung affektiver, motivationaler und behavioraler Ergebnisse, die aus der Maßnahme resultieren, um einiges schwieriger.

Mit einiger zeitlicher Verzögerung nach der Maßnahme sollte deshalb die geforderte Selbstverantwortung der Mitarbeiter zum Tragen kommen, die selbst am besten beurteilen können, in welchem Ausmaß sie Inhalte der Weiterbildung anwenden können oder nicht und warum. Arnold (1995) bemerkt hierzu, daß „die Beurteilung der Frage, ob die Teilnehmer und Teilnehmerinnen einer Weiterbildungsmaßnahme etwas gelernt haben und ob sie das Gelernte am Arbeitsplatz anwenden können, ... nicht Aufgabe des Bildungswesens, sondern der operativen Ebene der einzelnen Abteilungen und Unternehmensbereiche" (S. 100) ist. Ein Maßnahmen-Beurteilungsgespräch zwischen Vorgesetztem und Mitarbeiter, in dem der Grad der Anwendbarkeit und der Grad dem Transfer hinderlicher Organisationsbedingungen beurteilt werden, ist hierzu hilfreich. Als Voraussetzung notwendig ist, daß der Vorgesetzte schon vor dem Gespräch dem Arbeitsverhalten seines Mitarbeiters erhöhte Aufmerksamkeit schenkt. Arnold lehnt für eine Erfolgs- oder Qualitätsanalyse extern vorgegebene Indikatorensysteme oder Zielkriterien ab und führt an, daß die operative Ebene selbst Erwartungen definiert und Erfolge beurteilt (vgl. Arnold, 1995, S. 100). Die affektiven oder motivationalen Konsequenzen von Bildungsmaßnahmen könnten über unternehmensspezifisch konstruierte Fragebögen erfaßt werden, die sich im weitesten Sinne mit Arbeitszufriedenheit, beruflichen Zielen oder Commitment etc. beschäftigen.

Spätestens an dieser Stelle nun ist es nötig, die Aufgaben, Funktionen und Instrumente des sog. **Informationspools** einzuführen. Der Informationspool soll die in den Anforderungen formulierte Koordinations- und Steuerungsaufgabe übernehmen. Des weiteren gehört das ´reporting` oder einfach ein Berichtssystem, das Informationen verarbeitet und zur Verfügung stellt, zu seinem Aufgabengebiet. Dabei erhält der Informationspool Inputs aus jeder Station des BC-Zyklus sowie aus der Personalplanung oder dem Personal-Controlling und stellt für jede Phase die aufbereiteten Informationen und zusätzlich notwendige Instrumente zur Verfügung. Der Informationspool übernimmt damit auch eine gewisse Servicefunktion und ersetzt damit ein zentral gesteuertes Bildungs-Controlling. Zu dieser Servicefunktion gehören konkret die Konstruktion, Bereitstellung, Aktualisierung und Pflege von Instrumenten für die einzelnen Phasen, aber auch Kriterienlisten, Anforderungsprofile und relevante Kennzahlen, die zum Teil aus dem Personal-Controlling stammen. Des weiteren beinhaltet der Informationspool die Möglichkeit, Assessment-Center und andere

Veranstaltungen (aber nicht Bildungsveranstaltungen im eigentlichen Sinne) zu buchen. Relevante Kennzahlen sind hierbei beispielsweise Absenz- und Fluktuationsquoten sowie Kennzahlen zu Weiterbildungsinhalten, Teilnehmern, Trägern und Methoden, aber auch Kosten, die bereits unter dem Kapitel 2.6 *Kennzahlenorientierter Ansatz* dargestellt wurden. Die ebenfalls dargestellten Grenzen von Kennzahlen sind hierbei zu beachten. Idealerweise ist der Informationspool EDV-unterstützt und enthält neben der Datenbank *Kennzahlen und Informationen* zusätzlich die *Bildungskarrieren* jedes einzelnen. Der Zugang ist jedem jederzeit möglich; zu den Bildungskarrieredatenbanken ist der Zugang allerdings nur für Betroffene und deren direkte Vorgesetzte zu sichern. Es versteht sich von selbst, daß jede Art von Datenbank kontinuierlich zu pflegen und zu aktualisieren ist. Dabei werden die Datenbanken nicht von Anfang an, also bei deren Einführung, vollständig sein, weshalb Ergänzungsmöglichkeiten miteingeplant und Anregungen von Benutzern berücksichtigt werden sollten.

Zusammengefaßt könnten beispielsweise folgende Themen aufgenommen werden:

- relevante Kennzahlen,
- aktuelle Informationen,
- Informationen über erhältliche Checklisten, Kriterienlisten, Anforderungsprofile etc.,
- kommentiertes Dozenten- oder Trainerverzeichnis (intern/extern) bzw. Kommentare zu Anbietern allgemein,
- Ergebnisse aus Erfolgsanalysen vorangegangener Bildungsmaßnahmen,
- Verzeichnis oder Übersicht zu Tests und Potentialeinschätzungsverfahren,
- Mitarbeiter: Bildungskarrieren,
- Hinweise zu fachspezifischer oder weiterführender Literatur,
- evtl. eine sog. *Chatbox* zum informellen Erfahrungsaustausch über Bildung und Karriere.

Mit der Zugänglichkeit zu diesen Informationen für jeden Mitarbeiter wird es diesen überhaupt erst ermöglicht, die Selbstverantwortung für das eigene Fortkommen zu übernehmen.

Vor der zunächst letzten Phase V, der **Modifikation oder Revision**, die im Prinzip nur das Ergebnis oder besser die Konsequenz aus dem Soll-Istvergleich innerhalb der Phase Erfolgsanalyse und dem Soll-Istvergleich des Beitrags der durchgeführten Maßnahme(n) zur Erreichung der Unternehmensziele darstellt, sind also diese Vergleiche zunächst anzustellen. Wie dies am sinnvollsten geschehen kann, darüber bestehen in der BC-Diskussion die heftigsten Differenzen. Während auf der einen Seite Bildungsrenditen, Lernwerte etc. berechnet oder Deckungsbeitragsrechnungen für Bildung durchgeführt werden, werden auf der anderen Seite keine weiteren Analysen mehr durchgeführt; die (Ergebnis-)Selbstverantwortung bleibt hier beim

Teilnehmer. Es scheint nötig, einen sinnvollen Mittelweg zu wählen. Dieser Mittelweg trägt den vorliegenden Erkenntnissen Rechnung, daß der Beitrag des qualitativen Bildungsnutzens zum Unternehmensgewinn bisher nicht überzeugend dargestellt werden konnte. Auch hier soll keine Berechnung dieses Nutzens über eine neu (?) zu erfindende Formel *vorgeführt* werden. Grundlegend ist der einfache Gedanke, daß die Formulierung von Unternehmenszielen und die Ableitung von Bereichs-, Abteilungs- und Mitarbeiterzielen oder -erfolgskriterien, die auf der operativen oder Betroffenheitsebene möglichst operational formuliert sind, einen ebenso wichtigen Beitrag für ein Bildungs-Controlling liefern, wie die Durchführung anhand dieser Ziele, die Absicherung der Umsetzung durch Transfersicherung und schließlich die Erfolgsanalyse selbst. In vielen Ansätzen wird zu viel Gewicht auf die Erfolgs*kontrolle* gelegt.

Die Frage, die offenbleibt, ist freilich, ob die Ziele (welcher Ebene auch immer) ´richtig` sind. Betrachtet man den gesamten Prozeß der Zielformulierung, der Bedarfsanalyse, der Durchführung, der Erfolgsanalyse und schließlich der Modifikation der Maßnahmen als kontinuierlichen Verbesserungsprozeß, ohne damit nun auf die theorieschwere Bedeutung dieses Begriffs abzuzielen, bedeutet Bildungs-Controlling schlicht das **Arbeiten** mit den Ergebnissen der Erfolgsanalyse sowie den Ergebnissen eines Soll-Istvergleichs zwischen den Unternehmenszielen und den erreichten Bildungszielen und nicht deren **Ablage**.

Konkret heißt dies, daß die Effekte der Bildung den Aufwendungen gegenübergestellt werden. Es ist dabei davon auszugehen, daß die Bildung oder der qualitative Nutzen der Bildung nicht immer als ´Sieger`, im Sinne eindeutiger Nutzenvorteile, aus diesem Vergleich hervorgehen wird. Aber diese Vorgehensweise birgt die Chance, zum einen nicht den (Zusatz-)Nutzen der Bildung ´wegzurechnen` und zum anderen die Authentizität eines Bildungs-Controlling zu bewahren. Eine Chance für die Berücksichtigung der Effizienz liegt hierbei in Vergleichsrechnungen über verschiedene Maßnahmen oder Maßnahmenbündel, die die gleichen oder vergleichbare Ziele haben.

Nachdem nun ein Konzept vorgestellt wurde, das den Anspruch eines bimentalen, integrativen Phasen-Ansatzes mit zwei Ebenen an sich stellt, sollen in den folgenden Kapiteln die aufgezeigten Schritte, Gedanken und Vorgehensweisen am Beispiel des Traineeprogramms der Volksbanken und Raiffeisenbanken in Bayern so weit wie möglich angewandt werden. Die vorgenommene Einschränkung der Anwendbarkeit betrifft dabei keinesfalls das vorgestellte Konzept an sich, sondern ist lediglich durch die zentrale Steuerung des genossenschaftlichen Traineeprogramms bedingt. Innerhalb einer Primärgenossenschaft muß das Konzept praktikabel sein.

Dies umfaßt im wesentlichen folgende darzustellenden Elemente:

1. Bedarfsermittlung und -analyse
2. Ableitung und Formulierung der Erfolgskriterien des Controlling-Gegenstandes, z.B. Traineeprogramm
3. Beschreibung der Durchführung
4. Erfolgsanalyse und Aufwand-Nutzen-Vergleich
5. Anregungen/Empfehlungen für Modifikation bzw. Revision.

4 Theoretische Grundlegung für die Anwendung des vorgeschlagenen Ansatzes auf ein Traineeprogramm

Wie bereits erwähnt, hat es sich die vorliegende Arbeit zum Ziel gesetzt, eine evaluative Aufwand-Nutzen-Betrachtung im Bereich akademischer Fach-Nachwuchskräfte bei den Volksbanken und Raiffeisenbanken in Bayern durchzuführen. Für diese Betrachtung soll das in Kapitel 3 entworfene Konzept eines Bildungs-Controlling, soweit wie möglich, angewendet werden. Die einzelnen Schritte der Bedarfsanalyse und -ermittlung und der Planung sollen anhand einer zunächst allgemeinen Betrachtung erfolgen. Hierzu ist es sinnvoll, sich mit folgenden Feldern eingehender zu beschäftigen:

- dem grundlegenden branchenspezifischen und gesellschaftlichen Wandel,
- den künftigen Anforderungen an qualifizierte Bankmitarbeiter,
- dem Arbeitsmarkt für Akademiker im Bankbereich,
- der Feststellung des grundlegenden Bedarfs von Einarbeitungsprogrammen für Akademiker über die Betrachtung allgemeiner und spezieller Merkmale von Traineeprogrammen sowie deren aktueller Weiterentwicklung.

Eine weitere wichtige theoretische Grundlegung soll auch in bezug auf die, der Erhebung zugrundeliegenden, Theorien für die Bereiche der Motivation und der Identifikation erfolgen.

4.1 Der grundlegende branchenspezifische und gesellschaftliche Wandel als grobe Bedarfsanalyse

Eine weitverbreitete Ansicht zum Bildungs- oder Qualifikationsbedarf ist, daß es nicht mehr ausreicht zu wissen, was der Mitarbeiter heute und jetzt können muß, um seine Aufgaben zu erfüllen, sondern über welche Qualifikationen dieser morgen oder in 10 Jahren (Bildungsverantwortliche sind mit ihren Gedanken häufig schon im Jahre 2000 ff.) verfügen muß. Deshalb werden tatsächliche oder erwartete Veränderungen sehr genau beobachtet, um zu ergründen, was die Mitarbeiter von morgen eigentlich können müssen, um sich den wandelnden Bedingungen und Anforderungen der Gesellschaft und des Arbeitslebens auch zukünftig stellen zu können und damit dem Unternehmen, in dem sie tätig sind, zum Erfolg zu verhelfen. Deshalb ist es weiter nötig, sich zum einen mit dem grundlegenden Wandel im Bankenmarkt und der Gesellschaft zu beschäftigen und zum anderen die spezifischen Auswirkungen und daraus abzuleitenden aufgaben- und personbezogenen Anforderungen genauer zu betrachten. Die künftig erwarteten oder bereits eingetretenen Veränderungen können wie folgt grob dargestellt werden:

• **Veränderungen in Wirtschaft und Gesellschaft**

❖ *Wertewandel*

Im Rahmen der Wertewandeldiskussion ist zu beobachten, daß sog. *alte Tugenden* wie Anpassung, Unterordnung und Leistung ersetzt werden durch sog. *neue Tugenden* wie Kommunikation, Selbstbestimmung und -verwirklichung sowie Lebensgenuß. V. Rosenstiel, Nerdinger, Spieß und Stengel (1989) bemerken hierzu, daß aufgrund des Wertewandels im Bereich der Organisationen von Wirtschaft und Verwaltung Konflikte oder Identifikationskrisen beim Individuum entstehen können. Die Autoren führen weiter aus, „daß durch den Wandel der Wertorientierungen auch Werte wie Wachstum, Leistung, Arbeit und Technik als Orientierungspunkte an Bedeutung verloren haben" (1989, S. 12). Gegenüber den alten Werten kann es zu einer Ambivalenz kommen, die als Folge „eine **Distanzierung** von den Organisationen der Wirtschaft und Verwaltung, wie wir sie heute kennen, sein" (ebd.) kann. „Besonders ausgeprägt erscheint der Wandel der Wertorientierungen bei den **jüngeren Personen** mit **höherer Bildung**" (ebd.) (diese stellen auch die Zielgruppe von Traineeprogrammen dar).

❖ *Stellenwert des Wissens*

Es ist zu beobachten, daß das theoretische, technische und faktische Wissen immer mehr zunimmt und dadurch Probleme der Wissensverarbeitung und -vermittlung entstehen. Die Tendenz geht daher zunehmend in die Richtung eines Spezialistentums sowie deren nötiger Vernetzung und Koordination, die von (Teil-)Generalisten übernommen werden soll. Der Unternehmenserfolg wird zunehmend abhängig von der intellektuellen Wertschöpfung, womit auch die Bildung und die kontinuierliche Aktualisierung des Humankapitals wichtiger werden.

❖ *Demographische Entwicklung*

Die demographische Entwicklung betrifft im vorliegenden Zusammenhang v.a. das veränderte *Bildungsverhalten*. Diese Entwicklung läßt sich dadurch beschreiben, daß zunehmend höhere Bildungsabschlüsse angestrebt werden (vgl. Bayerisches Staatsministerium für Unterricht, Kultus, Wissenschaft und Kunst, 1995; BMBW, 1994). Dies hat für Banken Konsequenzen: zum einen für die Personalrekrutierung, zum anderen für die Kundenstruktur und zum dritten eine wechselseitige Auswirkung. Was die Personalrekrutierung angeht, werden die Auszubildenden im Bankbereich immer häufiger aus Abiturienten bestehen, bei denen die Wahrscheinlichkeit groß ist, daß sie nach der Ausbildung die Bank zugunsten eines Studiums verlassen. Zum anderen können Banken derzeit aus einem großen Angebot aus bereits ausgebildeten Akademikern auswählen. Für die Kundenstruktur bedeutet dies, daß auch die Kunden immer mehr höhere Bildungsabschlüsse aufweisen. Der Bankmitarbeiter hat z.B. bei der Betreuung von Firmen zunehmend mit akademisch ausgebildeten Vertretern derselben zu tun. Im Mittelstand und in Kleinbetrieben tritt nicht selten der akademisch ausgebildete Filius des Unternehmens die Nachfolge an. Im Jahr 1992 schlossen bundesweit 177.949 Akademiker ihr Studium oder ihre Promotion ab (vgl. BMBW, 1994, S. 1). Ins Berufsleben eingetreten, stellen diese ein Klientel dar, das qualifiziert betreut und beraten werden möchte. Im Durchschnitt der Bankenbranche liegt der Akademikeranteil bei 6 % (ca. 45.000 Personen) (Zentralstelle für Arbeitsvermittlung, ZAV, 1994) bis 8 % (Stimpel, 1997), der der Bevölkerung bei 13 % (ebd.). Die Zahlen des Jahres 1992 für die Genossenschaftsbanken liegen für den Akademikeranteil bayernweit bei 1,17 % und bundesweit bei 2,26 %; der Anteil der Abiturienten (Gymnasium und FOS) an den Auszubildenden liegt bayernweit bei 18,8 % und bundesweit bei 29,8 % (GVB, 1992).

- **Entwicklungstrends im Bankenbereich**
  - ❖ *Markt*
    Im Bereich des Marktes für Banken ist zu beobachten, daß regional abgegrenzte Märkte an Bedeutung verlieren. Durch den zunächst ersten Schritt, nämlich die Europäisierung und den nächsten Schritt, die Globalisierung/Internationalisierung, sind auch die Banken mehr und mehr dazu gezwungen, sich mit zusätzlich internationalen Wettbewerbern auseinanderzusetzen. Die zunehmende Internationalisierung hat auch Auswirkungen auf eingesetzte Technologien, Arbeitszeiten, Gehaltsstrukturen etc. Dem Regionalprinzip verpflichtet treten hierbei für genossenschaftliche Primärbanken besondere Probleme auf.
  - ❖ *Technologie*
    Neben der stets zunehmenden Komplexität der Arbeitsaufgaben werden Routinearbeiten durch „Rationalisierung und Automatisierung des Massengeschäfts durch verstärkten Einsatz von Selbstbedienungseinrichtungen und Homebanking-Anwendungen" (Ladewig & Wiedenmann, 1996, S. 52) abgebaut. Neben der innerbanklichen Technologisierung und der Schnittstelle zwischen Kunde und Bank ist auch eine zunehmende Technologisierung der privaten Haushalte zu beobachten. Dies führt dazu, daß der Zutritt zu unüberschaubaren Informationsmengen prinzipiell jedem offensteht; dies wirkt sich auch auf das Kundenverhalten aus. Der Kunde wird immer mehr in die Lage versetzt, einen annähernd vollständigen Informationsstand über verschiedenste Angebote zu haben; der Vergleich dieser Angebote wird dem Kunden damit erleichtert.
  - ❖ *Wettbewerb*
    Zunehmend bieten andere Branchen Bankdienstleistungen an, wie beispielsweise sog. Non- und Nearbanks im Konsumentenkredit- und Kartenbereich.

In- und ausländische Mitbewerber erfordern proaktive Innovationen, Organisationsstrukturreformen (schneller und flexibler werden), den Einsatz neuer Technologien und flache, reaktionsgeschwinde Hierarchien bzw. kurze Entscheidungswege. Erschwert wird der Wettbewerb durch sog. Systemvertriebe, die die neuen Vertriebsformen schon seit längerem für sich nutzen und unabhängig von Öffnungszeiten den Kunden den Weg zum Schalter abnehmen und diesem ganzheitliche Problemlösungen und weniger einzelne Produkte anbieten.

❖ *Vertrieb*

Durch die zunehmende Technologisierung entfällt die einfache Beratung bei weniger erklärungsbedürftigen Produkten, die sich damit über einfache und benutzerfreundliche Anwendungen vollzieht.

Durch zunehmende Heim-/Telearbeit ziehen sich die Menschen aus den Ballungszentren zurück, was eine Dezentralisierung der Dienstleistung in Form von Angeboten vor Ort und ein Überdenken der bisherigen Filialstruktur nötig macht. Beratungen müssen auch außerhalb der üblichen Schalterzeiten möglich sein. Neue Vertriebs-, Service- und Kommunikationswege sind hierbei das Telefon, der off-/on-line Computer, Selbstbedienungsgeräte in den Schalterhallen, die zu verlängerten Zeiten zugänglich sind, Fernsehen, Videotext, Multimedia-Anwendungen und das Internet. Dies trägt auch den Bedürfnissen der zukünftigen Kunden aus der ʹVideogame- und PC-Generationʹ Rechnung. Im Rahmen des Vertriebes wird es weiter eine wichtige Aufgabe sein, kundenadäquate Produkt- oder besser Problemlösungspaletten zu entwickeln. Um dies zu bewerkstelligen, sind Informationen und Analysen über den Kundenmarkt nötig (vgl. ZAV, 1994).

❖ *Verhältnis zum Kunden*

Kunden können gleichsam elektronisch gebunden und vor Abwerbung gesichert werden. Allerdings verlangen die sog. Individual- oder vermögenden Privatkunden nach umfassender, kompetenter Beratung und Betreuung. Die Kundenbetreuer stehen dabei unter einem steigenden Erwartungsdruck, da die ʹneuenʹ Kunden wohlinformiert sind und, wie bereits erwähnt, Preis-Leistungs-Vergleiche anstellen. In diesem Rahmen sind des weiteren eine abnehmende Bankloyalität bzw. zunehmend Mehrfachbankverbindungen zu beobachten.

Durch die bereits genannte zunehmende Automatisierung wird der seltener werdende persönliche Kontakt zu einer Chance, die unbedingt genutzt werden muß, womit die Kontakt- und Kommunikationsfähigkeit der Mitarbeiter in den Mittelpunkt rücken. Gute Verkäufer sind dabei sog. ʹAllrounderʹ, die den Kunden umfassend beraten können.

Bis heute mangelt es den Kreditinstituten noch an der richtigen Dienstleistungsmentalität, so daß Prof. v. Stein, Inhaber des Lehrstuhls für Kreditwirtschaft an der Universität Stuttgart/Hohenheim, in einem Interview darauf hinweist, daß „ein guter Banker seine Zahlen im Blick haben [müsse], aber ebenso wichtig ... gesunder Menschenverstand, offene Augen und die Bereitschaft, sich auf andere einzustellen" (Stimpel & v. Stein, 1997, S. K 1) seien. Selbst, wenn die Selbstbedienung in den Banken Einzug hält, ist es ein Bankspezifikum, daß die meisten Produkte (abgesehen von Standardprodukten im Massengeschäft) sehr komplex und deshalb erklärungsbedürftig bleiben. Hieraus ergibt sich, wie bereits oben angedeutet, die immer weitere Öffnung der Qualifikationsschere, was bedeutet, daß es auf der einen Seite hochqualifizierte Mitarbeiter geben wird, die für die qualifizierte Beratung und die Management- und Führungsaufgaben verantwortlich sind und auf der anderen Seite Mitarbeiter ohne Bankausbildung, die für Vertrieb und Service eingestellt werden (vgl. Uttitz, 1997; A. Weiß, 1996); grundsätzlich wird die Gesamtzahl der Beschäftigten im Bankgewerbe aber sinken (vgl. ZAV, 1994). Im Gegensatz zu A. Weiß sieht die Zentralstelle für Arbeitsvermittlung die künftige „Zusammensetzung des Personals in Richtung auf höhere Anforderungen" (ZAV, 1994, S. 7). Hieraus lassen sich prinzipiell gute Chancen für Akademiker ableiten. Die Zentralstelle für Arbeitsvermittlung kommt in ihrer Analyse des Arbeitsmarktes für Akademiker in Banken zu dem Ergebnis, daß die aktuelle Belegschaft der Banken relativ jung ist. Sie sieht daher weniger einen Ersatz- als vielmehr einen Zusatzbedarf für die nötigen innovativen Prozesse und neuen Produkte. Dies wird ebenfalls als Indiz für „eine Umschichtung der Personalzusammensetzung zugunsten höherer Qualifikationen hin" (1994, S. 11) gedeutet.

4.2 Analyse der Anforderungen an qualifizierte Bankmitarbeiter

Wie bereits dargestellt, legen Unternehmen bei der Rekrutierung neuer Mitarbeiter zunehmend Wert auf deren Kompetenzen oder Potentiale als ausschlaggebendes Einstellungskriterium. Aktuell vorhandenes Fachwissen wird zum Teil als selbstverständlich vorhanden vorausgesetzt oder soll in relativ kurzer Zeit erworben werden können, v.a. dann, wenn die Person über Möglichkeiten verfügt, sich dieses Wissen auch im Eigenstudium zu erwerben (s. Methodenkompetenz, Lernwille oder auch Lernfähigkeit). Dazu kommt noch die Überzeugung von der immer geringer werdenden Halbwertszeit von Faktenwissen. Bei der Auswahl zunehmend von Bedeutung sind also solche Faktoren wie Persönlichkeit, was immer der einzelne darunter auch verstehen mag, oder in einem moderneren Sinne ´berufliche Handlungskompetenz`, unter die sich die Fach-/Methodenkompetenz, die soziale Kompetenz und die personale Kompetenz subsumieren lassen.

Da die Anforderungen von morgen heute einen Qualifizierungsdruck auf eine relativ unbekannte Zukunft hervorbringen, wird in der Literatur seit einiger Zeit die Vermittlung von sog. **Schlüsselqualifikationen** favorisiert. Von diesen Schlüsselqualifikationen wird erwartet, daß sie eine längerfristige Gültigkeit haben und überberufliche bzw. extrafunktionale Qualifikationen wie beispielsweise Denken in Zusammenhängen, Lernbereitschaft und -fähigkeit, Selbständigkeit, Eigeninitiative, Verantwortungsbereitschaft, Kooperationsbereitschaft und -fähigkeit, Flexibilität, Kreativität etc. produzieren. Unter Schlüsselqualifikationen sind somit „situationsübergreifende und weitgehend zeitunabhängige Handlungskompetenzen zu verstehen, die Mitarbeiter befähigen, verschiedene Funktionen und Positionen in der Zukunft zu übernehmen" (Backhaus, 1992, S. 408). Die etwas provokante Frage, die sich hierbei aufdrängt ist, warum, wenn dies, wie oben dargestellt, so ist, noch Zeit und Mühen in die Ermittlung von Qualifizierungsbedarf und Bedarfsanalysen investiert werden, wenn doch sowieso unbekannt ist, was morgen zu können ist bzw. die Halbwertszeit des Wissens immer kürzer wird? Man könnte sich doch darauf beschränken, PE-Maßnahmen durchzuführen, die die Mitarbeiter motivieren, die 'richtige Einstellung' zum Unternehmen sowie eben die Schlüsselqualifikationen vermitteln, so daß jeder, mit dem Handwerkszeug für selbständiges Lernen ausgestattet, seine Weiterentwicklung selbst in die Hand nimmt. Diese Frage kann allerdings verneint werden, da es bei der Vermittlung von Schlüsselqualifikationen zum einen auf eine beständige Pflege und Weiterentwicklung ankommt und zum zweiten ein 'Vehikel' benötigt wird, nämlich die festgestellten Qualifizierungsbedarfe. Deshalb ist es ein vornehmliches Ziel im Rahmen von Fachveranstaltungen oder Methodentrainings, die indirekte Vermittlung von Schlüsselqualifikationen explizit einzuplanen. Zusätzlich sollte auch in der täglichen Arbeit Wert auf die Entwicklung und Förderung dieser arbeitsplatzübergreifenden Qualifikationen gelegt werden.

Unter **beruflicher Handlungskompetenz** wird im allgemeinen eine ganzheitliche Sichtweise menschlicher Arbeitstätigkeit in einem sozialen Kontext verstanden. Dabei können im Rahmen eines Konzeptes zur beruflichen Handlungskompetenz sowohl mehr kognitiv ausgerichtete psychologische Handlungsregulationstheorien aber auch Ansätze im motivationalen, sozialen und emotionalen Bereich menschlichen Handelns in Arbeitssituationen zum Tragen kommen. Dieses letztere Verständnis von beruflicher Handlungskompetenz soll auch der vorliegenden Arbeit zugrunde gelegt sein und somit als bisher noch sicherlich sehr allgemein definierter Begriff menschlichen Könnens und Wollens in Arbeitssituationen verstanden werden. Berufliche Handlungskompetenz wird demnach determiniert durch spezifische berufliche und flexibel einzusetzende, situationsübergreifende Kenntnisse und Fertigkeiten, durch kommunikative und kooperative Fähigkeiten im beruflichen Kontext und durch „persönlichkeitsbezogene Dispositionen, die sich in Einstellungen, Werthaltungen, Bedürfnissen, Motiven usw. äußern" (Sonntag & Schaper, 1992, S. 188).

Für die vorliegende Arbeit wird von der Hypothese ausgegangen, daß die Entwicklung beruflicher Handlungskompetenz dazu in der Lage ist, einerseits den Mitarbeiter einer Unternehmung zu beruflichem Erfolg und hohem Commitment zu befähigen und andererseits der Unternehmung leistungswillige und -fähige Mitarbeiter zu bescheren. **Beruflicher Erfolg** wird dabei nicht nur anhand von sehr guten Arbeitsergebnissen bemessen, sondern auch an dem Ausmaß, in dem die (Selbst-)Verwirklichung persönlicher Ziele und Wünsche ermöglicht wird.

Die Bedeutung der **sozialen Kompetenz** wird in unterschiedlichen Artikeln zur Personalentwicklung bzw. zur Personalauswahl verstärkt in den Vordergrund gestellt. Dabei ist allerdings die genaue begriffliche und inhaltliche Definition von sozialer Kompetenz nicht völlig klar. Während die einen von *soft skills* sprechen, die nächsten von Sozial-Intelligenz, die dritten von Selbstbehauptung oder Selbstsicherheit und wieder andere von Persönlichkeit ganz allgemein, ist ein weiterer Diskussionspunkt die Anlage- oder Umweltdetermination der sozialen Fähigkeiten. Zusätzlich gibt es Meinungen, welche den Begriff der sozialen Kompetenz völlig ablehnen, da er inhaltlich interpretationsbedürftig und somit uneffektiv sei; er wird für überbewertet, subjektiv und begrenzt oder überhaupt nicht testfähig gehalten.
Im folgenden soll unter sozialer Kompetenz, die nur einen Baustein einer umfassenden (beruflichen) Handlungskompetenz darstellt, die Fähigkeit verstanden werden, in sozialen Interaktionssituationen Ziele und Pläne erfolgreich zu realisieren, so daß alle Interaktionspartner gleichsam als Gewinner aus der Situation hervorgehen. Faix und Laier (1989) definieren die soziale Kompetenz im menschlichen Miteinander als „das Ausmaß, in dem der Mensch fähig ist, im privaten, beruflichen und gesamtgesellschaftlichen Kontext selbständig, umsichtig und nutzbringend zu handeln" (S. 22). So verstanden wird nach Ansicht der Autoren soziale Kompetenz zu einem Kompromiß zwischen Anpassung und Selbstverwirklichung. Soziale Kompetenz soll aber nicht verstanden werden im Sinne eines stabilen, generalisierten oder situationsunabhängigen Persönlichkeitsmerkmals oder einer Eigenschaft, sondern als eine Alternative von zwei möglichen (sozial kompetent vs. sozial inkompetent), sich in sozialen Situationen zu verhalten. Die Person, die diese Annäherung an das Optimum in der überwiegenden Mehrzahl der Fälle bzw. Situationen erreicht, soll als *sozial kompetent* bezeichnet werden. Der Aspekt der Selbstsicherheit oder Selbstbehauptung, verstanden als Kenntnis eigener Rechte und Pflichten, ist hierzu sicherlich eine notwendige, aber nicht hinreichende Bedingung, mit anderen in angemessener Weise umgehen zu lernen. Mit dem Wort 'Lernen` ist auch gleichzeitig der hier einzunehmende Standpunkt zur Anlage-Umwelt-Debatte angesprochen. Aus dem kognitiven Bereich ist bekannt, daß Vorwissen den Erwerb neuen Wissens zu erleichtern vermag. Es scheint zumindest plausibel, daß ähnliches für den Bereich der sozialen Kompetenz gilt und damit bisherige soziale Erfahrungen der Person berücksichtigt werden dürfen. Das Konzept der sozialen Kompetenz soll als einer

gezielten Entwicklung zugänglich begriffen werden, wobei sich dieser Erwerb nicht auf einer abstrakt-theoretischen Ebene vollziehen wird.

Inhaltlich faßbar wird die Fähigkeit, sich sozial kompetent zu verhalten über Begriffe wie kommunikative Fähigkeiten, Teamfähigkeit, Kontaktfähigkeit, soziale Sensibilität, Überzeugungskraft und Konfliktfähigkeit. Dies beinhaltet in einer konkreteren Ausformulierung die Fähigkeit Versuchungen zurückzuweisen, auf Kritik zu reagieren, Widerspruch zu äußern, sich zu entschuldigen, eigene Schwächen einzugestehen, Komplimente zu akzeptieren oder zu machen, um einen Gefallen zu bitten oder einen zurückzuweisen, Gefühle offen zu zeigen, sich in der Gruppe behaupten zu können usw. Die **Anforderungen** an einen sozial kompetenten Menschen können daher in einer allgemeinen Form lauten, daß dieser:

- die Anforderungen sozialer Situationen erkennen,
- die Möglichkeiten und Grenzen dieser Situationen einschätzen,
- eigene Ziele und Gruppenziele generieren,
- situations- und zielangemessen handeln und
- über Prozesse reflektieren und metakommunizieren kann (vgl. Birkle, Buchwald, Faix & Stolle, 1992, S. 16).

V. Rosenstiel (1992) verweist im Zusammenhang mit sozialer Kompetenz auf weitere wichtige Argumente, die bisher noch nicht genannt wurden. Der Autor führt u.a. folgende Aspekte an:

- Die interpersonale Kommunikation gewährleistet die **Vernetzung** der einzelnen (zunehmend technisch gestützten) Tätigkeiten.
- Komplexe Probleme erfordern eine lösungsbezogene Kommunikation in **interdisziplinären, zwischengeschlechtlichen** oder **multikulturellen** Teams.
- **Führungskräfte** sehen sich zunehmend in der Lage, Personen zu führen, über deren Spezialistenwissen sie selbst nicht verfügen. Sie sind dadurch gezwungen, über die Absprache von **Zielvereinbarungen** und -begründungen die Zielerreichung und -kontrolle den Spezialisten selbst zu überantworten. Um Zielverfehlungen aufgrund von vereinbarungstechnischen Mißverständnissen zu vermeiden, und um die Spezialisten zur Zielerreichung zu motivieren, bedarf es in hohem Maße kommunikativer Fähigkeiten.
  Weiterhin wird es Aufgabe von Führungskräften sein, den Mitarbeitern in Situationen von **Identifikationskrisen oder Wertkonflikten** „Werte zu vermitteln und den Glauben an die Legitimation der Ziele ... zu stützen" (v. Rosenstiel, 1992, S. 88).

Zur **personalen Kompetenz** gehört u.a. die eigene Lernfähigkeit und Entwicklungsbereitschaft. Backhaus unterstreicht dies in seinem 1992 erschienenen Artikel, in dem er an die erste Stelle der PE-Orte die eigene und selbständige Erarbeitung des Lernstoffes durch den einzelnen Mitarbeiter setzt. Weiterhin sollen unter personaler Kompetenz Aspekte wie beispielsweise Innovationsbereitschaft, Kreativität oder Optimismus subsumiert werden.

Die **Meßbarkeit** der einzelnen Kompetenzbereiche ist schwierig. Die Erfassung in Form eines Assessment-Centers ist der über Fragebogen mit Sicherheit vorzuziehen, da sie dem Kompetenzkonzept angemessener ist; allerdings ist dies oft nicht möglich. Es stellt sich hier allerdings die Frage, warum nicht auch im Bereich der Selbsteinschätzung der beruflichen Handlungskompetenz auf die häufig geforderte Selbststeuerungskraft des einzelnen, der sich schließlich selbst am besten kennt, zurückgegriffen werden sollte. Wäre eine Selbsteinschätzung von eigenen Fähigkeiten und Fertigkeiten durch die Person nicht möglich, so müßten auch einige diagnostische Paper-and-Pencil-Verfahren in Frage gestellt werden.

4.3 Der Arbeitsmarkt für Akademiker im Bankbereich

Betrachtet man die aktuellen Stellenanzeigen, werden im Bankbereich neben Wirtschaftswissenschaftlern zunehmend Spezialisten für die Bereiche Recht, Informationstechnik und EDV sowie Personal gesucht, allerdings immer noch in relativ betrachtet geringerer Anzahl. Für den Beobachtungszeitraum 3. Quartal 1996 beispielsweise erstellte Schaefer (1996) folgende Rangreihe der ausgeschriebenen Stellen in Banken:

1. Organisatoren/EDV (109 Angebote),
2. Kreditspezialisten (83),
3. Firmenkundenbetreuer (75),
4. Rechnungswesen/Controlling (37),
5. Revisoren (26),
5. Marketing/Vertrieb (26),
7. Individualkundengeschäft (22) und
7. Regional-/Bereichsleitung (22).

Bezüglich der hierarchischen Einordnung beobachtete Schubert-Lüthans im Handelsblatt im Zeitraum von Januar bis Mai 1997 Stellenangebote für Führungskräfte und Akademiker in folgender Aufteilung:

• Geschäftsführer/Vorstände: 8,4 %
  (Vergleich zum Vorjahr: 10,2 %),
• Hauptabteilungs- und Abteilungsleiter: 12,5 %

(Vergleich zum Vorjahr: 17,1 %) und
• Gruppenleiter: 79,1 %
(Vergleich zum Vorjahr: 72,7 %).

Schubert-Lüthans stellt für diesen Zeitraum ebenfalls fest, daß die bis dato 2.296 Stellenangebote sich zu 63,7 % an Akademiker richteten. Davon waren 70,8 % an Wirtschaftswissenschaftler, 21,9 % an Absolventen technischer Studiengänge (v.a. Informatiker) und schließlich 4,2 % an Juristen adressiert. Insgesamt boten Kredit- und Finanzierungsinstitute im 1. Halbjahr 1997 2.861 Stellen an (Plus zum gleichen Zeitraum des Vorjahres von 21,8 %) (vgl. Stehr, 1997). In einem von der Gruppe *Forum* aufgestellten Absolventen-Barometer (Ausgabe vom Juni 1997) mit Angaben von Unternehmen, wieviel Akademiker im Jahr 1997 voraussichtlich eingestellt würden, ergab sich beispielsweise folgende Aufteilung: Bayerische Landesbank: 70, Bayerische Vereinsbank: 80, Deutsche Bank: 500, MLP Finanzdienstleistungen: 240 und West LB: 80-100 geplante Einstellungen.

Die genannten Zahlen sind selbstverständlich nur punktuell, aber geben doch einen gewissen Einblick und sind Indiz dafür, daß akademisch vor-qualifizierte Fach- und Führungskräfte von Banken und damit von Mitbewerbern genossenschaftlicher Primärbanken eingestellt werden. Geht man in bayerischen Primärbanken von einer Mitarbeiterzahl von ca. 34.000 Personen aus und berechnet die absolute Anzahl an Akademikern mit der bereits genannten Quote von 1,17 %, so ergibt die Schätzung 398 akademisch ausgebildete Mitarbeiter in genossenschaftlichen Primärbanken ohne besondere Berücksichtigung akademisch qualifizierter Vorstände.

4.4 Feststellung des grundlegenden Bedarfs von Einarbeitungsprogrammen für Akademiker

Traineeprogramme sind in Banken, Versicherungen, sonstigen Dienstleistungsunternehmen, Handelsunternehmen als auch Industrieunternehmen beliebtes Mittel, um zum einen Berufseinstiegsprobleme, aber auch Fehler der ursprünglichen Auswahlentscheidung zu kompensieren. In einer Studie konnte Kirsch (1995) zeigen, daß die Beliebtheit von Einarbeitungsstrategien in 157 befragten Unternehmen mit 87,9 % bei arbeitsbegleitenden Trainings lag, mit 25,5 % bei der Strategie „ins kalte Wasser werfen", mit ebenfalls 25,5 % bei trainingsbegleitender Arbeit, mit 17,8 % bei Vollzeittraining und mit 4,5 % bei der Zuweisung schwieriger Aufgaben mit der Kalkulation eines Scheiterns (vgl. Kirsch, 1995, S. 205).

Die besonderen **Berufsstartschwierigkeiten** von Akademikern liegen v.a. in überzogenen Erwartungshaltungen bzw. unrealistischen Vorstellungen, Praxisferne, Kommunikations- und Interaktionsschwächen (v.a. im Führungsbereich), mangelndem Transfer des Studienwissens auf die Praxis oder auch fehlerhafte Arbeitstechniken oder Unselbständigkeit. Nicht selten führen solche falschen Erwartungen oder starke Leistungsdefizite zur Aufkündigung des Arbeitsverhältnisses auf einer der beiden Seiten. Das Auffangen von diesen Startschwierigkeiten oder dem sog. 'Praxisschock` ist u.a. Aufgabe eines Traineeprogramms sowie einer gründlichen Auswahl der Bewerber.

Allgemein anerkannt ist mittlerweile die Tatsache, daß der Eintritt ins Berufsleben bzw. der Wechsel von einem Unternehmen in ein anderes, egal ob nun für Akademiker oder nicht akademisch ausgebildete Personen, meist ein wichtiges Lebensereignis darstellt und dementsprechend vielfältige und ungewohnte Anforderungen an die Person stellt. Weiterer wichtiger Aspekt für die Unternehmensseite ist die Tatsache, daß die ersten Erfahrungen mit dem neuen Arbeitgeber über den Verbleib, die Identifikation und den Leistungswillen der einzelnen Person entscheiden; so ist in den ersten sechs Monaten die Fluktuationswahrscheinlichkeit signifikant höher als zu späteren Zeitpunkten. Brandstätter und Gaubatz legen den Unternehmen in einer 1997 durchgeführten Untersuchung „die Empfehlung nahe, mehr darauf zu achten, daß die neuen Mitarbeiter an ihre Aufgaben mit Selbstvertrauen herangehen können ..., die Integration in die Arbeitsgruppe zu erleichtern und den für die Bewältigung der Anfangsschwierigkeiten nötigen sozialen Rückhalt zu geben" (S. 29). Das allgemeine Ziel einer mitarbeiterorientierten Einführung bzw. Einarbeitung ist es hierbei, Werte, Normen und Kultur zu vermitteln, und zwar so, daß der Mitarbeiter sich damit identifizieren und diese internalisieren *kann*. Des weiteren soll er seine Aufgaben und seine Stelle kennen sowie Kenntnisse und Fähigkeiten problemlösungsorientiert einbringen können (vgl. Paschen, 1995, S. 4). Eine gelungene soziale Integration stellt damit eine wesentliche Bedingung für die Entwicklung von Leistungswillen, Identifikation oder einfach einen guten Berufsstart dar.

Traineeprogramme sollen des weiteren bestimmte **Funktionen** erfüllen, die zweckbezogen und zieldienlich sowohl für das Unternehmen als auch für das Individuum sein sollen (vgl. Förderreuther, 1988; Kramer & v. Landsberg, 1981; Gulden, 1996). Diese Funktionen sind:

• **Rekrutierung**
   ❖ über die Werbewirkung und den Imageeffekt von Traineeprogrammen werden qualifizierte Bewerber angesprochen und im Idealfall für das Unternehmen gewonnen, womit die Bereitstellung von Personal und Nachfolgeplanung gesichert werden;
   ❖ gemäß einer Umfrage der Ploenzke AG (1993) bei 113 Unternehmen aus fünf Branchen steht die Rekrutierungsfunktion bei ca. einem Drittel im Zentrum;
   ❖ Kirsch stellte die Argumente für interne und externe Rekrutierung einander gegenüber; Tabelle 6 zeigt das Ergebnis:

Tabelle 6: Gegenüberstellung der Argumente für interne und externe Rekrutierung beim Führungsnachwuchs (nach Kirsch, 1995, S. 167)

Argumente für interne Rekrutierung	Argumente für externe Rekrutierung
* Mitarbeiter kennt Betrieb * geringeres Fehlbesetzungsrisiko, da Mitarbeiter bekannt * weiterer Nachwuchs kann nachrücken * geringere Beschaffungskosten * i.d.R. geringere Entgeltforderungen * geringere Fluktuation und höhere Zufriedenheit aufgrund von Karriereperspektiven	* breitere Selektionsbasis * Vermeidung von Betriebsblindheit und Nutzung neuer Ideenpotentiale * Externe werden häufig eher als Vorgesetzte akzeptiert als ehemalige Kollegen * mehr Wettbewerb * für bereits vorhandene Qualifikationen Externer muß nicht in Weiterbildung investiert werden

• **Selektion**
   ❖ im Laufe eines TP muß sich der Bewerber bewähren; die Selektionsfunktion zielt dabei vor allem auf die Möglichkeiten, die einem Trainee nach seiner Ausbildung in hierarchischer bzw. vertikaler Hinsicht eröffnet werden sollen;
• **Allokation**
   ❖ von der Intention ähnlich wie die Selektionsfunktion zielt die Allokationsfrage auf den möglichen späteren Einsatzbereich in horizontaler Hinsicht;
   ❖ in den 18 befragten Banken der Ploenzke-Studie (1993) wurden als Bereiche für TP genannt: Firmenkunden(kredit)geschäft, Privatkundengeschäft, Kundenberatung, Organisation, aber auch alle Unternehmens- und Servicebereiche; aktuell hinzuzufügen wären aber noch Stabspositionen wie Marketing, Controlling oder Personalwesen;
   ❖ gemäß der Ploenzke-Studie (1993) bilden ca. zwei Drittel der TP spätere Sachbearbeiter aus;
• **Qualifikation bzw. Qualifizierung**
   ❖ ein TP ist im eigentlichen Sinne keine Weiter- oder Fortbildung, sondern die „betriebliche Vollendung der universitären Vorleistung" (Kramer & v. Landsberg, 1981, S. 87). Kramer und v. Landsberg sprechen weiter davon, daß das „Ziel der Hochschulausbildung ... die allgemeinere Berufsfähigkeit, Ziel der Traineeausbildung ... dagegen die speziellere, betriebsbezogene und meist auch auf eine bestimmte berufliche Position bezogene Berufsfertigkeit" (ebd.) ist. Entsprechend können allgemeine oder spezielle, Management- oder Experten-Traineeprogramme unterschieden werden. In diesem Zusammenhang interessant ist auch, daß die Unternehmen die Auffassung vertreten, daß die Universitäten (zu 69 %) und die Fachhochschulen (zu 62 %) (vgl.

Ploenzke AG, 1993) nicht genügend auf die Praxisanforderungen vorbereiten;

❖ die Schaffung von Know-how ist mit 50 % der Nennungen gemäß der Ploenzke AG (1993) auch das Hauptmotiv für die Durchführung eines TP (dicht gefolgt von der Integration mit 39 % der Nennungen);

• **Orientierung**

❖ hierbei soll dem Trainee ermöglicht werden, die Funktionsweise und die Zusammenhänge zwischen einzelnen Bereichen kennenzulernen und in seiner Ganzheit zu verstehen;

• **Integration**

❖ durch aktive Mitarbeit in Bereichen/Abteilungen oder Projekten lernt der Trainee zum einen die fachliche Seite kennen, zum anderen muß er sich mit dem sozialen Gefüge auseinandersetzen und wird idealiter auch in die Gemeinschaft der Mitarbeiter und Kollegen aufgenommen;

❖ die Integration dient dabei v.a. der langfristigen Bindung und der Verhinderung von Fluktuation; bei der bereits obenerwähnten Studie der Ploenzke AG ist das zweite Hauptmotiv für das Angebot eines TP die Integrationsmöglichkeit (ca. ein Drittel der Befragten);

• **Return on Investment**

❖ während der Traineeausbildung wird das in den Trainee investierte Kapital gebunden, anschließend sollte sich eine solche intensive Ausbildung durch qualifiziertes Tätigsein und überdurchschnittliche Leistungsbereitschaft mehr als auszahlen;

❖ in eine Kostenbetrachtung müssen beispielsweise Gehalt und Gehaltsnebenkosten, Kosten im Zusammenhang mit Seminarbesuchen, Kosten der Traineeauswahl, anteilige Kosten für Konzeption, Implementierung und Pflege des Programms sowie Betreuungsaufwand des Paten/Mentors berücksichtigt werden.

Zum Bedarf von Traineeprogrammen kann damit an dieser Stelle aus allgemein theoretischer wie empirischer Sicht festgestellt werden, daß sie, wie oben dargestellt, sowohl für das Unternehmen als auch für den einzelnen grundsätzlich wichtige Funktionen haben. Für eine Ableitung von Erfolgskriterien für Traineeprogramme scheint es ratsam, die Merkmale und Rahmenbedingungen derselben, aber auch neuere Entwicklungstrends und zumindest ein konkretes Traineeprogramm näher zu betrachten. Auf die Problematik der Auswahl geeigneter Bewerber soll an dieser Stelle nur sehr kurz im Hinblick auf mögliche Kriterien der Auswahlentscheidung hingewiesen werden. Eine ausführlichere Behandlung dieses Themenbereichs würde den gegebenen Rahmen sprengen, obgleich dieser ebenso wichtig ist.

4.4.1 Allgemeine Merkmale und Rahmenbedingungen von Traineeprogrammen

Bezüglich der **organisatorischen Voraussetzungen für den Einsatz von Traineeprogrammen** finden sich in der Literatur einige allgemeine Bedingungen, die im
konkreten Einzelfall zu überprüfen sind. Dies betrifft zum einen die Betriebsgröße,
die Rahmenbedingungen sowie die Einbettung des TP in die gesamte Personalplanung eines Unternehmens (vgl. Förderreuther, 1988). Hierbei ist v.a. folgendes zu
beachten:

- **Betriebsgröße**
  ❖ im Rahmen des Programms müssen zwei wesentliche materielle Vorausset-
    zungen gegeben sein: Sicherstellung der theoretischen und praktischen
    Ausbildung sowie eine entsprechende qualifizierte Einsatzmöglichkeit nach
    dem Ende des TP;
  ❖ personelle Voraussetzungen betreffen Personen, die das Programm konzipie-
    ren, betreuen, koordinieren und steuern sowie Personen, die als Betreuer oder
    Ausbilder fachlich und pädagogisch kompetent vor Ort tätig sind;
- **Rahmenbedingungen**
  ❖ die Mitarbeiter und damit neuen Kollegen der Trainees müssen über den
    Ausbildungsgang und Kenntnisstand der Akademiker informiert werden und
    darüber, daß dieser keine ungerechtfertigten Vorteile genießt und sich
    ebenfalls einarbeiten muß;
  ❖ auch den Trainees sollte verdeutlicht werden, wie sie sog. *fauxpas* vermeiden
    können, wobei hierfür auch Einführungsseminare Unterstützung bieten;
- **Personalplanung**
  ❖ im Entwicklungsplan sollten nur Zielpositionen festgehalten werden, die
    danach auch besetzt werden können; die Frage, ob Trainees nur für den
    Bedarf oder darüber eingestellt werden sollen, ist aber zusätzlich davon
    abhängig, wie stark die Selektionsfunktion zur Anwendung kommen soll.

Zu den **speziellen Merkmalen sog. klassischer Traineeprogramme** gehören
folgende Programmbestandteile:

- Ausbildung nach einem vorher festgelegten Plan,
- zeitliche Begrenzung der TP (meist auf eine Dauer zwischen 9 bis 24 Monaten),
  und zwar durch den Ausbildungsplan und/oder spezielle Traineeverträge,
- Ausbildung über mehrere Praxisstationen (Rotation),
- Ausbildung in begleitenden Seminaren,
- Ausbildung durch aktive Mitarbeit und Projektaufgaben,
- Möglichkeit zu informatorischen Kurzaufenthalten,
- Zielgruppe sind meist Absolventen von Universitäten oder Fachhochschulen,

• die Zielposition wird häufig erst im Laufe des Programmes festgelegt (s.a. allgemeine oder spezielle TP),
• TP schließen nicht mit einer offiziellen Prüfung ab.

Ergänzend anzumerken ist, daß Traineeprogramme oft auch als Probezeit genutzt wurden und nicht selten ein ausgebildeter Trainee nicht übernommen werden konnte. Unter den Bedingungen des Kostendrucks im Personalbereich wurde allerdings gerade das Traineeprogramm als relativ kostenintensive Personalentwicklungsmaßnahme erkannt. Viele Unternehmen haben darauf mit einer Modifikation oder Neuauflage ihrer Traineeprogramme reagiert.

Die **Auswahlkriterien für die Teilnahme an einem Traineeprogramm** sind je Unternehmen mit unterschiedlich starker Gewichtung zum einen die sog. *hard facts* wie Noten, Fachrichtung (v.a. Wirtschaftswissenschaften) bzw. Fächerkombination, Auslandsaufenthalte und Fremdsprachenkenntnisse, Berufserfahrung oder Praktika, Thema der Diplomarbeit, Alter (häufig bis max. 30 Jahre), Studiendauer (wobei eine Verlängerung durch (Auslands-)Praktika oder Nebenjobs zur Studienfinanzierung von den meisten Unternehmen akzeptiert wird), Hobbies, Promotion oder ähnliches. Zum anderen werden auch den sog. *soft facts* wie Kontaktfähigkeit, Kommunikationsfähigkeit, Teamfähigkeit, analytische Fähigkeiten, Selbstpräsentation, Problemlösefähigkeit, Auftreten, Initiative oder Durchsetzungsvermögen erhöhte Aufmerksamkeit gewidmet. Gemäß einer Studie von Konegen-Grenier und List (1993) beklagen die Unternehmen bei den Uni-Absolventen v.a. deren fehlenden Praxisbezug und überzogene Karrierevorstellungen; ihre Stärke liege v.a. im analytisch-konzeptionellen Denken. Schwächen von FH-Absolventen werden v.a. im theoretisch-analytischen Bereich und in fehlenden sozialen bzw. kommunikativen Fähigkeiten gesehen; ihre Stärke liegt in ihrem guten Praxisbezug und damit in ihrer kurzfristigen Einsetzbarkeit.

Ein weiterer wichtiger Aspekt im Anschluß an die Auswahlentscheidung ist die **Gestaltung des Arbeits-/Traineevertrages.** Dieser kann unter Umständen dafür ausschlaggebend sein, ob ein Trainee auch nach seiner Ausbildung im Unternehmen verbleibt. Die Ploenzke-Studie (1993) stellte fest, daß 50 % unbefristete Mitarbeiterverträge, 5 % unbefristete Sonderverträge und 45 % befristete Sonderverträge mit den Trainees für ihre Ausbildungszeit abgeschlossen werden. Die Entscheidung für eine der Vertragsalternativen kann beispielsweise von der Abwägung abhängig sein, welche Gefahr größer ist: die Gefahr, schlechte Trainees behalten zu müssen oder die Gefahr, gute Trainees wegen Unsicherheiten zu verlieren.

Die **Durchführung** von Traineeprogrammen unterliegt im Prinzip den gleichen Bedingungen wie die Realisierung jeglicher Personalentwicklungs-Maßnahmen.

Dies bedeutet, daß der Bedarf ermittelt und analysiert, Trainingsziele definiert, Erfolgskriterien, aber auch Inhalte, Methoden und Material festgelegt werden müssen. Des weiteren sollen Evaluation, Transferförderung und gegebenenfalls eine Revision oder Modifikation der Maßnahme geplant und durchgeführt werden. Für die Durchführung von TP werden in den meisten Unternehmen sog. Paten/Coaches/ Mentoren zur Betreuung eingesetzt. Kirsch (1995) konnte in seiner empirischen Untersuchung zur Sozialisation von Nachwuchsführungskräften feststellen, daß bei den 152 befragten Unternehmen für folgende Fragen und in folgenden Häufigkeiten feste Ansprechpartner zugewiesen wurden (vgl. Kirsch, 1995, S. 206):

- fachliche Probleme (95,4 %),
- Kennenlernen der Kollegen (89,5 %),
- Eingewöhnungshilfe (88,8 %),
- Ziele der Arbeit erklären (86,2 %),
- Bedeutung der Arbeit erklären (85,5 %),
- wichtige Personen kennenlernen (79,6 %),
- allgemeiner Pate (71,1 %).

Der Personenkreis der Ansprechpartner bestand dabei zu 3,1 % aus Untergebenen, zu 57,4 % aus Kollegen und zu 88,3 % aus Vorgesetzten. Unter Transfergesichtspunkten ist eine sinnvolle Abfolge bzw. Abstimmung von Seminaren und praktischen Tätigkeiten nötig. Es scheint hier sinnvoll, daß der Trainee sowohl vor dem Seminar als auch danach mit Tätigkeiten und Aufgaben betraut ist, die im Seminar thematisiert werden.

Tabelle 7: Aufbau der Traineeprogramme bei Banken (nach Ploenzke AG, 1993, S. 28)

Aufbau (Mehrfachantworten möglich)	Prozentuierungs- basis	Anteil der Befragten in %
* standardisiert		11 %
* flexibel, orientiert an den Interessen der Organisationseinheiten	N = 18	55 %
* flexibel, orientiert an den Interessen der Trainees		88 %
* ressortübergreifend		86 %
* ressortbezogen	N = 14	22 %
* Grundausbildung		50 %
* spezialisierende Fachausbildung	N = 16	63 %
* variable Abfolge der Ausbildungsstationen		63 %

Die **Inhalte** von TP beschäftigen sich dabei häufig mit dem zukünftigen Arbeitsgebiet selbst, bereichsübergreifenden Informationen, Methodentraining (Führung, Verkauf, Rhetorik, Moderations- und Präsentationstechniken) und ähnlichem. Flexible TP sind dabei in der Lage, die jeweilige Vorbildung zu berücksichtigen. Der **Aufbau** von Traineeprogrammen bei Banken ist gemäß der Ploenzke-Studie dabei wie in Tabelle 7 dargestellt.

Die Trainees können dabei an firmeninternen oder speziellen **Bildungsangeboten** teilnehmen. Unter den **Lehrmethoden**, neben den bereits genannten, finden sich Seminare, Workshops, Vorlesungen, Planspiele etc.

4.4.2 Entwicklungstrends und Perspektiven neuerer Traineeprogramme

Da Traineeprogramme letztlich wirtschaftlich sein müssen, zu den kostenintensivsten Personalentwicklungsmaßnahmen gehören und „sich gegenüber meist weniger aufwendigen Alternativen ... behaupten" (Kramer & v. Landsberg, 1981, S. 79) müssen, konnte in den letzten Jahren vermehrt ein Umdenken und -handeln im Hinblick auf Traineeausbildungen beobachtet werden. Im Unterschied zu anderen Formen der Einarbeitung sind TP häufig eine systematische und geplante Kombination einzelner Einarbeitungsaktivitäten. In der bereits erwähnten Ploenzke-Studie aus dem Jahre 1993 planten bereits 61 % der befragten Banken Veränderungen oder Modifikationen an ihrem derzeitigen Programm. Dabei spielten auch Aspekte der Flexibilisierung der Dauer sowie die Anpassung an die jeweilige Situation eine Rolle, was vermutlich eher auf eine Verkürzung und stärkere Orientierung an der endlichen Zielposition hinausläuft.

Die Richtungen, in die sich die Traineeprogramme entwickeln, werden von den verschiedenen Hochschulzeitschriften wie beispielsweise *Forum* zum Teil provokativ betitelt: „Was Trainees heute erwartet: Edel-Azubis sind out", „Auch Trainees müssen hart ran", „Abschied von der Kaminkarriere", „Das Traineeprogramm ist tot, es lebe das Traineeprogramm", „Von Anfang an Verantwortung für Trainees: Nichts für die Schublade" oder „Individuelle Führungsnachwuchsprogramme: Auf den Leib geschneidert".

Auch für die neuen Traineeprogramme bleiben die charakteristischen Merkmale wie Praxisausbildung, begleitende Seminare und Job-Rotation. Allerdings geht der Trend immer weiter weg von festen Hierarchiezusagen, standardisierten und verschulten Traineeprogrammen und dem passiven 'Über-die-Schulter-schauen'. Neuere Perspektiven sind die individuellen, an Vorkenntnissen und Voraussetzungen orientierten Ausbildungskonzepte, die frühe Übernahme von verantwortungsvollen Aufgaben v.a. im Rahmen von verwertbaren und notwendigen Projekten, die möglichst frühe Produktivität der Trainees und ihre Integration ins Tagesgeschäft. Dabei müssen sich die Trainees selbst sehr früh darüber klarwerden, welche Ziele sie haben und gegebe-

nenfalls auftretende Wissens- oder Fähigkeitslücken aktiv ansprechen und Gegen-
maßnahmen ergreifen oder initiieren. Während früher alle wesentlichen Kernbereiche des Unternehmens durchlaufen und mehr oder weniger besichtigt wurden, liegt
der Schwerpunkt heute bei Praxiseinsätzen in Bereichen und bei Ansprechpartnern,
mit denen der Kontakt im Hinblick auf künftige Aufgaben gepflegt wird. Die zunehmende Globalisierung bringt es mit sich, daß auch zunehmend Auslandsaufenthalte
bei Konzerntöchtern eingeplant sind.

Bezüglich der gesamten Traineeausbildung kann also eine Tendenz zu immer
projektorientierteren und kürzeren Programmen gesehen werden, die Tiefe statt
Breite proklamieren. Bezüglich der Zielsetzung, daß Traineeprogramme die Unternehmenskultur vermitteln sollen, geht die Firma Unitrans beispielsweise einen sehr
unkonventionellen Einstiegsweg für Akademiker. Grünheidt (im Interview mit v.
Keller, 1997) spricht hier von der Aufgabe der Neuen als 'cultural heroes`, die „in
strategischen Projekten neue Abläufe und Strukturen entwickeln" (1997, S. K 3)
sollen. Zu Beginn der Tätigkeit steht ein dreimonatiges, leichteres Einstiegsprojekt
zur Orientierung und zum Kennenlernen des Unternehmens. In den danach folgenden 2-3 Jahren werden die jungen Akademiker als sog. 'Inhouse-Consultants` einge-
setzt, deren Aufgabe es ist, ihr frisches akademisches Know-how zur betriebswirtschaftlichen Optimierung und Veränderung einzusetzen. Die vorgeschlagenen und
ausgearbeiteten Verbesserungen von Strukturen und Abläufen werden dann gemeinsam mit dem Management umgesetzt. Diese Einsteiger tragen dann den Titel *Young
Professionals*.

Es wird vermutet, daß hinter dieser Art von Einarbeitung der Versuch steht, die
Neuen nicht kostspielig mit der alten Unternehmenskultur anzupassen und damit
möglicherweise kreatives oder innovatives Potential zu verlieren, sondern diese
zunächst als Rebellen zu pflegen und eben dieses Potential zu Beginn 'abzu-
schöpfen`.

4.4.3 Vermittlung weiterer einführungsrelevanter Informationen

Neben den charakteristischen Trainee-Einarbeitungsstrategien sind im vorliegenden
Zusammenhang allerdings noch weitere Möglichkeiten der Information und Unterstützung bei der Erst-Orientierung des neuen Mitarbeiters möglich, die zusätzlich
und ohne großen Aufwand bei Traineeprogrammen Beachtung finden sollten.

Neben selbstverständlichen Vorbereitungen für einen neuen Mitarbeiter wie
beispielsweise einen Arbeitsplatz, ein Telefon, Arbeitsmaterial und Schlüssel bereit-
zuhalten, gibt es noch einige andere Möglichkeiten (vgl. Förderreuther, 1988, S. 80
ff.), wie:

- **Schriftliche Unterlagen**
  - ❖ *Einführungsbroschüren* für neue Mitarbeiter, mit Kapiteln wie: Historie des Unternehmens, organisatorischer Aufbau, Verzeichnis von Filialen, Organe des Instituts, Mitarbeitervertretung, Übersicht über das Dienstleistungsangebot, Betriebliches Vorschlagswesen, Leitbild und Führungsphilosophie, Weiterbildungsangebot, Sozialleistungen etc. sowie sonstige spezielle Informationen über das Unternehmen.
  - ❖ *Merkblätter*, die beispielsweise informieren über: jeweilige organisatorische Eingliederung, Ausbildungsplan mit Seminaren und Praxisstationen, Literaturhinweise, Regelungen für Urlaub, Krankheit etc.
  - ❖ Telefonverzeichnisse
  - ❖ Namensregister
  - ❖ Stellenbeschreibung etc.
- **Einführungsseminare und Erfahrungsaustauschgruppen**
- **Betriebsbesichtigungen**
- **Personelle Unterstützung**
  Eine wichtige personelle Unterstützung besteht durch den direkten Vorgesetzten. Hierzu ist es allerdings notwendig, diesen auch zur sorgfältigen Einführung/Einarbeitung zu motivieren, und zwar durch die Schaffung von Freiräumen und die konsensuale Verabschiedung von Führungsgrundsätzen, die die Einführung neuer Mitarbeiter als Kriterium der Führungskräftebeurteilung heranziehen (vgl. Paschen, 1995, S. 14 f.).

4.4.4 Darstellung eines Traineeprogramms am Beispiel der Volksbanken und Raiffeisenbanken

Dem Traineeprogramm für die Volks- und Raiffeisenbanken liegt eine zentrale Konzeption zugrunde, die in Abstimmung mit den einzelnen Regionalverbänden entstand. Im Rahmen dieses *Traineeprogramms* werden Hoch- und Fachhochschulabsolventen im Rahmen eines 18monatigen Programms zielgerichtet auf ihre Zielposition (vornehmlich im Firmenkunden-, vermögende Privatkunden-, Controlling- oder Marketingbereich) entwickelt. Das Programm besteht aus einer Basis- und einer Spezialisierungsstufe.

In der **Basisstufe** sollen bestimmte Abteilungen der Bank durchlaufen werden, um ein Gesamtverständnis zu entwickeln. Die begleitenden Seminare finden als spezielle Traineeseminare in der Akademie Deutscher Genossenschaften statt und umfassen ein Einführungsseminar (1 Woche), ein Seminar Vermögensberatung (2 Wochen), ein Seminar Kreditgeschäft (2 Wochen) sowie ein Seminar Verkaufstraining (1 Woche). Alle Trainees, unabhängig von der Zielposition, besuchen diese Seminare in der Basisstufe. Zusätzlich ist ein Einsatz von 2 Monaten Dauer beim jeweiligen

Genossenschaftsverband vorgesehen. Der Erfahrungsaustausch auf Bundesebene zeigt allerdings, daß das Traineeprogramm in den verschiedenen Verbandsgebieten zum Teil unterschiedlich gehandhabt wird. Während die Trainees beispielsweise in dem einen Verband nur in der Prüfungsabteilung eingesetzt werden, besuchen sie im anderen auch die Abteilungen Unternehmensberatung, Kreditberatung und -überwachung, Marketing etc. oder sogar Einrichtungen der Verbundpartner, z.b. Rechenzentrale oder BRVG (Marketing/Verlag).

In der nachfolgenden **Spezialisierungsstufe** von 6 Monaten sollen die Trainees dann auf die konkrete Zielposition eingearbeitet werden. Begleitende Seminare bestehen aus einem Aufbauseminar (ca. 2 Wochen) und einem Abschlußseminar (ca. 4 Wochen), wobei die Inhalte dieser Seminare von der Zielposition abhängig und nicht mehr zwingend spezielle Traineeseminare sind. In der Spezialisierungsphase haben die Trainees die Möglichkeit, Praxiseinsätze außerhalb der ausbildenden Primärgenossenschaft zu absolvieren, und zwar vornehmlich in der zuständigen Zentralbank (in Bayern: DG Bank). Es können aber auch Einsätze in anderen Primärgenossenschaften beobachtet werden. Ein weiterer verbandsbedingter Unterschied betrifft beispielsweise die Art der Traineeverträge. Während in einem Verbandsgebiet die Trainees direkt beim Genossenschaftsverband angestellt und an die Banken in diesem Gebiet gegen Gebühr in bestimmten, zeitlich begrenzten Projekten eingesetzt werden, unterschreiben die Trainees in den übrigen Verbandsgebieten direkt bei der jeweiligen Primärgenossenschaft, bei der sie ausgebildet und später eingesetzt werden, den Anstellungsvertrag. Damit obliegt diesen Banken auch die Auswahl. Den Banken ist des weiteren die Ausbildung im einzelnen überlassen. Eine Stelle in der Akademie Bayerischer Genossenschaften dient dabei zur Information für am Traineeprogramm interessierte Banken oder Bewerber, zur Organisation der Praxiseinsätze außerhalb der Bank, zur Vermittlung von Bewerbern an die Banken, aber bei Bedarf auch zur Unterstützung der Traineeausbildung im ganzen. Zu Beginn des Programms soll ein Ausbildungsplan erstellt werden. Dies geschieht vornehmlich zwischen Traineebetreuer in der Bank und dem Trainee selbst. Anregungen für Ausbildungs-/Entwicklungspläne sind auch bei der Akademie Bayerischer Genossenschaften erhältlich.

Die beschriebene Vorgehensweise bei der Durchführung des Traineeprogramms läßt wahrscheinlich mit Recht vermuten, daß die Absolventen sehr unterschiedliche Bedingungen in den jeweiligen Banken vorfinden und auch die Qualität der Durchführung eine unterschiedliche ist.

4.5 Die Instrumentalitätstheorie der Arbeitsmotivation nach Victor H. Vroom

In der erstmals 1964 erschienenen Arbeit mit dem Titel „work and motivation" entwickelte der Autor Victor H. Vroom ein kognitives Motivationsmodell, das Aufschluß über die Wahl mehrerer Verhaltensalternativen geben soll. Dabei würden, ganz allgemein formuliert, Valenzen und Erwartungen konkretes Wahlverhalten bzw. die Bereitschaft, eine Handlung auszuführen, determinieren. Im weiteren Verlauf seiner Arbeit wendete Vroom das zu Beginn entwickelte Modell auf weitere, arbeitspsychologisch relevante Fragestellungen an, wie z.B. die Wahl des Berufes und des Arbeitgebers, die Arbeitszufriedenheit sowie motivationale Determinanten eines effektiven Leistungsverhaltens in Arbeitssituationen. Der Begriff der *Arbeit*, im Vroom'schen Sinne als *work role* bezeichnet, impliziert ein Set von Aufgaben, die der Rolleninhaber zu erfüllen hat. Dabei gibt es keine völlig identischen Arbeitsrollen. Der Begriff der *Motivation* kennzeichnet den Prozeß, der die Wahl zwischen alternativen, bewußten Verhaltensweisen leitet. Dabei ist es sowohl von Bedeutung, die Auswirkungen motivationaler Variablen für das Verhalten in Arbeitssituationen als auch umgekehrt die Auswirkungen von Arbeitsrollen auf motivationale Aspekte zu beachten. Die Theorie von Vroom gründet sich teils auf utilitaristisches und hedonistisches Gedankengut. Weitere theoretische Überlegungen Vrooms stammen aus den Arbeiten von Lewin, Tolman, Peak, Rotter und Atkinson (s.a. Rank, 1997). Dabei werden dem Subjekt interne Repräsentationen der Umwelt zugestanden, die sich in Überzeugungen, Meinungen und Erwartungen niederschlagen. Die ahistorische Grundlage der Erklärung von Verhalten bei Lewin fand in der theoretischen Niederlegung Vrooms deutlichen Nachdruck, d.h. das zu einem bestimmten Zeitpunkt beobachtbare Verhalten ist einzig und allein abhängig von zu diesem Zeitpunkt existierenden Gegebenheiten. Für Vroom ist es zudem „zur Erklärung der Motivation wichtiger, die Wahl der Handlungsrichtung zu untersuchen als die Art und Stärke der Aktivation" (Rank, 1997, S. 53).

Das kognitive Motivationsmodell setzt sich genaugenommen aus drei Teilmodellen zusammen, nämlich dem Valenzmodell, dem Anstrengungs- oder Kraftmodell und dem Ausführungs- oder Performanzmodell. Im folgenden soll auf diese Teilmodelle kurz eingegangen werden.

4.5.1 Das Valenzmodell

Das Teilmodell für die **Valenz** stützt sich zunächst auf die Annahme, daß jede Person zu einem bestimmten Zeitpunkt eine über Präferenzen vermittelte Beziehung zwischen Wahlalternativen aufbaut. Diese können in 'größer-', 'kleiner-' oder 'gleich-'Relationen beschrieben werden. Egal wie diese Relationen auch bei den verschiedenen Autoren genannt werden, ob nun Präferenz, Valenz, Einstellung oder subjektiver Nutzen: alle beschreiben denselben Umstand, nämlich daß eine affektiv besetzte Orientierung in bezug auf Ergebnisse existiert. Begriffe wie Bedürfnis, Motiv, Wert oder Interesse sind allerdings weiter gefaßt und beziehen sich auf ganze Klassen von Ergebnissen.

Vroom selbst verwendet die Begriffe Valenz und Motiv im je oben unterschiedenen Sinne. Die Begriffe Wert und Valenz werden von Vroom deutlich voneinander getrennt, so daß ersterer die tatsächliche und letzterer die erwartete Befriedigung durch ein Handlungsergebnis wiedergibt. Dabei ist ein Handlungsergebnis (*outcome*) zunächst prinzipiell positiv valent, wenn es angestrebt wird, negativ valent, wenn es nicht anstrebenswert ist und Null, wenn eine Indifferenz besteht.

Des weiteren betont er, daß einige, aber nicht alle, **Handlungsergebnisse** nicht um ihrer selbst willen positive oder negative Valenz besitzen, sondern hauptsächlich in Verbindung mit anderen Ergebnissen, zu denen sie führen, d.h. also mit sog. **Handlungsergebnisfolgen** (*outcome*). „Sofern ein Ergebnis also Zwischenergebnis oder Mittel ist, ergibt sich seine Valenz aus der vermuteten Beziehung zu Endergebnissen" (Bruggemann, 1975, S. 48). Vroom stützt sich hierbei auf die Hypothese von Peak, daß Einstellungen, wie beispielsweise affektive Orientierungen gegenüber einem Objekt, in Beziehung zu den Konsequenzen stehen, die dieses Objekt bereithält. Aus dieser Hypothese heraus entwickelte Peak zwei Typen von Einstellungsdeterminanten, nämlich einmal die bewußte Instrumentalität des Einstellungsobjektes für das Erreichen verschiedener Konsequenzen und zum zweiten die Stärke und Beschaffenheit des von diesen Konsequenzen zu erwartenden Affektes. Danach ergibt sich eine positive Einstellung gegenüber einem Objekt, wenn die Konsequenzen angestrebt oder unangenehme Konsequenzen vermieden werden können und eine negative Einstellung im umgekehrten Falle. Ergänzend räumt Vroom allerdings ein, daß es auch Handlungsergebnisse gibt, die um ihrer selbst willen angestrebt werden. Aus diesen Erwägungen heraus formuliert Vroom den 1. Satz seines Modell für die Valenz:

Proposition 1. The valence of an outcome to a person is a monotonically increasing function of the algebraic sum of the products of the valences of all other outcomes and his conceptions of its instrumentality for the attainment of these other outcomes. (Vroom, 1964, p. 17)

In einer Formel ausgedrückt heißt dies:

Formel 9: Valenz eines Handlungsergebnisses (nach Vroom, 1964)

$$V_j = f_i \left[\sum_{k=1}^{n} (V_k I_{jk}) \right]$$

Dabei bedeutet:

V_j: die Valenz des Handlungsergebnisses j

V_k: die Valenz der Handlungsergebnisfolge k

I_{jk}:   die erwartete Instrumentalität (*instrumentality*) des Handlungsergebnisses j für das Eintreten der Handlungsergebnisfolge k

Die Valenzen der möglichen Handlungsergebnisfolgen sowie deren jeweilige Instrumentalitäten geben Auskunft über die Valenz eines Handlungsergebnisses an sich. Dies bedeutet, daß ein Handlungsergebnis keine Valenz in sich besitzt, sondern erst über eine Aufsummierung der Produkte zwischen den Einzelvalenzen der Handlungsergebnisfolgen und deren jeweiliger Instrumentalitäten (also der Wahrscheinlichkeit, daß das Handlungsergebnis zu bestimmten Handlungsergebnisfolgen führt) entstehen kann. Die **Instrumentalität** gibt folglich einen Handlungsergebnis-Handlungsergebnisfolge-Zusammenhang an, der über einen Wertebereich von +1 über 0 bis -1 führt, und zwar für eine positive, eine fehlende und eine negative Instrumentalität.

Nach Heckhausen (1989) kann mit dem Valenzmodell nur die Situation wertmäßig beurteilt werden, in der sich ein Individuum bereits befindet (z.B. Arbeitszufriedenheit). Vroom formulierte u.a. Beispiele für die Erfassung der Valenz von Arbeitszufriedenheit und Arbeitsmotivation. Heckhausen führt weiter an, daß das Valenzmodell nicht erklären kann, „welche Handlungsalternativen unter mehreren möglichen, und welche in welcher Intensität, in einer gegebenen Situation bevorzugt und ausgeführt werden" (1989, S. 184). Um darüber Aussagen treffen zu können, ist es nötig, im Rahmen eines Anstrengungsmodells die Anstrengung bzw. psychologische Kraft zu erheben, die ein Individuum aufbringt, um die Handlung auszuführen.

4.5.2 Das Anstrengungsmodell

Das Teilmodell für die **Anstrengung** beschreibt die Verhaltenstendenz in einer Wahlsituation. Die psychologische Kraft bzw. Anstrengung setzt sich zusammen aus der multiplikativen Verknüpfung der Valenz des Handlungsergebnisses, wie oben beschrieben, und der Erwartung (*expectancy*), daß eine Handlung zu dem Handlungsergebnis führt.

Das Konzept der **Erwartung** nun stützt sich auf die Tatsache, daß das Erreichen bestimmter Handlungsergebnisse nicht allein von der Entscheidung für diese abhängt, sondern häufig auch von nicht von der entscheidenden Person kontrollierbaren Faktoren, also Risiken, beeinflußt wird. Wenn sich eine Person also für Alternativen mit unsicherem Ausgang entscheidet, wird ihr Verhalten nicht nur von Präferenzen gesteuert, sondern auch von der Überzeugung, wie wahrscheinlich das Erreichen dieses Handlungsergebnisses für sie ist. Die Erwartung wird demgemäß als aktuelle Überzeugung hinsichtlich der Wahrscheinlichkeit definiert, daß ein spezielles Handlungsergebnis einer speziellen Handlung folgt. Erwartungen werden bezüglich ihrer Stärke beschrieben; diese ist bei der subjektiven Sicherheit, daß der Handlung das Ergebnis folgt, maximal, und daß der Handlung das Ergebnis nicht folgt, minimal. Während die **Erwartung** also einen **Handlung-Handlungsergebnis-Zusammenhang** beschreibt und einen Wertebereich von 0 und 1 (tritt ein oder tritt nicht ein) annehmen kann, gibt die **Instrumentalität** einen **Handlungsergebnis-Handlungsergebnisfolge-Zusammenhang** an, der über einen Wertebereich von -1 über 0 bis +1 führt. Vroom formuliert hierzu:

Proposition 2. The force on a person to perform an act is a monotonically increasing function of the algebraic sum of the products of the valences of all outcomes and the strength of his expectancies that the act will be followed by the attainment of these outcomes. (Vroom, 1964, p. 18)

In einer Formel ausgedrückt heißt dies:

Formel 10: Psychologische Kraft (nach Vroom, 1964)

$$F_i = f_i \left[\sum_{j=1}^{n} (E_{ij} \, V_j) \right]$$

Dabei bedeutet:

F_i: psychologische Kraft, die Handlung i auszuführen

E_{ij}:   Stärke der Erwartung, daß die Handlung i zum Handlungsergebnis j führt

V_j: die Valenz des Handlungsergebnisses j

Während das Anstrengungsmodell ein Handlungsmodell darstellt, ist das Valenzmodell ein Beurteilungsmodell. Demgemäß kommt entsprechendes Verhalten in Gang, wenn ein Handlungsergebnis maximale positive Valenz (= + 1) besitzt und die Erwartung, diese Handlung ausführen zu können, als sicher (= +1) eingeschätzt wird (vgl. Bruggemann et al., 1975). Abgebildet wird in diesem Modell lediglich der kalkulierte Anstrengungsgrad zur Verfolgung des Handlungsziels (vgl. Heckhausen, 1989).

4.5.3 Das Ausführungsmodell

Der Tatsache, daß das Erreichen eines Handlungsziels mitunter auch von der eigenen Fähigkeit abhängt, trägt das Teilmodell der **Ausführung** Rechnung. Aufgrund der Ergebnisse empirischer Untersuchungen schlägt Vroom vor, das Arbeitsverhalten als unabhängig von der Arbeitszufriedenheit, aber Fähigkeit und Motivation als interagierend zu betrachten. Für die Rolle der Motivation bei der Arbeitsleistung zeigen empirische Untersuchungen, daß eine Steigerung der Motivation bei befähigteren Personen eine größere positive Auswirkung auf die Arbeitsleistung hat, als bei weniger fähigen. Dabei können Motivation und Fähigkeit allerdings nicht additiv verknüpft werden, so daß Motivationseffekte auf die Leistung abhängig sind von dem Ausgangsniveau der Fähigkeit und die Beziehung zwischen Fähigkeit und Leistung abhängig ist von der Motivation. Aus diesen Überlegungen folgt die Formulierung des Ausführungsmodells in folgender Form: das Leistungsergebnis ist eine Funktion aus dem Produkt von Fähigkeit und Motivation oder in einer Formel ausgedrückt:

Formel 11: Leistungsergebnis (nach Vroom, 1964)

$$\text{Leistungsergebnis} = f\,(\text{Fähigkeit})\,[\sum_{j=1}^{n} (E_{ij}\,V_j)]$$

Die Art der Funktion aus Fähigkeit und Motivation wird dabei diskutiert als eine monoton steigende, eine umgekehrt U-förmige oder eine negativ beschleunigte Funktion mit Deckeneffekt. Empirische Untersuchungen mit Aufgaben, die neu sind und höhere geistige Prozesse erfordern, legen die Auffassung nahe, daß es sich um eine annähernd umgekehrte U-förmige Funktion handelt, da sich eine extrem hohe Arbeitsmotivation negativer auf das Leistungsverhalten auswirkte, als eine mittlere. Mögliche Erklärungen für negative Effekte zu hoher Motivation sind zum einen die hierdurch verursachte Einengung des kognitiven Feldes oder eine verstärkte Neigung zur Ängstlichkeit vor Mißerfolg.

4.5.4 Kritische Würdigung

Empirische Untersuchungen zum Valenzmodell mit dem Kriterium Berufspräferenz unterstützen dieses Modell. Die Zusammenhänge zwischen je nach Studie verwendeten Maßen für das Valenzmodell liegen in guten bis sehr guten Bereichen und sind meist signifikant. Bezüglich der Wahlen von Colleges oder Berufen bzw. Positionen können die Autoren 45 % bis 68 % der Varianz mit dem Modell aufklären (vgl. Rank, 1997). Bezüglich des Kriteriums Arbeitszufriedenheit erbringen die bis 1974 durchgeführten neun Studien zum Valenzmodell „allesamt positive Ergebnisse, klären aber mit durchschnittlichen Korrelationen um .50 ... nur halb so viel Varianz auf wie die Studien zur Berufswahl" (Rank, 1997, S. 84). Bei frühen empirischen Studien zum Kraftmodell mit dem Kriterium Anstrengung zeigen die meisten „positive, aber geringe Unterschiede bzw. Varianzaufklärungen" (Rank, 1997, S. 85). Auch neuere Studien ergeben dieses Bild. Prinzipiell ist allerdings darauf hinzuweisen, daß die Studien das Erwartungs-Wert-Modell eher stützen. Rank merkt an, daß die Studien „höhere Werte [liefern], je näher sie am ursprünglichen Vroom-Modell angelehnt sind" (S. 86). Die Ergebnisse erreichen zudem bessere Werte bei „Selbstratings des Kriteriums ... [im Gegensatz zu] ...

Fremdratings oder objektiven Messungen und, wenn eine spezifische Verhaltensvorhersage anstatt eines allgemeineren Kriteriums wie z.b. der Anstrengung versucht wird" (ebd.).

Die geringeren Erwartungen, die an Erwartungs-Wert-Theorien gestellt werden müssen, begründet Rank in ihrer intensiven Betrachtung derselben in den durch die Empirie „aufscheinenden Meß-, Methodologie- und Theorieschwächen" (S. 87). Die Überlegungen von Rank bezüglich zu berücksichtigender Handlungsergebnisse und -folgen legen hierbei nahe, daß diese in begrenzter Anzahl, mit möglichst relevantem Inhalt und getrennt nach negativen und positiven, intrinsischen und extrinsischen Ergebnissen vom Untersucher vorgegeben werden sollten. „Das Kriterium [z.b. Einstellung gegenüber einem bestimmten Beruf] sollte möglichst spezifisch gemessen werden" (S. 89). Als weitere empirische Probleme nennt Rank relativ unbefriedigende Validitäten, „weitreichende *mathematische Vorannahmen über Addition und Multiplikation* der Komponenten" (S. 90) sowie die „*Anwendung unpassender statistischer Analysen*" (ebd.). Die Autorin weist zudem darauf hin, daß „echte 'within-subjects`-Analysen ... bessere Ergebnisse als 'across-` oder 'between-subjects`-Analysen" (S. 91) erbringen. Neben den Fehlerquellen bei der Messung zeigt Rank zusätzlich theorieimmanente Schwächen auf. Diese beziehen sich auf die Verletzung entscheidungstheoretischer Postulate oder Grundvoraussetzungen beim Entscheiden. Gemeint sind damit beispielsweise „die Vergleichbarkeit des Summenwerts über verschiedene Valenzdimensionen, die Transitivität des Urteils, Unabhängigkeit von Erwartung und Valenz, die Wahl einer Maximierungsstrategie, gleich differenzierte Unterscheidung von Summenwert und Kriterium, die Irrelevanz identischer Ergebnisse und die Gleichbewertung in ambigen Situationen" (Rank, 1997, S. 91 f.; s.a. Kraak, 1976; Lindenlaub, 1984). Zu den Theorieproblemen kann man zusammenfassend festhalten, daß „die theoretisch postulierten Variablen ... wichtig zur Vorhersage wie auch als normatives Modell nutzbar [sind,] aber ... keine exakten Repräsentationen des 'echten Motivationsprozesses`" (S. 93) darstellen. Rank nimmt daher einige Einschränkungen des Geltungsbereichs von Erwartungs-Wert-Theorien vor. Neben der Berücksichtigung verschiedener Person- und Umweltvariablen gelten diese Grenzbedingungen bezüglich der „*Kontrolle über eigenes Verhalten*" (S. 93), der „*Kontingenz von Verstärkungen auf spezifisches Verhalten*" (ebd.) sowie die „Festlegung auf subjektiv wichtige, bewußt getroffene Entscheidungen" (S. 94).

4.6 Ansätze zur Erklärung der Bindung an Organisationen

In den vorhergehenden Kapiteln wurde auch die Identifikation mit dem Arbeitgeber und mit der Arbeitstätigkeit als wesentliches Kriterium für den Umsetzungserfolg einer Bildungsmaßnahme definiert. Beschäftigt man sich allerdings mit einstellungsbezogenem Verhalten von Individuen oder Gruppen in Organisationen, so fällt auf, daß es diverse theoretische Konzepte gibt, die dieses einstellungsbezogene Verhalten thematisieren und untersuchen. Dabei sind die Unterschiede zwischen diesen theoretischen Konzepten auf den ersten Blick, oft auch in der Operationalisierung, nicht leicht zu erkennen, so daß eine deutliche Begriffsabgrenzung an dieser Stelle vorgenommen werden soll. Die hierbei von dem Konzept der Identifikation zu unterscheidenden theoretischen Konzepte sind beispielsweise organisationales Commitment, Involvement, Firmenbindung und Loyalität, aber auch Konzepte über die organisationale Sozialisation und Arbeitszufriedenheit.

4.6.1 Sozialisation, Commitment, Involvement und Arbeitszufriedenheit

Organisationale Sozialisation meint einen Prozeß, in dem sich das Individuum an die Normen und Wertvorstellungen einer Organisation anpaßt (*Selbstsozialisation*) oder angepaßt wird (*Fremdsozialisation*) (vgl. v. Rosenstiel, 1992). Weitere Ziele organisationaler Sozialisation sind beispielsweise der Erwerb oder die Entwicklung von Fähigkeiten und Fertigkeiten sowie die Formung von Einstellungen. Bezüglich des Beginns, des Endes und der gesamten Dauer dieses Prozesses besteht zwischen verschiedenen Autoren Dissens. Sozialisation an sich wird als lebenslanger Prozeß definiert, der theoretisch oft in verschiedene Phasen unterteilt wird (für eine vergleichende Übersicht s. z.B. Rehn, 1990, S. 19). Organisationale Sozialisation kann grundsätzlich schon vor, spätestens aber mit dem Eintritt in eine neue Organisation, häufig am Anfang der Berufslaufbahn überhaupt, bei Versetzungen, Auf- und Abstieg sowie beim altersbedingten Austritt aus der Organisation, einsetzen. Das Ende bzw. die Dauer von organisationalen Sozialisationswirkungen sehen einige Autoren bereits nach einigen Monaten, andere allerdings erst nach einem längerfristigen mehrjährigen Prozeß. Weiterer wichtiger Aspekt der organisationalen Sozialisation ist nach van Maanen und Schein „the process by which an individual acquires the social knowledge and skills necessary to assume an organizational role" (1979, p. 211). Im Rahmen einer kontinuierlichen Übernahme von Rollen und des Hineinwachsens in diese lernt das Individuum, welches Verhalten und welche Sichtweisen üblich und erwünscht sind, und welche nicht. Die Hauptakteure im Sozialisationsprozeß sind nach Kirsch „neben der Personalfunktion vor allem der jeweilige Vorgesetzte, Kollegen und eventuelle Untergebene" (1995, S. 201) und selbstverständlich der neu eintretende bzw. zu sozialisierende Mitarbeiter selbst. Im Zentrum der Sozialisationsforschung stehen v.a. mögliche Strategien der Organisation, ihre Mitarbeiter in ihrem Sinne zu sozialisieren (vgl. v. Rosenstiel et al., 1989). Vom Sozialisationsprozeß muß das Sozialisationsergebnis unterschieden werden, „das aus den resultierenden Qualifikationen, Motiven, Einstellungen, Normen etc. besteht" (v. Rosenstiel, 1992, S. 89).

Eine etwas andere Perspektive als die organisationale Sozialisation nimmt das Konzept des **organisationalen Commitment** bzw. der Firmenbindung ein. Commitment an sich wird dabei definiert als Bindung bzw. als gebunden sein oder sich gebunden fühlen, wobei dies ein „struktureller Sachverhalt oder ein psychologischer Zustand" sein kann (Moser, 1996, S. VII). Dabei hat „*strukturelles* Commitment ... einen eher 'passiven' Charakter, *empfundenes* Commitment hat motivationale Komponenten" (ebd.). Bezieht sich dieses Commitment auf Organisationen (andere Möglichkeiten wären Personen oder Produkte), spricht man zunächst ganz allgemein von organisationalem Commitment.

Zur genaueren Bestimmung von strukturellem und empfundenem Commitment läßt sich festhalten, daß beide zunächst den „Verzicht auf das Wahrnehmen von Verhaltensoptionen" (Moser, 1996, S. VII) beinhalten, wobei die Verhaltensalternativen im Zusammenhang mit organisationalem Commitment das zeitweise (~ Absentismus) oder völlige Verlassen (~ Fluktuation) der Organisation sind. Während die Motivation des strukturellen Commitment häufig das Ergebnis von Umgebungsfaktoren und Kognitionen über mögliche positive oder negative Folgen ist, ist das empfundene Commitment mit Affekten verbunden. „Strukturelles Commitment hat im Gegensatz zum empfundenen Commitment *keinen Erklärungsstatus*, sondern bedarf der Erklärung" (Moser, 1996, S. VIII).

Im Rahmen einer *sozialpsychologischen Sichtweise* wird diskutiert, wie konsistentes Verhalten als Erklärung für Commitment gelten kann. Demnach kann das Ausmaß an Commitment verstärkt werden durch:

1. Explizitheit/Öffentlichkeit/Eindeutigkeit einer Handlung,
2. Bedeutsamkeit des Verhaltens für die Person,
3. Unwiderrufbarkeit der Handlung,
4. Anzahl der Handlungen und
5. Willentlichkeit (vgl. Moser, 1996, S. 12 f.).

Passend hierzu sind auch Ergebnisse zum *Realistic Job Preview* (RJP), deren „personal commitment effect" (p. 44) Cascio (1991) wie folgt beschreibt: „when individuals believe that they made a decision without coercion or strong inducements from others, they tend to be much more commited to the decision" (ebd.).

Im Rahmen eines *Investitionsmodells* zum Commitment und in Abgrenzung zu Erwartungs- und Austauschtheorien nennt Scholl vier Faktoren, die von erwarteten Gegenleistungen unabhängig Commitment bewirken können, und zwar: bereits erbrachter Aufwand bzw. Investitionen der Person, wahrgenommene Verpflichtung der Person zur Gegenleistung (~ Reziprozität), Mangel an attraktiven Alternativen und Identifikation (vgl. Scholl, 1981, p. 593 ff.). Zu letztgenanntem Punkt konstatiert Moser in einem Überblick, daß das Konzept der Identifikation in vielen Definitionen von Commitment ein wesentlicher Bestandteil ist. In vielen Definitionen deshalb, da

Moser mindestens 16 verschiedene Auffassungen bzw. konzeptionelle Herangehensweisen an den Begriff und Inhalt des Commitment fand, die auf mindestens 12 verschiedenen motivationalen Grundlagen basieren (vgl. Moser, 1996, S. 47). Ein weiterer Beleg für die Enge der Beziehung zwischen Commitment und Identifikation zeigt sich im 15 Items umfassenden *Organizational Commitment Questionaire* (OCQ) (nach Mowday, Porter & Dubin, 1974; vgl. auch Mowday, Steers & Porter, 1979; Commitmentskala in dt. bei Moser, 1996, S. 41), bei dem Commitment über Identifikation, Anstrengungsbereitschaft und geringer Fluktuationsneigung operationalisiert wird. Vier der Identifikationsitems entsprechen dabei prinzipiell der Operationalisierung der Identifikation in der vorliegenden Arbeit. In späteren Untersuchungen konnte zudem die gute prädiktive Validität des OCQ im Hinblick auf eine spätere Fluktuation auf seiten der Mitarbeiter bestätigt werden (vgl. Porter, Crampon & Smith, 1976). Die Autoren halten hierzu fest: „the most important point seems to be that when a marked decline in commitment starts to occur, it is likely (though obviously not invariably) signaling a voluntary termination in the near future" (Porter, Crampon & Smith, 1976, p. 96). Im Überblick zeigt Tabelle 8 die verschiedenen Bestandteile von Commitment gemäß verschiedener Autoren:

Tabelle 8: Bestandteile von einstellungsbezogenem Commitment

Commitment als Einstellung setzt sich zusammen aus ...	**Autoren:**
... Identifikation + Internalisation + Compliance	Kelman, 1961
... Identifikation + Moral	Viteles, 1953
... Identifikation + Involvement + Loyalität	Buchanan, 1974
... Identifikation + Anstrengungsbereitschaft + geringe Fluktuationsneigung	Mowday et al., 1974

Zur Abgrenzung von **Involvement** ist folgendes anzumerken. Obwohl empirisch hohe Zusammenhänge zwischen Involvement und Commitment gefunden wurden, gibt es einige deutliche Unterschiede. Involvement, definiert als das „Ausmaß, in dem sich Menschen mit ihrer Arbeit identifizieren" (Moser, 1996, S. 49), bezieht sich auf die Arbeit an sich, im Gegensatz zu Commitment, welches sich auf die ganze Organisation erstreckt. Insofern ist es verständlich, daß Involvement (als tätigkeitsnahe und anstrengungsbezogene Variable) und Commitment (als fluktuationsnahe Variable) zusammen die Fluktuationsneigung annähernd aufklären können. Involvement umfaßt allerdings zwei verschiedene Aspekte der Arbeit: einerseits die Arbeit als zentrales Lebensinteresse bzw. den Stellenwert der Arbeit allgemein als relativ stabile Werthaltung, deren Korrelat die Leistungsmotivation ist und andererseits die Anstrengungsbereitschaft bezogen auf den konkreten Arbeitsplatz als änderungssensitive und situationsspezifische Einstellung, deren Korrelat die Arbeitszufriedenheit ist. Ersteres wird daher als *Work Involvement* und zweiteres als *Job Involvement* bezeichnet.

Zur Abgrenzung des Involvements von der **Arbeitszufriedenheit** führt Moser (1996) an, daß ersteres eher selbstbildbezogen und letztere eher emotional und befindensrelevant ist. Dabei könne Involvement als „ein Moderator des Zusammenhangs zwischen Arbeitsbedingungen und *Arbeitszufriedenheit"* (Moser, 1996, S. 50) angesehen werden. Empirische Untersuchungen zeigen zudem, daß Commitment und Arbeitszufriedenheit die Fluktuationsneigung besser erklären als Involvement und des weiteren, daß beispielsweise die Bedeutsamkeit des Einkommens mit Commitment zusammenhängt, aber nicht mit Involvement und die Bedeutsamkeit von Familie und Freizeit mit Involvement, aber nicht mit Commitment (vgl. Moser & Schuler, 1993). Zudem wurde des öfteren bestätigt, daß zwischen Commitment und Arbeitszufriedenheit hohe korrelative Zusammenhänge bestehen, womit eine Kombination aus Commitment und Arbeitszufriedenheit die Fluktuationsneigung gut voraussagen kann, besser als die einzelnen Konzepte für sich alleine; Commitment alleine, als Kombinat aus den mehreren vorgenannten Konzepten, sagt Fluktuationsneigung aber besser voraus als Arbeitszufriedenheit alleine.

Im Anschluß an diese Diskussion sollen nun noch kurz die **Vorteile und Nachteile** eines (zu) hohen Commitments bzw. von Fluktuation aufgelistet werden. Die *positiven Konsequenzen von Fluktuation* für Organisationen können demnach erkannt werden in:

- der Freisetzung wenig leistungsfähiger Mitarbeiter;
- der Verbesserung von Innovationsbereitschaft, Flexibilität und Anpassungsfähigkeit der Organisation;
- der Vermeidung konservativer Effekte aufgrund der Homogenität von Einstellungen und Werten sowie einer verringerten Meinungsvielfalt;
- der Vermeidung von übereifrigem Verhalten und vorauseilendem Gehorsam bzw. Überangepaßtheit, welches nicht nur zu suboptimalen Problemlösungen, sondern auch zu sozialen Problemen führen kann.

Zufällige oder geplante **Fluktuation** ist allerdings nur dann **ökonomisch**, wenn eine Stammbelegschaft vorhanden, die Rekrutierungs- und Auswahlkosten gering und die Anlernzeit minimal sind sowie keine strategischen Opportunitätskosten oder höhere Abfindungen anfallen. Beachtenswert sind zudem die sozialen Kosten anderer Organisationsmitglieder sowie die Gefahr von Schneeballeffekten. Cascio (1991) stellt die Konsequenzen der Fluktuation in Abhängigkeit von Leistung und Ersetzbarkeit in einer sog. *performance-replaceability strategy matrix* zusammen, die in Abbildung 7 wiedergegeben wird.

Cascio hält in dieser Matrix fest, wann es ökonomisch sinnvoll sein kann, an Mitarbeitern festzuhalten, sie zu schulen und Nachfolger aufzubauen und wann dies eher nicht der Fall ist. Die Pfeile geben die Richtung wieder, in die sich die Mitarbeiter der einzelnen Zellen bewegen sollten bzw. bewegt werden sollten.

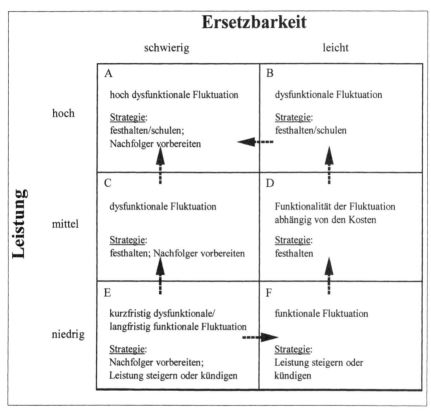

Abbildung 7: Die performance-replaceability strategy matrix (nach Cascio, 1991, p. 42)

Zusammenfassend ist zur Unterscheidung der Konzepte festzuhalten, daß die organisationale Sozialisation den Rahmen für den Erwerb von organisationalen Werten, Normen, Rollen, Fähigkeiten etc. bildet. So betrachtet, stellt dies die weiteste Sichtweise der erläuterten Konzepte dar. Organisationales Commitment als einstellungsbezogener Teil des Sozialisationsergebnisses kann sich in diesem Rahmen entwickeln und kann als Sammelsurium für bindungsrelevante Konzepte wie Internalisation, Moral, Involvement, Loyalität, Anstrengungsbereitschaft, geringe Fluktuationsneigung etc., vor allem aber für die Identifikation mit der Organisation gelten.

4.6.2 Zusammenhänge zwischen Weiterbildung und Bindung

Den Zusammenhang von Firmenbindung bzw. **Commitment und Weiterbildung** haben Gebert und Steinkamp eingehender untersucht. Ausgehend von dem nicht selten in Literatur und Praxis vorzufindenden Hinweis, daß „betriebliche Weiterbildung die Gefahr der Abwanderung von Arbeitskräften steigert" (1990, S. 76), stellten Gebert und Steinkamp fest, daß der Zusammenhang nicht so einfach ist. Obwohl die Mitarbeiter, die an einer Weiterbildung teilnahmen und erhöhte Mobilität als Folgeertrag von Weiterbildung berichteten, eine geringere Firmenbindung aufwiesen als die Mitarbeiter, die die berufliche Mobilität als Folgeertrag nicht berichteten, gehen Gebert und Steinkamp davon aus, daß eine „generelle Förderung der Fluktuationsneigung infolge von Weiterbildung eigentlich nicht erwartet werden" (1990, S. 79) kann. Aufgrund der Tatsache, daß eben nur die Neigung und nicht die tatsächliche Fluktuation erhoben wurde, die Mitarbeiter durchschnittlich eine lange Betriebszugehörigkeit aufwiesen und ebensogut innerbetriebliche Mobilität gemeint sein konnte, untersuchten Gebert und Steinkamp die Voraussetzungen intensiver, wann der Weiterbildung eine erhöhte Firmenbindung folgt. Ausgangspunkt hierbei war, daß auch Weiterbildung an sich auch nicht die Firmenbindung erhöht, sondern daß zwischen einem Qualifikations- und einem Motivationseffekt unterschieden werden muß, wobei letzterer eine Erhöhung der Firmenbindung vorhält. Die Firmenbindung kann also dann steigen, wenn

- der subjektive Nutzen der Weiterbildung hoch ist und sich die Arbeitssituation verbessert,
- mit der Weiterbildung Gehaltsverbesserungen verbunden sind,
- der Arbeitsplatz aufgrund der erworbenen (spezialisierten) Kenntnisse sicherer wird, da der Mitarbeiter schwerer zu ersetzen ist,
- die Arbeitssituation sich nicht nur per se verbessert, sondern sich nach den Wünschen und Erwartungen des Mitarbeiters verbessert,
- die Weiterbildung ergänzt wird „durch arbeitsgestalterische und personalpolitische Aktivitäten" (Gebert & Steinkamp, 1990, S. 89) und
- Erwartungshaltungen zumindest nicht enttäuscht werden.

Für die Erreichung eines Motivationseffektes sind dabei v.a. wichtig:
- die Steuerung des Anspruchsniveaus,
- die Kenntnis der Erwartungen, z.B. über adäquate Erhebungen derselben und einer Bedarfsermittlung,
- die Einplanung von Maßnahmen zur Arbeitsgestaltung (im Zusammenhang mit der Vermeidung von Fluktuation und Arbeitsgestaltung fügt Cascio (1991) an, daß die fünf kritischen Kerndimensionen hierbei: *skill variety, task identity, task performance, autonomy* und *feedback* (p. 50 f.) darstellen) sowie

• personalpolitische Verstärker.

Obwohl Gebert und Steinkamp zunächst nur geringe korrelative Zusammenhänge zwischen Firmenbindung und Loyalität (definiert als Bereitschaft, „in materieller und immaterieller Hinsicht Kosten zu übernehmen" (Gebert & Steinkamp, 1990, S. 94) fanden, ergab sich unter einer investiven Perspektive der Weiterbildung an sich, und nicht der Folgeerträge von Weiterbildung, ein „tendenziell loyalitätsstiftender Effekt einer betrieblichen Kostenübernahme" (S. 100). Genauer analysiert weisen nämlich Mitarbeiter, die in den letzten fünf Jahren bei vollständiger betrieblicher Kostenübernahme eine Weiterbildung besucht haben, „eine deutlich höhere Loyalität auf als dies für Nicht-Weiterbildungsteilnehmer gilt" (S. 227). Zusammenfassend hierzu läßt sich also festhalten, daß Weiterbildung zunächst lediglich einen Qualifikationseffekt aufweist. Wird zusätzlich ein Motivationseffekt im Sinne einer Firmenbindung angestrebt, so ist dieser „dagegen erst dann wahrscheinlich, wenn sich die betriebliche Situation für den Mitarbeiter aus seiner Sicht verbessert hat" (Gebert & Steinkamp, 1990, S. 228). Die Situation muß sich dabei in den Aspekten verbessern, „die dem Mitarbeiter entsprechend seinem Anspruchsniveau wichtig sind" (ebd.). Ein weiterer wichtiger Aspekt ist sowohl für den Qualifikations- als auch für den Motivationseffekt die Qualität der Weiterbildung selbst.

4.6.3 Der Social Identity-Ansatz

Die Social Identity Theory (SIT) wurde seit Beginn der 70er Jahre entwickelt. Erste Überlegungen und Veröffentlichungen gehen dabei auf Henri Tajfel und seine Mitarbeiter zurück. In anfänglichen Untersuchungen zum sozialen Kategorisieren stieß Tajfel im Rahmen der mittlerweile klassischen *Minimalgruppenexperimente* auf ein Phänomen von Gruppenverhalten, das mit den Theorien der traditionellen Sozialpsychologie nicht zu erklären war und zusätzlich vielversprechende Hinweise auf die Erklärung von Gruppenverhalten bereithielt (für eine ausführliche, deutschsprachige Darstellung der Ergebnisse der Minimalgruppenexperimente s.a. Dann & Doise, 1981 sowie Stange, 1991). Aus den Minimalgruppenexperimenten schloß Tajfel zum einen, daß soziale Kategorisierung hinreichende Bedingung für die Entstehung von Wettbewerb zwischen Gruppen ist. Zum anderen leitete er die Hypothese ab, daß soziale Gruppen nach einer positiv bewerteten Unterschiedlichkeit von anderen Gruppen streben, um für ihre Mitglieder eine positive soziale Identität bereitzustellen. Die weiteren Entwicklungen der SIT sind mit diesen ursprünglichen Ideen meist noch in irgendeiner Art verknüpft. Bei den Weiterentwicklungen kann man streng betrachtet zwei Theorien unterscheiden: zum einen die ursprüngliche Intergruppen-Theorie und die spätere Selbst-Kategorisierungs-Theorie. Die Hypothese, die beiden Theoriesträngen zugrunde liegt, beschreibt Turner wie folgt: „individuals define themselves in terms of their social group memberships and that group-defined self-perception produces psychologically distinctive effects in social behavior" (J.C. Turner in Hogg und Abrams, 1988, p. XI).

Inhaltlich sind die Gedanken des Social Identity-Ansatzes und v.a. die der grundlegenden Prozesse der sozialen Kategorisierung auf verschiedenste Themen der Sozialpsychologie anwendbar. Auf eine ausführlichere Darstellung im vorliegenden Zusammenhang muß leider verzichtet werden. Für eine kompakte Darstellung der verschiedenen Anwendungsfelder empfehlen sich z.b. Hogg und Abrams (1988).

4.6.3.1 Die Theorie

Für die traditionellen Theorien der Sozialpsychologie ist festzuhalten, daß diese unter einer Gruppe eine kleinere Anzahl von Personen verstehen, die am gleichen Ort zur gleichen Zeit wechselseitig miteinander interagieren (face-to-face-Kriterium!). Das Verhalten von größeren Kollektiven, aber auch Gruppen kann allerdings nur unzureichend mit individualistischen Konzepten erklärt werden. Die **metatheoretischen Einflüsse** der SIT auf die gesamte Sozialpsychologie kommen v.a. bei diesem Aspekt zum Tragen. Die Vertreter der SIT werfen der traditionellen Sozialpsychologie Reduktionismus vor, da diese die Erklärung von Gruppenphänomenen mit einem niedrigeren Erklärungsniveau, nämlich dem der einzelnen Person, herzuleiten versuchte. A. Mummendey führt hierzu an, daß es zwar auch beim Verhalten zwischen Gruppen Individuen sind, die sich in einer bestimmten Weise verhalten oder äußern, aber „diese Individuen verhalten sich ... in diesem Fall nicht als einzelne (einzigartige) Individuen, sondern als Angehörige einer sozialen Gruppe" (1985, S. 185). Gruppenverhalten ist qualitativ anders als individuelles Verhalten (vgl. Hogg & Abrams, 1988). Auch einzelne Personen einer anderen Gruppe werden nicht als Individuen, sondern als Gruppenmitglieder behandelt. Die SIT kehrt also die traditionelle Sichtweise in ihr Gegenteil und beschäftigt sich mit der *Gruppe im Individuum*. Der Social Identity-Ansatz beruht auf bestimmten Annahmen, die die Person und die Gesellschaft sowie deren Beziehungen zueinander betreffen.

Die **Gesellschaft** wird als in relativ klar unterscheidbare Gruppen und Kategorien unterteilt angenommen. Diese Kategorien stehen zueinander in Macht- und Statusbeziehungen. Dies bedeutet, daß manche Gruppen oder Kategorien mehr Macht, Prestige oder einen höheren Status haben als andere. Bezüglich dieser Macht- und Statusbeziehungen zwischen den Gruppen ist die SIT eher den *Konflikttheoretikern* wie Marx und Weber verbunden als den *Konsenstheoretikern*. In ersteren wird nämlich davon ausgegangen, daß in der Gesellschaft nicht ein breiter Konsens darüber herrscht, was sozial akzeptabel ist, sondern, daß sich die verschiedenen Gruppen in der Gesellschaft durch je verschiedene Werte, Überzeugungen etc.

auszeichnen. Einer dominanten Gruppe gelingt es oft, durch die Erhaltung des Status quo offene Konflikte zu verdecken bzw. zu verhindern. Sie kann das dominante Wertesystem 'aufzwingen' und eine Ideologie verbreiten, die die dominante Gruppe selbst stärkt und den Status quo legitimiert.

Aus den sozialen Kategorien und deren Beziehungen entsteht die **soziale Struktur** der Gesellschaft, die nicht als statisch, sondern aufgrund von Wirtschaft und Geschichte als beständig im Fluß begriffen werden kann. Daraus folgt, daß sich auch die Kategorien bezüglich Anzahl, Merkmalen oder Beziehungen beständig verändern. Unter **Kategorisierung** allgemein versteht Tajfel den Prozeß, „in dem die Umwelt nach Kategorien, also Personen, Objekten und Ereignissen (oder deren ausgewählten Attributen) geordnet wird, die in bezug auf ihre Relevanz für die Handlungen, Absichten oder Einstellungen eines Individuums ähnlich oder äquivalent sind" (Tajfel, 1975, S. 345). Die Funktionen der Kategorisierung liegen dabei v.a. in der Systematisierung und Komplexitätsreduktion der Umweltinformationen, wodurch zielgerichtetes Handeln möglich wird. Der Kategorisierungsprozeß bringt dabei einen **Akzentuierungseffekt** hervor, der sich darin äußert, daß Objekte (z.B. Linien), aber auch soziale Stimuli (z.B. Personen, Einstellungen) der gleichen Kategorie als ähnlicher und solche verschiedener Kategorien als unähnlicher wahrgenommen werden. Kategorisierung bringt den Akzentuierungseffekt allerdings nur dann hervor, wenn die Dimensionen als mit der Kategorisierung assoziiert angenommen werden können. Auf der Dimension Musikalität beispielsweise ist die Kategorisierung männlich - weiblich wenig sinnvoll; ganz anders dagegen die Kategorisierung Farbige - Weiße. Zusätzlich wird der Akzentuierungseffekt mehr betont bzw. tritt stärker hervor, wenn die Kategorisierung für das Individuum von unmittelbarer Wichtigkeit ist. Sozial kategorisiert werden allerdings nicht nur andere, sondern auch die Person selbst, womit auch etwas über die gegenseitigen Beziehungen ausgesagt wird. Der Akzentuierungseffekt tritt hier ebenfalls auf, und zwar in der Form, daß die Person sich gegenüber der Ingroup ähnlicher (s.a. Gruppen-Prototyp) und gegenüber der Outgroup unterschiedlicher erlebt.

Das Verhältnis zwischen Kategorisierungssystem und Umwelt(-Informationen) ist dabei ein interaktiv dynamisches, so daß beide stets gegenseitig angepaßt werden müssen. Zum Begriff der Kategorien ist zusätzlich anzumerken, daß

- diese nur in Verbindung bzw. im Unterschied zu anderen Kategorien bestehen können,
- eine Person meist zu mehreren sozialen Kategorien gehört und
- eine Person prinzipiell nicht zu sich gegenseitig ausschließenden Kategorien gehören kann.

In diese soziale Struktur werden die Individuen zunächst einmal hineingeboren und gehören grundsätzlich bestimmten Kategorien dieser sozialen Struktur zu. Die

Verbindung der Zugehörigkeit zu bestimmten sozialen Kategorien und der **sozialen Identität** beschreiben Hogg und Abrams wie folgt: „To the extent that they [the individual human beings] internalize the dominant ideology and identify with these externally designated categories, they acquire particular social identities which may mediate evaluatively positive or negative self-perceptions" (1988, p. 27). Die Gruppen, zu denen einzelne Personen gehören, sei es aufgrund von Geburt/Zuweisung oder Wahl, seien es langfristige oder kurzfristige Verbindungen, haben einen starken Einfluß auf die Identität des Individuums; das Individuum kann Sichtweisen, Meinungen und Praktiken von der/den Gruppe(n), zu der/denen sie gehört, übernehmen. Diese soziale Identität gibt (Verhaltens-)Sicherheit aufgrund von (Gruppen-) Erfahrungen, wer man ist, welche Art von Person man darstellt oder auch welche Beziehungen man zu anderen hat. Tajfel definiert die soziale Identität „als das Wissen eines Individuums, daß es bestimmten sozialen Gruppen angehört, ein Wissen verbunden mit der emotionalen und wertmäßigen Bedeutung, die diese Gruppenmitgliedschaft für das Individuum hat" (Tajfel, 1975, S. 369; vgl. Tajfel, 1974, p. 69).

Im Gegensatz zu den dominanten Gruppen gibt es auch sog. **untergeordnete Gruppen**, die für ihre Mitglieder eine eher negative soziale Identität und einen niedrigen Selbstwert vorhalten. Dieser unbefriedigende Zustand kann dazu führen, daß das Individuum denselben ändern möchte. In Abhängigkeit vom subjektiven Überzeugungssystem des Individuums über die Natur der Gesellschaft gibt es verschiedene Möglichkeiten, den unbefriedigenden Zustand zu verlassen. Ein soziales System kann demnach durch Bedingungen sozialen Wandels oder individueller bzw. sozialer Mobilität geprägt sein. Dabei ist mit Tajfel und Turner zu betonen, daß „these terms are not used here in their sociological sense. They refer instead to the individuals` belief systems about the nature and the structure of the relations between social groups in their society" (1979, p. 35). Nimmt ein Individuum die Begrenzungen seines sozialen Systems als durchlässig wahr, herrscht die sog. **soziale Mobilität**, in der das Individuum (theoretisch) ungehindert von einer ursprünglichen Gruppe in eine andere eintreten kann (z.B. sich hocharbeiten, Beziehungen spielen lassen; `vom Tellerwäscher zum Millionär`); damit wird auch diese Person Mitglied der dominanten Gruppe. Die Strategien zur Erreichung einer positiven sozialen Identität sind also individualistische. Der Status quo wird nicht tangiert, womit soziale Mobilität auch in der Ideologie der dominanten Gruppe favorisiert wird, da die Wahrnehmung von Konfliktpotential verhindert und die Fähigkeit zum gemeinsamen Handeln der gesamten untergeordneten Gruppe geschwächt wird. In der SIT spricht man von **sozialem Wandel**, wenn die Grenzen zwischen Gruppen von der Person als fest und undurchlässig wahrgenommen werden. In diesem Fall kann das Individuum alleine keine Veränderung der negativen sozialen Identität erreichen; es muß deshalb auf Strategien zurückgegriffen werden, die den sozialen Status der gesamten Gruppe verändern. Diese Gruppenstrategien haben meist Auswirkungen auf die gesamte Gesellschaft. Strategien für die Gruppe stellen zum einen die soziale Kreativität und zum anderen der soziale Wettbewerb dar. Die **soziale Kreativität** wird eingesetzt, wenn das Individuum keine kognitiven Alternativen zum Status quo hat. Dieser wird durch den Einsatz der Strategie auch nicht verändert; verändert wird lediglich die soziale Identität. Die Strategien im einzelnen im Rahmen der sozialen Kreativität sind:

• Auswahl von neuen Vergleichsdimensionen, auf denen die eigene, untergeordnete Gruppe positiver bewertet werden kann,
• Neudefinition der Werte, wobei bisher negativ bewertete Merkmale zu positiv bewerteten werden (z.b. in den 60er Jahren der Slogan 'black is beautiful`) und
• Wahl einer anderen als der bisherigen Vergleichsgruppe, und zwar möglichst einer Gruppe mit z.b. noch niedrigerem Status.

Turner schlug 1975 vor, zwischen einem realistischen Wettbewerb sensu Sherif und einem sog. sozialen Wettbewerb zu unterscheiden. **Sozialer Wettbewerb** tritt ein, wenn kognitive Alternativen zum Status quo existieren und wenn dessen Legitimität fraglich ist. Beim sozialen Wettbewerb ist ein echter sozialer Wandel möglich. Es werden entgegengesetzte Ideologien entwickelt, die die untergeordnete Gruppe in direkten Wettbewerb mit der dominanten Gruppe versetzt. Formen des sozialen Wettbewerbs sind beispielsweise auf politischer Ebene, aber auch in Form von gewalttätigen Auseinandersetzungen (z.b. Terrorismus, Revolution oder Bürgerkrieg) sowie im passiven Widerstand zu sehen.

Die soziale Identität einer Person besteht häufig aus Selbstbeschreibungen, die sich in der Terminologie der abgrenzenden Merkmale oder Charakteristika der Gruppe bedient. Eine soziale Gruppe besteht dabei aus zwei oder mehr Personen, die eine gemeinsame soziale Identifikation haben, also sich mit der gleichen Gruppe identifizieren oder, die sich selbst als zugehörig zur gleichen sozialen Kategorie wahrnehmen (vgl. Turner, 1982). Die Identifikation mit einer Gruppe ist in der SIT ein in großen Teilen psychologischer Zustand. Dieser Zustand ist dabei für die Person real und hat Konsequenzen für die Selbstbewertung. Die Identifikation mit einer Gruppe ist weit mehr als das bloße Wissen um die Zugehörigkeit zu dieser Gruppe. Soziale Gruppen erfüllen sowohl individuelle als auch gesellschaftliche Funktionen, wie Ordnung, Struktur, Vereinfachung, Vorhersagbarkeit etc. (vgl. Hogg & Abrams, 1988). In der SIT, v.a. vertreten durch Turner, wird deshalb das sog. **Selbstkonzept** berücksichtigt. Grundlegend hierfür ist die Tatsache, daß Personen über sich selbst nachdenken und reflektieren. Damit ist die Person oder besser das 'Selbst` sowohl Subjekt als auch Objekt. Genauer ausgedrückt bedeutet dies, daß es ein 'I` (Ich) gibt, das über ein 'Me` (Mich) reflektieren kann (vgl. Hogg & Abrams, 1988). Ersteres wird dabei als kognitiver Prozeß und zweiteres als kognitive Struktur in Form des Selbstkonzeptes verstanden. Obwohl das 'I` für die Konstruktion des 'Me` verantwortlich ist, wird es durch bereits konstruierte Inhalte des 'Me` stark eingeschränkt. Die SIT beschäftigt sich nun näher mit der Frage, wie das 'Me` strukturiert ist. Das Selbstkonzept läßt sich mit Hogg und Abrams (1988) wie folgt beschreiben: „The self-concept comprises the totality of self-descriptions and self-evaluations subjectively available to the individual. It is not just a catalogue of evaluative self-descriptions, it is textured and structured into circumscribed and relatively distinct constellations called *self-identifications*" (p. 24). Diese **Selbst-Identifikationen** müssen sich nicht unbedingt gegenseitig ausschließen. Die Selbstbeschreibungen der einen Selbst-Identifikation können denen einer anderen entweder widersprechen, aber auch mit diesen im Einklang stehen. Als Beispiel führen Hogg und Abrams hierbei die Selbst-Identifikationen *Soldat* und *Christ* an, deren Selbstbeschreibungen sich zum Teil (z.B. bezüglich der prinzipiellen Bereitschaft, andere Menschen zu töten) widersprechen. Dies ist deshalb möglich, da situative Faktoren als Determinanten für das Selbstbild eine große Rolle spielen bzw. verschiedene Kontextfaktoren verschiedene Selbst-Identifikationen salient werden lassen. Das Selbstkonzept besteht aus zwei Subsystemen: die soziale Identität und die personale Identität. In der **sozialen Identität** sind die sozialen Identifikationen enthalten; diese bestehen aus Selbstbeschreibungen, die aus der Zugehörigkeit zu einer sozialen Kategorie abgeleitet werden. Die **personale Identität** enthält personbezogene Identifikationen; diese bestehen aus Selbstbeschreibungen, die spezielle Merkmale des Individuums betreffen. Gemäß der Auffassung in der SIT wird davon ausgegangen, daß Gruppenverhalten dann auftritt, wenn die soziale Identität im Selbstkonzept stärker hervortritt als die personale Identität, und daß dieses Gruppenverhalten ein qualitativ völlig anderes als individuelles Verhalten ist. Im Selbstkonzept der Person existiert also ein Kontinuum, das von einer ausschließlich sozialen Identität bis zu einer rein personalen reicht. Das jeweils assoziierte Verhalten ist dabei reines Gruppenverhalten oder interpersonales. Geht man davon aus, daß soziale Selbst-Identifikationen im wesentlichen soziale Selbst-Kategorisierungen sind, dann wird in einem bestimmten sozialen Bezugsrahmen die soziale Kategorisierung salient, die am besten zu den relevanten und erhältlichen Informationen paßt. Beispielsweise kann das Geschlecht als Kategorie salient werden, wenn in einer Diskussion zwei Frauen gegenüber zwei Männern argumentieren (vgl. Hogg & Abrams, 1988). Das Ausmaß, in dem die herangezogene soziale Kategorie zu den Informationen paßt, ist dabei unabhängig von der physikalischen Anwesenheit anderer Personen; soziale Kategorisierung kann auftreten, wenn andere lediglich kognitiv präsent sind, also auch dann, wenn man ganz alleine ist.

Simon und Mummendey (1997) schlagen im Zusammenhang mit einem Selbst-Aspekt-Modell (SAM) vor, anstatt von personaler und sozialer Identität von individuellem und kollektivem Selbst zu sprechen. Unter ersterem wird analog zur SIT eine „Selbst-Interpretation als einzigartiges, von allen anderen Personen verschiedenes Individuum" (S. 19) verstanden und unter letzterem die „Selbst-Interpretation als austauschbares, allen anderen Mitgliedern der Eigengruppe sehr ähnliches Exemplar" (ebd.). Begründet wird diese neue Nomenklatur mit der Vermeidung des Mißverständnisses, „personale Identität gründe im Gegensatz zur sozialen Identität auf einer nicht-sozialen Art der Selbst-Interpretation" (Simon & Mummendey, 1997, S. 20).

Neben dem Prozeß der sozialen Kategorisierung spielt ein weiterer Prozeß in der SIT eine zentrale Rolle: der **soziale Vergleich**. Um eine Person oder Gruppe nämlich überhaupt einer sozialen Kategorie zuweisen zu können, muß, und dies deutete sich bereits weiter oben bei der Beschreibung der Kategorien an, ein subjektiver Bezugsrahmen bestehen (*subjective frame of reference*), der eine Person oder Gruppe beispielsweise als musikalisch(er) als eine andere aufzufassen erlaubt (vgl. Hogg & Abrams, 1988). Der Begriff des sozialen Vergleichs bei Festinger bezieht sich auf das menschliche Bedürfnis, den Wahrheitsgehalt der eigenen Meinungen, Überzeugungen und Fähigkeiten im direkten Vergleich mit der physikalischen Realität zu überprüfen. Diese Auffassung des sozialen Vergleichs ist von der in der SIT deutlich abzuheben. Die SIT nämlich geht davon aus: „all knowledge is socially derived through social comparisons, and this includes knowledge about the physical world" (Hogg & Abrams, 1988, p. 22). Die physikalische Realität erscheint aufgrund eines weitverbreiteten und starken Konsens objektiv und unbestreitbar. Die Funktion des sozialen Vergleichs in der SIT ist die Untermauerung eigener Wahrnehmungen von einem selbst, von anderen Personen und der gesamten Welt. Der Mensch wird als Wesen verstanden, das seine Wahrnehmungen für besser und richtiger hält, wenn sie einem Gesamt-Konsensus, und nicht einem von vielen Konsensus entspringen. Wenn man allerdings davon ausgeht, daß verschiedene Konsensus Charakteristika unterschiedlicher Gruppen sind, ist zu beobachten, daß Personen danach streben, Ansichten der eigenen Gruppe zu übernehmen. Die Wahrnehmungen der Ingroup werden dabei positiv bewertet. Der bereits weiter oben explizierte Akzentuierungseffekt steht hiermit im Zusammenhang und beruht auf wichtigen selbst-evaluativen Überlegungen. Da die Dimensionen des sozialen Vergleichs stark evaluativ sind, ist es auch wichtig, sich von einer Outgroup entsprechend abzuheben, und zwar durch die Betonung der Unterschiede. Wenn der Vergleich für die Ingroup den positiven Pol der Dimension ergibt, erhält die Ingroup positive **Distinktheit** und eine, durch den Vergleich, relative, positive soziale Identität gegenüber der Outgroup. Diese positive soziale Identität der Gruppe hält für sein Mitglied eine positive Selbstbewertung und damit ein hohes Selbstwertgefühl und eine hohe bzw. positive Selbsteinschätzung vor. Auch klinische Befunde sprechen für die sog. *selfesteem*-Hypothese. Tajfel und Turner merken hierzu an: „individuals strive to maintain or enhance their selfesteem: they strive for a positive self concept" (Tajfel & Turner, 1979, p. 40). Gruppenverhalten ist damit eine Resultierende aus dem Zusammenwirken der Prozesse von Kategorisierung und sozialem Vergleich. Während die Kategorisierung zu Stereotypen führt, ist der soziale Vergleich für die Selektivität des Akzentuierungseffektes und das wahrgenommene Ausmaß an Unterschieden zwischen Gruppen und Ähnlichkeiten innerhalb von Gruppen verantwortlich.

4.6.3.2 Würdigung und aktuelle Entwicklungen

Der Wert der SIT ist v.a. darin zu sehen, eine sozialpsychologisch angemessene Theorie für die Problematik bisher vorliegender, eher individualistischer Theorien anzubieten. Dies betrifft v.a. Theorien aus folgenden Bereichen:

- Intergruppenverhalten,
- Stereotypisierung und Vorurteil sowie
- Intragruppenverhalten: Kohäsion und Attraktivität, soziale Leistung, kollektives Verhalten, Konformität (s.a. Hogg & Abrams, 1988).

Des weiteren wird in der SIT der Tatsache Rechnung getragen, daß die Bewertung einer Gruppe nicht statisch ist, sondern einem ständigen Prozeß der Veränderung unterliegt. Die aus Gruppenmitgliedschaften entstehende soziale Identität wird damit dynamisch und veränderbar, indem sie anhand sozialer Vergleiche immer wieder neu überprüft und bewertet wird.

Kritisierte Punkte der SIT betreffen die Methodik und z.T. die Konzeption. Im Rahmen **methodischer Kritik** wird der SIT oft vorgeworfen, sie hätte sich einseitig auf die Verwendung der Wahlmatrizen verlegt, was so nicht aufrechtzuerhalten ist, da auch andere Verfahren, wie Ratingskalen und Fragebogen zur Anwendung kamen. Auch an der Qualität der Wahlmatrizen wird oft Kritik geübt. Die methodische Kritik reicht aber nicht hin, die Konzepte der SIT grundlegend zu erschüttern. **Konzeptionelle Kritik** wurde häufig an dem von Tajfel verwendeten, reduzierten Gruppenbegriff angebracht, obwohl gerade dieser die Erforschung der Gleichförmigkeiten im Verhalten von größeren Kollektiven erst ermöglichte. Die kritisierte situative Abhängigkeit der SIT kann ebenfalls nicht als Schwachpunkt erkannt werden, da die Berücksichtigung situativer und gesellschaftlicher Faktoren den Bedingungen in der Realität entspricht; gerade die nonreduktionistische Anlage der Theorie zählt zu einer ihrer Stärken.

Bei einem abschließenden Blick auf **aktuelle Entwicklungen** soll im folgenden die Frage aufgegriffen werden, welche Erklärungsansätze die SIT für die Selbst-Interpretation in modernen Gesellschaften vorhält. Diese zeichnen sich durch eine funktionale Differenzierung (s. Max Weber) und ein Zersetzungspotential (s. Marx & Engels) aus, und zwar mit der Konsequenz, daß traditionelle Vergemeinschaftungen an Bedeutung verlieren (vgl. Simon & Mummendey, 1997). Dies wird begleitet „von einer Zunahme der Komplexität des sozialen Koordinatensystems, in dem jede/r Einzelne [sic] verortet ist" (Simon & Mummendey, 1997, S. 23). Aufgrund der Tatsache, daß Personen „immer mehr verschiedenen, voneinander unabhängigen, manchmal sogar konfligierenden, sozialen Einheiten gleichzeitig" angehören, wird auch die „Individualität des Einzelnen [sic] zunehmend genauer bestimmt" (ebd.). Im Rahmen des weiter oben angesprochenen Selbst-Aspekt-Modells (SAM) ist daher anzunehmen, daß sich in modernen Gesellschaften nicht-redundante Selbst-Aspekte kognitiv weiter ausdifferenzieren, womit sich die Grundlage individueller Selbst-Interpretationen erweitert und sich „die Anzahl potentieller kollektiver Selbst-Interpretationen" (Simon & Mummendey, 1997, S. 24) vervielfacht. Beide Arten von Selbst-Interpretationen stehen dabei in einem dynamisch-dialektischen Verhältnis. Sowohl Überlegungen auf der Makro- als auch auf der Mikroebene deuten darauf hin, daß individuelle Selbst-Interpretationen bevorzugt werden. Damit werden die kollektiven Selbst-Interpretationen nicht ausgelöscht, sondern sind in den individuellen aufgehoben. Empirische Befunde zeigen allerdings, daß Selbst-Interpretationen kontextspezifisch und flexibel sind, so daß „soziale Gruppen- bzw. Kategorienmitgliedschaften ... unter bestimmten sozial-kontextuellen Bedingungen revitalisiert werden und temporär die Grundlage für kollektive Selbst-Interpretationen liefern" (Simon & Mummendey, 1997, S. 30). Sowohl eine hohe Anzahl unabhängiger Selbst-Aspekte bzw. eine hohe Selbst-Komplexität als auch die Priorisierung individueller Selbst-Aspekte kann sich unter den Annahmen des SAM als äußerst nützlich erweisen. Ersteres wirkt sich auf die psychische Gesundheit positiv aus, da sie „eine positive Pufferwirkung ... gegenüber starker psychischer Belastung" (Simon & Mummendey, 1997, S. 33) entfaltet. Zusätzlich zur hohen Komplexität des individuellen Selbst besitzt die Priorisierung individueller „Selbst-Interpretationen ein geringeres Potential für großflächige soziale Konflikte" (Simon & Mummendey, 1997, S. 34), was von der SIT, wie zu Beginn dieser Ausführungen erläutert, gestützt wird.

Abschließend anzufügen ist, daß besonders im Bereich der Fremdenfeindlichkeit und Diskriminierung von Minderheiten Ansätze aus der Perspektive der SIT umfangreiche Klärungs- und Lösungsmöglichkeiten aufzeigen; zu verweisen ist hier auf das Herausgeberwerk von Mummendey & Simon (1997) mit vielfältigen Beiträgen zu diesem Problem.

5 Die Erfolgsanalyse des Traineeprogramms

In der folgenden Erfolgsanalyse des Traineeprogramms sollen zunächst die Erfolgs-kriterien abgeleitet und deren Operationalisierung sowie der Gesamtuntersuchungs-plan und die Stichproben dargestellt werden. Ein weiteres Kapitel beschäftigt sich dann mit den empirisch-statistischen Ergebnissen dieser Analyse.

5.1 Ableitung und Operationalisierung der Erfolgskriterien und -indikatoren

Die Kriterien für den Erfolg eines Traineeprogramms lassen sich direkt aus den in Kapitel 4 erläuterten theoretischen Grundlegungen ableiten.

Tabelle 9: Erfolgskriterien und -indikatoren von Traineeprogrammen

1) Teilnehmer-Merkmale

Fähigkeit	Erfüllungsgrad der Anforderungen durch die Trainees im Hinblick auf Methodenkompetenz und soziale Kompetenz
Persönlichkeit	Erfüllungsgrad der Anforderungen bezüglich der personalen Kompetenz
Motivation - Identifikation	Ausmaß der Instrumentalität persönlicher Leistung im Hinblick auf berufliche Ziele; Einstellung zum bzw. Identifikation mit dem Unternehmen

2) Programm-Merkmale

Übernahme-/Verbleibquote bzw. Fluktuation nach/während dem Programm; Abbrecherquote während des Programms; Nachfrage nach auszubildenden oder ausgebildeten Trainees

P.-Durchfüh- rung u. -ablauf	Zufriedenheit der TN und der Traineeverantwortlichen mit Organisation und Durchführung
P.-Inhalte	Zufriedenheit der TN und der Traineeverantwortlichen mit dem während des Programmes vermittelten Wissen und dessen Transferier- barkeit bzw. Nutzen für die Praxis

3) Arbeitsumgebung

soziale Unterstützung	soziale Integration der Trainees bzw. akademischen Direkteinsteiger
Möglichkeiten der Umsetzung	Transferbedingungen in der Bank; Transferunterstützung durch Vorgesetzte und Kollegen

4) Aufwand-Nutzen-Verhältnis

im Vergleich zu alternativen Entwicklungs- bzw. Qualifizierungsformen

Nutzen	Versorgung der Unternehmung mit qualifiziertem Fach- und Führungsnachwuchs; Imagewirkungen auf den internen und externen Arbeitsmarkt
Aufwand	Aufwendungen für ein Traineeprogr. (Gehalt, Seminare, Betreug. etc.)

Für die Systematik der Erfolgskriterien gilt folgendes: Wie bereits angesprochen, haben Baldwin und Ford (1988) Bestandteile einer Bildungssituation zusammengestellt, die den Transfer vermittelter Kenntnisse und Fähigkeiten zu beeinflussen vermögen. Diese Systematik läßt sich in loser Analogie zum Teil auch auf die Erfolgsanalyse anwenden. Die Übertragung und Analyse erfolgt dabei in der empirischen Bewertung zu in Tabelle 9 aufgezeigten Erfolgsindikatoren bzw. -faktoren (s.a. Gulden, 1996), wobei die genannten Indikatoren sich auf das Programm in seiner Gesamtheit beziehen.

5.1.1 Nachfrage nach dem Traineeprogramm

Gulden nennt als einen „ersten aussagekräftigen Indikator für den Nutzen des Traineeprogramms" (1996, S. 197) die **Nachfrage**. Diese unterteilt er in die Nachfrage des Programms bei den angesprochenen Hochschulabsolventen, die nach auszubildenden bzw. aktuellen Trainees sowie die nach fertig ausgebildeten 'Ex`-Trainees. Wie Gulden aber zu Recht eingrenzt, dürfen diese Indikatoren keineswegs unikausal auf beispielsweise eine hohe Qualität des Programms oder des Hochschulmarketings bei hoher Nachfrage oder auch umgekehrt gedeutet werden. Zum einen ist darauf zu achten, ob es sich um ein 'Traineekontingent` handelt, das nach Abschluß des Programms bezüglich Qualifikation und Bedarf im eigenen Hause den einzelnen Abteilungen zur Bedienung offensteht und somit keine Übernahmegarantie erfolgt, oder ob zuerst eine zu besetzende Stelle vorhanden ist, für die gezielt ein Trainee gesucht wird. Für letzteren Fall müssen die Indikatoren Nachfrage nach aktuellen oder ausgebildeten Trainees im eigenen Hause von der Kriterienliste der Qualität eines Programms gestrichen werden, außer es wäre möglich zu erfassen, wie stark die Trainees von anderen Unternehmen umworben werden oder wie lange sie infolge einer selbstinitiierten Kündigung beim Traineeausbildungsunternehmen nach einer neuen Beschäftigung suchen bzw. gesucht haben. Die Erhebung dieser Indikatoren dürfte ziemlich schwierig zu bewerkstelligen sein. Des weiteren ist dabei fraglich, ob die Trainees aufgrund der Qualität des absolvierten Programms sofort eine andere Anstellung finden; dies setzt voraus, daß andere Unternehmen die Programminhalte kennen. „Neben einer globalen Erfolgskontrolle durch Informationen aus dem Haus gilt es natürlich auch jeden Einzelfall zu prüfen" (Förderreuther, 1988, S. 89). Geeignete Instrumente hierzu sind nach Förderreuther: Mitarbeitergespräche, Leistungsbeurteilungen, Interviews mit Paten oder Ausbildern sowie Leistungstests im Anschluß an Seminare.

Rückschlüsse auf die Qualität des Programms aufgrund der reinen **Bewerberanzahl** zu ziehen, ist aus zwei wesentlichen Gründen problematisch. Zum einen können die Hochschulabsolventen die Inhalte des Programms zum Teil nur ungenau beurteilen, da sie sie im einzelnen nicht kennen. Selbst die mündliche Weitergabe über Trainees ist in nur eingeschränktem Maße zum Kennenlernen des Programms geeignet. Zum anderen ist die Arbeitsmarktlage für Akademiker derzeit eher ungünstig, so daß diese nicht ausgenommen wählerisch sein können. Um Fuß in der Berufswelt zu fassen, scheint zunächst jedes (begrenzte und absehbare) Mittel, wie ein Traineeprogramm es ist, geeignet zu sein. Tritt zur Anzahl der Bewerbungen zusätzlich das Kriterium der **Qualität der Bewerber**, ist diese Kombination eher für eine treffsichere Aussage über das Image des Programms geeignet.

Für die vorliegende konkrete Untersuchung wurden die eben beschriebenen Erfolgs-kriterien bzw. -indikatoren wie folgt erhoben:

- **Studentenbefragung**
  ❖ präferierte Arbeitgeber, präferierte Einstiegsmöglichkeiten sowie Bedeutung eines Traineeprogramms für die Hoch-/Fachhochschulabsolventen
- **Dokumentation der Anzahl und Qualität der tatsächlich eingegangenen Bewerbungen** (nur Bewerbungen bei Akademie Bayerischer Genossenschaf-ten; zentrale Traineekoordination für Bayern)
  ❖ Vor-Auswahlkriterien: Alter, absolvierte Bankausbildung und -praktika, Studienfach und -schwerpunkt, Art der Hochschule, Noten und Praktikums-beurteilungen, Region)
- **Dokumentation der vermittelten Hoch-/Fachhochschulabsolventen an Banken**

5.1.2 Fluktuation oder berufliches Fortkommen

Die **Fluktuation** während des Traineeprogramms ist für Förderreuther, abgesehen von erklärbaren Einzelfällen, ein alarmierendes Signal für extreme Unzufriedenheit der Teilnehmer. Die Fluktuation nach der Traineeausbildung stellt nach Förderreu-ther keinen Erfolgsindikator für ein Programm dar. „Wenn die Fluktuation nicht persönlich bedingt ist, so ist sie meist ein Indiz für mangelnde Karrieremöglichkeiten und fehlende Laufbahnplanung, eventuell auch für ein schlechtes Betriebsklima" (1988, S. 90). Dies darf aber dann nicht dem Traineeprogramm als solchem, sondern eher der Konzeption der Personalentwicklung zugerechnet werden. Gründe für den **Abbruch** einer Traineeausbildung liegen nach Aussage von Unternehmen auf deren Seite vornehmlich in festgestellten Leistungsdefiziten und vorzeitigem Festeinsatz und auf seiten der Trainees in vorzeitiger Festpositionierung, Abwerbung, der Folge falscher Erwartungen, privaten Gründen bzw. einer Umorientierung oder Überforde-rung.

Im Zusammenhang mit der neueren Fluktuationsforschung ist zu ergänzen, daß die Befunde von Studien, die die individuellen Unterschiede völlig vernachlässigen, wenig zufriedenstellend sind (vgl. Schmidt & Daume, 1996). Nach Schmidt und

Daume ist es also notwendig, bei der Untersuchung des Fluktuationsgeschehens neben der Arbeitszufriedenheit individuelle Moderatorvariablen zu berücksichtigen. In ihrer eigenen Studie war dies die Variable *Bedürfnis nach persönlicher Entfaltung*. „Dieses Bedürfnis beinhaltet den bei Personen unterschiedlich starken Wunsch nach Selbständigkeit und Herausforderung durch die Arbeit sowie nach Weiterentwicklung und persönlichem Wachstum" (Schmidt & Daume, 1996, S. 182). Das *Motivierungspotential der Arbeit* wird daneben erfaßt über die von Einstellungen und Verhaltensformen über die von der Aufgabe oder Tätigkeit wahrgenommenen Ausprägungen von:

- Anforderungsvielfalt,
- Aufgabengeschlossenheit,
- Bedeutsamkeit der Aufgabe,
- Autonomie und
- Rückmeldung,

wobei diese aus dem 'Job Characteristics'-Modell von Hackman und Oldman entnommen wurden. In den Ergebnissen der von den Autoren hierzu durchgeführten Untersuchung fielen die Korrelationen zwischen dem Motivierungspotential und der Fluktuation „zwar negativ, jedoch nicht signifikant aus" (Schmidt & Daume, 1996, S. 185). In der abschließenden Diskussion halten die Autoren fest, „daß Personen mit einem hohen Entfaltungsbedürfnis auf Anstiege im Motivierungspotential der Arbeit mit einer Abnahme ihres ... Fluktuationsverhaltens reagieren" (Schmidt & Daume, 1996, S. 187) und des weiteren, daß sich Personen mit einem niedrigen Entfaltungs-bedürfnis auf Variationen des Motivierungspotentials unter dem Maßstab Fluktuation weitgehend neutral verhalten. Hieraus wird geschlossen, daß die Bedürfnisse bei letztgenannten Personen eher einfacheren und strukturierten Arbeitsaufgaben entsprechen. Im Hinblick auf die Arbeitsgestaltung wird hervorgehoben, daß eine „differentielle oder individuelle Arbeitsgestaltung" (Schmidt & Daume, 1996, S. 188) der aus den Ergebnissen abgeleiteten Notwendigkeit einer „Verbesserung der Passung zwischen Personen- und Aufgabenmerkmalen" (ebd.) eher gerecht wird. Einer Strategie der **generellen** „Vergrößerung von Motivierungspotentialen und der Schaffung von Handlungs- und Entscheidungsspielräumen" (ebd.) wird damit eine Absage erteilt. Weitere Befunde zur Fluktuationsforschung können gut belegen, „daß Korrelationen zwischen Prädiktoren und Fluktuation größer sind, wenn die Arbeits-losenquote gering ist" (Semmer, Baillod, Stadler & Gail, 1996, S. 191). Konsens herrscht des weiteren über die Einflüsse von biographischen Variablen (v.a. Alter), Arbeitszufriedenheit und organisationaler Verbundenheit im Hinblick auf Fluktua-tion (vgl. Semmer et al., 1996).

Der **berufliche Erfolg** oder die nach einem bestimmten Zeitraum erreichte Position im Unternehmen kann als ein weiterer wichtiger Indikator für die Erfolgsanalyse herangezogen werden. Die häufig verwendete Quantifizierung des beruflichen Erfolges über die **Höhe des Gehaltes** ist allerdings ein eher kritisch zu betrachtender Indikator, da er trotz allem keine objektive Bezugsbasis hat. Zum einen hängt die gehaltsmäßige Entwicklung vom Einstiegsgehalt ab, mit einem zum Teil schnell erreichbaren Deckeneffekt und zum anderen unterscheiden sich diese Anfangsgehälter enorm. So bezahlen verschiedene Unternehmen wirtschaftswissenschaftlichen Einsteigern mit Fachhochschul-Diplom zwischen 49 und 80 TDM p.a. und denen mit Universitäts-Diplom zwischen 65 und 116 TDM p.a. (vgl. Stehr, 1996). In der Untersuchung wurden die Fluktuation oder der berufliche Erfolg aus informellen Gesprächen mit den am Traineeprogramm Beteiligten dokumentiert.

5.1.3 Berufliche Handlungskompetenz: Methoden-, soziale und personale Kompetenz

Im Hinblick auf die vorliegende Arbeit wurde die berufliche Handlungskompetenz, als Qualitätskriterium einer Aufwand-Nutzen-Betrachtung, in die drei klassischen Kernbereiche unterteilt. Die Bereiche der beruflichen Handlungskompetenz sollen sowohl separat als auch in Wechselbeziehung Auskunft darüber geben, ob, und wenn ja, welche anderen Voraussetzungen Akademiker im Hinblick auf die berufliche Handlungskompetenz aufgrund ihrer Ausbildung mitbringen bzw. im Rahmen eines Einarbeitungsprogramms für Akademiker in relativ kurzer Zeit entwickeln können.
Um nun detaillierter zu analysieren, über welche Fähigkeiten qualifizierte Fachkräfte in speziell genossenschaftlichen Primärbanken verfügen sollten, wurden im Rahmen einer sog. *Profilerhebung* Personal- und Fachexperten befragt (vgl. Gerlich, 1996). In der Befragung wurden die Fach-/Methodenkompetenz, die soziale Kompetenz und die personale Kompetenz thematisiert, da sich diese Bereiche sowohl in der Literatur als auch in der in Kapitel 4 dargestellten Grobanalyse immer wieder als wesentliche Qualitätsfaktoren herausstellten. Das Vorgehen bei der Profilerhebung erfolgte in loser Anlehnung an die Delphi-Methode sowie der sogenannten *Job Element Method*, wobei letztere der Gruppe anforderungsanalytischer Verfahren bei der Ermittlung von tätigkeitsbezogenen Merkmalen zuzurechnen ist. Der Autor der Job Element Method, E.S. Primoff, betrachtete verschiedene Kenntnisse, Fähigkeiten und Fertigkeiten sowie persönliche Charaktereigenschaften als wesentliche Elemente für den Berufserfolg. Ursprünglich stellte Primoff dabei ein Set von 62 job elements zusammen und ließ diese von Experten auf einer dreistufigen Skala wie folgt beurteilen: a) Das Element ist in der Arbeitstätigkeit nicht enthalten, b) Das Element ist in der Arbeitstätigkeit enthalten, aber nicht von extremer Wichtigkeit und c) Das Element ist in der Arbeitstätigkeit enthalten und ist von extremer Wichtigkeit für diese. Ursprüngliche Zielsetzung der Entwicklung dieser Art von Anforderungsanalyse war die Entwicklung von standardisierten und maßgeschneiderten Testverfahren für die Personalauswahl. Primoff entwickelte dieses Verfahren immer weiter und

verwendete schließlich sehr differenzierte Ratingskalen sowie Berechnungen zur Validitätsschätzung (J-Koeffizient) für die Entwicklung der Auswahlverfahren (vgl. McCormick, 1979). Bei der vorliegenden Arbeit verwendeten sog. Profilerhebung erhielten Experten bzw. mit der Tätigkeit vertraute Personen im Rahmen insgesamt zweier Vorlagen Listen von Anforderungselementen, die die jeweilige Tätigkeit charakterisieren.

Tabelle 10: Rücklauf und Stichprobe der Profilbearbeitungen (vgl. Gerlich, 1996)

Funktionsbereich/ Größe d. Banken	beim erstenmal ausgegeben an	1. Rücklauf	2. Rücklauf
Controlling Bilanzsumme: R = 815 MIO M = 667,30 MIO	23	13	12
Marketing BiSu: R = 511 MIO M = 739,75 MIO	22	8	6
Privatkundenbetreuung BiSu: R = 400 MIO M = 835,88 MIO	21	9	8
Firmenkundenbetreuung BiSu: R = 870 MIO M = 690,63 MIO	21	8	8

Diese Fähigkeiten und Kenntnisse wurden danach beurteilt, ob sie „erforderlich", „wünschenswert" oder „nicht erforderlich" sind; für „erforderliche" und „wünschenswerte" wurde mindestens ein konkretes Verhaltensbeispiel aus der Praxis genannt. Daraufhin wurde in der Zweitvorlage eine Gewichtung der einzelnen Merkmale in den Kategorien: „sollten doch nicht in das Profil aufgenommen werden", „braucht jeder Mitarbeiter in der Bank", „braucht jeder qualifizierte Mitarbeiter in der Bank", „machen den Mitarbeiter zu einem guten X-Spezialisten", „machen den Mitarbeiter zu einem herausragend guten X-Spezialisten" vorgenommen. Die verschiedenen Profile wurden für die Tätigkeitsbereiche Marketing, Firmenkundenbetreuung, Betreuung vermögender Privatkunden sowie Controlling aufgesplittet, da diese als wesentliche Tätigkeitsbereiche für besonders qualifizierte

Mitarbeiter und damit auch für Akademiker identifiziert wurden. Ziel der Profilerhebung war es zum einen, eine möglichst operationale und praxisrelevante Basis für die Ermittlung der drei Kompetenzbereiche, die als Erfolgsindikatoren gelten, zu erhalten und zum anderen, in einer weitergehenden Ausarbeitung den Banken für die einzelnen Funktionsbereiche graphisch veranschaulichte Fähigkeits- bzw. Anforderungsprofile zur Verfügung zu stellen. Die Problematik der Ergebnisse bestand darin, daß die einzelnen Profile schlecht differenzierten. Dies spielte aber für die Ableitung der Items für die drei Kompetenz-Skalen eine eher untergeordnete Rolle, da diese aus den Verhaltensbeispielen so konstruiert wurden, daß sie unabhängig von der Position in der Bank ausgefüllt werden konnten. Die Fachkompetenz wurde in der vorliegenden Untersuchung nicht erhoben. Die Anzahl der Bearbeitungen, die Größe der beteiligten Banken und den Rücklauf zeigt Tabelle 10.

5.1.4 Arbeits-, Studienaufnahme- und Rückkehrmotivation

Hinter der Erhebung der sog. Arbeits-, Studienaufnahme- und Rückkehrmotivation stehen an die Instrumentalitätstheorie von Vroom angelehnte Überlegungen. Damit sind tendenzielle Aussagen über die Wichtigkeit einzelner Ziele und die geschätzte Wahrscheinlichkeit des Erreichens dieser Ziele infolge bestimmter vorgegebener Handlungsergebnisse möglich. Eine vollständige Operationalisierung nach Vroom, deren Bestandteile, Voraussetzungen und zu berücksichtigende Bedingungen bereits in Kapitel 4 erläutert wurden, wurde im Rahmen dieser breit angelegten Studie nicht durchgeführt.

Im Rahmen der Erhebungen bei **Trainees, akademischen Direkteinsteigern** und **Praktikern** zur Motivation steht die Frage im Vordergrund, inwieweit diese glauben, daß sie aufgrund ihrer persönlichen Leistung in ihrer Bank für sie wichtige berufliche Ziele erreichen können. Diese Frage betrifft ein weiteres Erfolgskriterium für das Traineeprogramm, nämlich das Wollen (neben dem Können), die eigene Leistungsfähigkeit im Unternehmen einzusetzen. Dieses Wollen hängt dabei in starkem Maße davon ab, ob der einzelne in seiner Tätigkeit eine Chance zur Verwirklichung eigener Ziele und Wünsche erkennen kann oder nicht. Die Motivation ist deshalb ein Erfolgskriterium für das Traineeprogramm, da hiermit die weitere Frage beantwortet werden soll, wie die Trainees die durch persönliche Leistungen beeinflußten Entwicklungsperspektiven in dieser ihrer Bank wahrnehmen (es interessiert also die Motivation zu einer wirksamen Verrichtung der Tätigkeit bzw. Arbeitsmotivation in genau dieser Situation und nicht ein allgemeines Leistungsmotiv). Weiter von Interesse ist, inwieweit das TP im Vergleich mit alternativen Qualifizierungsstrategien dazu geeignet ist, diese Motivation zu entwickeln und aufrechtzuerhalten.

Eine andere Frage rückt bei den **Auszubildenden mit Abitur** in den Vordergrund,
nämlich die grundsätzliche Anziehungskraft eines Studiums (hier als Studienaufnah-
memotivation bezeichnet). Diese soll daran bemessen werden, inwieweit die Auszubildenden glauben, ein akademischer Abschluß könnte zur Erreichung ihrer
beruflichen Ziele instrumental sein.
Bei der letzten Gruppe schließlich, den **Teilnehmern der Sommerakademie**, soll
die Frage geklärt werden, wie hoch tendenziell die Motivation ehemaliger Auszubil-
dender, die sich derzeit im Studium befinden, ist, mit einem akademischen Abschluß
in die ehemalige Ausbildungsbank zurückzukehren (hier als Rückkehrmotivation
bezeichnet).
Die o.g. Valenzen und Instrumentalitäten wurden über verbalisierte Präferenzen
(Wichtigkeit und Wahrscheinlichkeit) erfaßt. Die zur Auswahl angebotenen, theoretisch zusammengestellten Motivationsinhalte bzw. möglichen Handlungsergebnisfolgen werden hierbei ohne Anspruch auf Vollständigkeit im Anhang A dargestellt.

5.1.5 Identifikation mit der Genossenschaft

Vor dem Hintergrund der Theorie sozialer Identität soll überprüft werden, inwieweit
das Traineeprogramm dazu in der Lage ist, ein ´Wir-Gefühl` im Sinne einer genos-
senschaftlichen Orientierung bzw. positiven Einstellung gegenüber den Grundgedan-
ken des Genossenschaftswesens und dem genossenschaftlichen Arbeitgeber zu
entwickeln. Dabei wird davon ausgegangen, daß der organisationale Kategorisierungsprozeß sozial vermittelt bzw. bedingt ist.
Mit der Frage nach den **Inhalten von Identifikationsmöglichkeiten** mit der Genossenschaftsidee ist es sinnvoll, sich noch kurz den Aspekten zuzuwenden, die eine
Genossenschaft überhaupt ausmachen und sich mit der Frage zu beschäftigen, inwieweit die Genossenschaftsidee von Hermann Schulze aus Delitzsch und Friedrich
Wilhelm Raiffeisen eigentlich noch zeitgemäß ist und gelebt wird/werden kann bzw.
falls dies nicht zutrifft, welche Möglichkeiten einer genossenschaftlichen Identität in
der Moderne gegeben sind. Probleme würden nämlich auftreten, würde man versu-
chen, Mitarbeiter von Genossenschaften auf etwas einzuschwören, was nicht mehr
oder nur noch verschwommen existent ist. Sogar konträre Effekte könnten sich
zeigen.
Betrachtet man zunächst den Kommentar der 31. Auflage des Genossenschaftsgeset-
zes, so finden sich im § 1 GenG (vgl. Lang & Weidmüller, 1984) als genossenschaftliche Merkmale u.a.:

• Selbsthilfe;
  dies bedeutet:
  ❖ „freiwilliger Zusammenschluß der Mitglieder

❖ Aufbringung der erforderlichen finanziellen Mittel durch die Mitglieder
❖ Bereitschaft, füreinander einzustehen" (Kommentar GenG, 1984, S. 63);
• Selbstverwaltung;
• Selbstverantwortung;
• Förderzweck bzw. Förderauftrag;
   dieser ist dann erfüllt, wenn die Genossenschaft:
❖ „eine Leistung erwirtschaftet
❖ diese an die Mitglieder weitergibt
❖ den eigenen Betrieb absichert, um langfristig förderfähig zu bleiben"
   (Kommentar GenG, 1984, S. 68).

Besonders die Förderung der Mitglieder stellt die tragende Idee des Zweckes von Genossenschaften dar. Gerade dieser Fördergedanke gerät unter vielfältigen ökonomischen Zwängen zunehmend unter Druck. Grosskopf (1990) erkennt die Identitätsprobleme der modernen Marktgenossenschaften v.a. in sachbezogenen Zwängen der jeweiligen Marktgegebenheiten. Die sich daraus ergebenden **Veränderungen oder Abweichungen** von der historischen Form erstrecken sich dabei auf innere Strukturen und äußeres Erscheinungsbild. **Inhaltliche Einschränkungen**, aber auch **Erweiterungen** erfahren dabei Organisations- und Leistungsbeziehungen, konkrete Ziele und angewandte Methoden der Zielverwirklichung. Im Mittelpunkt der relevanten Veränderungen stehen dabei die Organisations- und Leistungsbeziehungen, die „unmittelbar den Inhalt der genossenschaftlichen Prinzipien ... der Selbsthilfe, der Selbstverantwortung und der Selbstverwaltung" (Grosskopf, 1990, S. 105) betreffen. Der Autor weist darauf hin, daß Genossenschaften heute häufig „keine reinen Hilfseinrichtungen für wirtschaftlich benachteiligte Gruppen mehr" (S. 106) sind. Dies ist oft auch Resultat dessen, daß keine Notwendigkeit mehr zur Hilfe besteht. Tatsache ist, daß die speziellen Förderleistungen auf die Mitglieder beschränkt werden müßten, wobei das Förderplus über ein wenig bessere Leistungen gegenüber Nicht-Mitgliedern zu erreichen ist. Der starke Wettbewerb im Markt beschneidet die Genossenschaften allerdings häufig der Möglichkeit, besondere Förderleistungen anzubieten. Das Leistungsspektrum wurde auch Nicht-Mitgliedern geöffnet, um eine Auslastung der vorhandenen Kapazitäten sicherzustellen. Daraus folgt, daß „die Grenze zwischen Mitgliederkunde und ´Nur-Kunde` verwischt" (Grosskopf, 1990, S. 107); der „traditionelle Inhalt des Selbsthilfeprinzips" (ebd.) reduziert sich.
Aus den erläuterten Problemen der genossenschaftlichen Identität ergibt sich nach Enderle nur eine allgemeine, **eher einstellungsbezogene Strategie**, nämlich das Grundprinzip bzw. die Idee nicht in Frage zu stellen.

Die Idee - um es konkret noch einmal zu formulieren - die Förderung der Mitglieder, diese Idee in Formen der heutigen Zeit zu bewahren, bewußt zu machen, zu festigen und weiterzugeben, ist eine Aufgabe, der wir uns alle stellen müssen. Allerdings kann die Idee nie mehr Lebenskraft haben, als in den genossenschaftlichen Einrichtungen selbst lebendig ist. (Enderle, 1989, S. 14)

Grosskopf (1990) schlägt als mögliche **pragmatische Strategien** für die Herausstellung einer eigenständigen genossenschaftlichen Identität vor:

- die Anknüpfung an „die demokratischen Mitspracherechte der Mitglieder" (S. 109) und die dadurch entstehenden Möglichkeiten der aktiven Beteiligung derselben am Genossenschaftsgeschehen und
- die Nutzung der den Genossenschaften zur Verfügung stehenden Arten der Erfolgsverteilung in Form von Rückvergütungen.

Beruhend auf den theoretischen Hinweisen aus der Social Identity Theory und den in der Moderne vorfindbaren Identifikationsmöglichkeiten im Rahmen einer Zugehörigkeit bzw. Mitgliedschaft in einer Genossenschaft, muß die Operationalisierung der Identifikation mit der Genossenschaft folgende zentrale Fragen beantworten können:

1. Ist eine soziale bzw. organisationale Kategorie *Genossenschaft* bei den Befragten vorhanden? Ist diese in ihrer sozialen Realität vorhanden?
2. Welchen evaluativen Beitrag leistet die Zugehörigkeit zu einer Genossenschaft zur sozialen Identität der Mitarbeiter?
3. Kann sich die Gruppe/Kategorie *Genossenschaft* auf relevanten Vergleichsdimensionen von anderen Gruppen absetzen bzw. ist die Kategorie *Genossenschaft* positiv distinkt?
4. Schlägt sich die organisationale Kategorisierung im verbal berichteten Verhalten nieder?

Dabei beruht die Operationalisierung vornehmlich auf theoretischen Überlegungen. Weitere Anregungen hierzu, gerade die kritische Beschäftigung mit dem modernen Genossenschaftsgedanken, konnten zusätzlich von Trainees eingebracht werden.

Abschließend zur Operationalisierung ist darauf hinzuweisen, daß sich die verbalen Ausformulierungen aller vorgelegten Items und Fragen im Anhang A finden.

5.2 Untersuchungsplan und Stichprobenbeschreibung

Die wesentlichen, untersuchungsleitenden Fragen, die die Studie beantworten soll, sind:

1. Gibt es vertretbare Gründe dafür, daß Akademikern ein spezielles Einstiegsprogramm als Alternative zum Direkteinstieg angeboten werden sollte?
2. Gibt es Gründe dafür, daß den genossenschaftlichen Primärbanken überhaupt empfohlen werden sollte, Akademiker einzustellen?

3. Welche prinzipiellen und unter Aufwand-Nutzen-Aspekten vertretbaren Möglichkeiten haben genossenschaftliche Primärbanken, qualifizierten Nachwuchs heranzubilden bzw. zu rekrutieren?

Der Untersuchung liegt folgender Gedankengang zugrunde: das gesamte Geschehen bezüglich der Personalbewegung im Bereich qualifizierter Fach- und Führungskräfte, und damit eingeschlossen dem Akademikerbereich, auf den der besondere Fokus gerichtet werden soll, kann auf einer Art Zeitachse betrachtet werden, und zwar ohne konkret definierbaren Anfang und ohne konkret definierbares Ende.

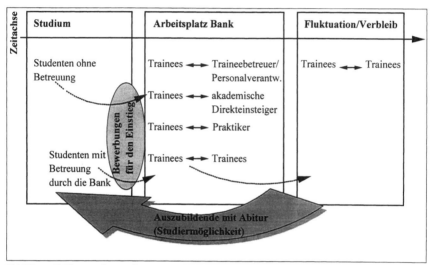

Abbildung 8: Untersuchungsplan

Abbildung 8 soll graphisch veranschaulichen, daß im Zentrum der Betrachtung das Traineeprogramm steht, in dessen Umfeld weitere wichtige Faktoren zu beachten sind. Bei der Untersuchung des Traineeprogramms sind für die Validierung der Trainee-Einschätzungen Vergleiche mit Einschätzungen der Personalverantwortlichen sinnvoll. Gleichsam als Kontrollgruppen für den zu untersuchenden bzw. zu hinterfragenden Vorteil eines Traineeprogramms werden Vergleiche mit Personen ohne spezielles Einarbeitungsprogramm (Praktiker und akademische Direkteinsteiger) gezogen. Vergleiche zwischen Trainees sollen schließlich Aufschluß über den Homogenitätsgrad, aber auch die Konsequenzen möglicherweise unterschiedlicher Qualität der Durchführung wiedergeben, was auch durch den Vergleich verbliebener und fluktuierter Trainees nochmals konkreter aufgegriffen werden muß.

Die Berücksichtigung von Studenten ohne (bekannte oder speziellere) Betreuung schließlich soll Erkenntnisse dazu liefern, inwiefern der genossenschaftliche Arbeitgeber gemeinhin als attraktiv erlebt wird. Ebenfalls in diese Richtung sind die Ergebnisse zum Bewerbungsverlauf für das Traineeprogramm der Volks- und Raiffeisenbanken in Bayern zu interpretieren. Die Untersuchung von Studenten mit (nachgewiesener) Betreuung (Indikator: Sommerakademie) soll Aufschluß darüber geben, inwieweit derartige Maßnahmen geeignet sind, die Studenten an das Kreditinstitut zu binden, womit indirekt Auswahl- und Fehlentscheidungskosten bei der Einstellung von Akademikern reduzierbar sind. Die Befragung von Auszubildenden mit Abitur soll über die Abschätzung der Studienaufnahmeneigung dieses Personenkreises klären, inwieweit Förderprogramme für den „Akademischen Nachwuchs" notwendig sind, also ob die geschätzte Abwanderungsquote überhaupt so hoch ist, daß geeignete Gegensteuerungs- bzw. Betreuungsmaßnahmen ergriffen werden sollten. Die gestrichelten Pfeile der Abbildung sollen dabei verdeutlichen, daß keine zwingenden Beziehungen bestehen. Es ist deshalb abschließend auch festzuhalten, wie hoch die Anteile (wieder-)einsteigender Akademiker in die Bank oder verbleibender/fluktuierender Trainees sind. Um die Abbildung des Untersuchungsplans nicht zu überladen, wurden die Vergleichsdimensionen oder besser Erfolgsfaktoren nicht eingetragen; diese wurden aber bereits ausführlich erläutert.

Wie aus dem Untersuchungsplan ersichtlich, wurden insgesamt 7 verschiedene **Stichproben** mit zum Teil vergleichbaren Erhebungsinstrumenten befragt. Im folgenden sollen die Stichprobenmerkmale dieser Gruppen kurz dargestellt werden. Die genaue Aufschlüsselung, welche Stichprobe mit welchen Skalen befragt wurde, gibt Anhang A wieder.

Für die Befragung der **Trainees** der Volks- und Raiffeisenbanken in Bayern konnten 11 von 19 Personen (Stand Jan. 1997) gewonnen werden, die ihr Traineeprogramm bereits abgeschlossen hatten, sich noch in der Bank befanden und den Fragebogen ausgefüllt zurücksandten. Die befragten Trainees waren zum Erhebungszeitpunkt im Schnitt 30 Jahre alt (s = 1,6) und sind zu 9 % weiblich und zu 91 % männlich. Die Noten dieser Trainees liegen für das Abitur bei M = 2,3 (s = 0,5) und für die Diplomabschlußprüfung bei M = 2,5 (s = 0,4). Eine Bankausbildung können 55 % vorweisen, keine Ausbildung haben 27 % und eine andere als eine eine Bankausbildung haben 18 % der befragten Trainees. Die Abschlußnote der Ausbildungsprüfung vor der IHK liegt im Schnitt bei M = 1,8 (s = 0,5). Die Trainees haben zu 82 % an einer Universität und zu 18 % an einer Fachhochschule Betriebswirtschaftslehre (100 %) studiert. Den Kontakt zu ihrer Traineebank haben diese zu 73 % über ihre Bewerbung als Trainee, zu je 9 % über Ausbildung und/oder absolviertes Praktikum und ebenfalls zu 9 % über persönliche Kontakte in der Bank hergestellt. 36 % der Trainees mußten aufgrund ihrer Anstellung ihren bisherigen Wohnort bzw. Bekanntenkreis verlassen, wobei ihnen dies zu 9 % *etwas schwer*, zu 18 % *eigentlich leicht* und zu 9 % *absolut leicht* gefallen war. Die Tätigkeitsbereiche in der Bank bestehen zu 55 % aus Firmenkundenbetreuung, zu je 18 % aus Controlling oder Marketing und zu 9 % aus Kreditgeschäft.

Für die 6 befragten (von zum Erhebungszeitpunkt 8 beteiligten) **Traineebetreuer bzw. Personalverantwortlichen** (PV) in der Bank wurden keine typischen Personmerkmale erhoben. Dies geschah zum einen zugunsten der Einschätzung der Aufwendungen für das Traineeprogramm und damit verbundener Bedingungen und zum anderen aufgrund einer eher fraglichen Relevanz persönlicher Daten der Betreuer für die weitere Auswertung.

Die befragte Stichprobe der **Praktiker** (n = 118) setzt sich aus Bankmitarbeiterinnen und Bankmitarbeitern von genossenschaftlichen Primärbanken zusammen, die in ihrer Karriereentwicklung kurz vor der Führungskräfteentwicklung stehen bzw. diese bereits begonnen haben und keine Hoch-/Fachhochschulausbildung absolviert haben. Dies bedeutet, daß sie bezüglich der Weiterbildung im speziell genossenschaftlichen Bereich (sog. Aufstiegsfortbildung) mit den Trainees und den akademischen Direkteinsteigern vergleichbar sind. Der Altersdurchschnitt liegt bei M = 30,5 (s = 5,3). Unter den befragten Praktikern beträgt der weibliche Anteil 35 % und der männliche 65 %. Bezüglich der Schulausbildung verfügen 3 % über den qualifizierenden Hauptschulabschluß, 70 % über mittlere Reife, 2 % über die fachgebundene Hochschulreife, 6 % über die allgemeine Fachhochschulreife und 20 % über die allgemeine Hochschulreife. Die explizite Frage nach einer abgeschlossenen akademischen Ausbildung verneinen 80 %, 18 % geben eine Ausbildung bei der VWA oder Bankakademie an und 3 % bejahen diese Frage. Die Letztgenannten verfügen allerdings über keine Hoch-/Fachhochschulzugangsberechtigung, so daß davon ausgegangen werden kann, daß sie vermutlich ebenfalls einen Abschluß an der VWA oder Bankakademie erworben haben, womit sich die Anzahl derartiger Abschlüsse auf 21 % erhöht. Die Frage, ob derzeit eine akademische Ausbildung angestrebt werde, verneinen 91 % und bejahen 9 %. 97 % der Befragten haben eine Bankausbildung absolviert. Die Ausbildungsnote liegt im Schnitt bei M = 2,2 (s = 0,6). Die Befragten sind im Schnitt seit 9,5 Jahren (s = 5,2; Spannweite von 1 bis 25 Jahren) bei ihrem jetzigen Arbeitgeber beschäftigt, und zwar in den Bereichen: Betriebsbereich, Controlling, Firmenkundenbetreuung, Filialleitung, Kreditsachbearbeitung, Kundenbetreuung, Sachbearbeitung und zum Teil in der Leitung der jeweiligen Abteilung.

Bei der Stichprobe der **akademischen Direkteinsteiger** (aD, n = 15) verhält es sich bezüglich der genossenschaftlichen Weiterbildung wie bei den Praktikern eingangs erwähnt, außer, daß diese über eine abgeschlossene akademische Ausbildung verfügen. Das Alter liegt im Schnitt bei 32,5 Jahren (s = 4,3), wobei die Personen zu 13 % weiblich und zu 87 % männlich sind. Die Abiturnote liegt hier im Schnitt bei M = 2,5 (s = 0,6) und die Diplomabschlußnote bei durchschnittlich M = 2,5 (s = 0,7). Von den Befragten haben 60 % eine Bankausbildung, 33 % keine Ausbildung und 7 % eine andere als eine Bankausbildung absolviert. Die Abschlußnoten der Berufsausbildung liegen dabei bei M = 1,8 (s = 0,8). Studiert haben die akademischen Direkteinsteiger zu je 50 % an Universität oder Fachhochschule, und zwar in den Fächern: Betriebswirtschaftslehre (64 %), Wirtschaftspädagogik (7 %), Jura (14 %) und andere Fächer (14 %). Die Kontakte zur Bank haben 79 % erst über die Bewerbung geknüpft; allerdings wurde keiner der Absolventen während seines Studiums vom jetzigen Arbeitgeber unterstützt. Bei ihrem jetzigen Arbeitgeber sind die Befragten seit durchschnittlich ca. 2,7 Jahren (s = 1,6) beschäftigt. Die Bereiche, in denen die Befragten beschäftigt sind, sind folgende: (Leiter) Controlling, (Leiter) Organisation, Sachbearbeitung, Ausbildung, Produktmanagement, Vorstandsassistenz, Wertpapier/ Markt und Zweigstellenleitung.

Die **Auszubildenden mit Abitur** (n = 79) sind im Schnitt 21,5 Jahre alt (s = 2,0). Von den Auszubildenden sind 40 % weiblich und 60 % männlich. Die Verteilung der Schulabschlüsse ist wie folgt: allgemeine Hochschulreife 70 %, allgemeine Fachhochschulreife 27 % und fachgebundene Hochschulreife 4 %. Der Bekanntheitsgrad verschiedener Förderinstrumente für den akademischen Nachwuchs liegt für das Berufsbegleitende Studium bei 57 %, für das Studenten-Trainee-Programm bei 8 % und für das Studenten-Betreuungs-Programm bei 5 %.

Die Merkmale der Stichprobe von **Studenten der Betriebswirtschaftslehre** (n = 159) mit Schwerpunkt Banken stellen sich wie bei Gerlich (1996, S. 140 f.) beschrieben dar. Die möglichst examensnahen Studenten von bayerischen Universitäten und Fachhochschulen sind im Schnitt 25,5 Jahre alt (s = 2,2). Durchschnittlich waren zum Zeitpunkt der Befragung M = 8 Semester (s = 2,3) absolviert. Knapp 28 % der Befragten sind weiblich und 32 % hatten eine Banklehre abgeschlossen. Von den Befragten studieren 74 % an einer Universität und 26 % an einer Fachhochschule.

Bei den **Teilnehmern der Sommerakademie** 1996 und 1997 handelt es sich um n = 21 Studenten der Betriebswirtschaftslehre oder Rechtswissenschaften (zwei Studenten der Pädagogik und ein Student, der BWL berufsbegleitend als festangestellter Mitarbeiter einer Bank (BBS) studierte, wurden von der Auswertung ausgeschlossen, da sich durch deren Einbezug eine Verfälschung hinsichtlich der Fragestellung ergeben könnte). Die in die Auswertung einbezogenen 21 Studentinnen und Studenten haben bei einer genossenschaftlichen Primärbank ihre Ausbildung zum Bankkaufmann bzw. zur Bankkauffrau absolviert und stehen noch in festem oder losem Kontakt zu ihrer ehemaligen Ausbildungsbank. Dieser Kontakt ist u.a. ausschlaggebend dafür, daß die Banken ihre Ehemaligen zur Veranstaltung Sommerakademie anmelden. Die Studenten sind im Mittel 24,4 Jahre alt (s = 1,6) und studieren durchschnittlich im 6. Semester BWL (91 %) oder Rechtswissenschaften (10 %) an einer Universität (43 %) oder Fachhochschule (57 %). Die Abschlußnoten zum Bankkaufmann liegen dabei bei M = 2,1 (s = 0,5). Studienbegleitend sind noch 86 % in der Bank tätig (Ferienjob, 610,- DM Basis). Befragt nach dem Bekanntheitsgrad der Förderinstrumente für den „Akademischen Nachwuchs" kennen 62 % das Berufsbegleitende Studium, 24 % das Studenten-Betreuungs-Programm, 38 % das Studenten-Trainee-Programm und 67 % das Traineeprogramm.

5.3 Ergebnisse zu Programm-Merkmalen

Als erste Frage soll die nach der Zufriedenheit der Teilnehmer mit dem Traineeprogramm bezüglich der Organisation und die Brauchbarkeit der im Rahmen des Programms vermittelten Kenntnisse und Fertigkeiten behandelt werden. Umfeldbeobachtungen des Traineeprogramms, wie beispielsweise die Nachfrage des Programms bei den Bewerbern und den Banken, die Qualität der Bewerber, aber auch die Fluktuations- und Abbrecherquote von eingestellten oder ausgebildeten Trainees liefern dabei zusätzliche Rahmeninformationen über die Güte oder den Nutzen des Programms. Diese zusätzlichen Informationen sollen den Beurteilungen des Programms durch Trainees und Personalverantwortliche vorangestellt werden.

Die **Anzahl und Attraktion der Bewerber** für das Traineeprogramm werden im folgenden dargestellt. Im Beobachtungszeitraum von ca. 19 Monaten bewarben sich für das Traineeprogramm in Bayern 91 Hoch- und Fachhochschulabsolventen. Die Akademie Bayerischer Genossenschaften war in diesem Zeitraum (Jan. 96 bis August 97) auf 9 Firmenkontaktgesprächen vertreten, um für die bayerischen Volks- und Raiffeisenbanken Absolventen zu rekrutieren. Im Jahr 1996 wurden zusätzlich 20 Anzeigen für das Traineeprogramm bundesweit geschalten.
Eine von Gerlich bereits 1996 veröffentlichte Teilstudie ergab, daß für die Stichprobe der 159 examensnahen Studenten der BWL die Positionen Firmenkundenbetreuung, Kredit, Privatkundenbetreuung und Wertpapiere sowie die Aussicht auf die Leitung einer Filiale die attraktivsten waren (vgl. Gerlich, 1996, S. 147). Des weiteren zeigte sich, daß gemäß dieser Erhebung zu den attraktivsten Arbeitgebern die Bayerische Vereinsbank, die Deutsche Bank, die Dresdner Bank sowie Privatbanken zählten. Die Volks- und Raiffeisenbanken lagen dabei zusammen mit West-LB, Sparkassen und DG-Bank auf Rang 9 von insgesamt 19 zur Auswahl stehenden Kreditinstituten der Beliebtheitsskala als zukünftiger Arbeitgeber. In einer Studie von Schwaab und Schuler aus dem Jahre 1991 war die Rangreihe attraktiver Arbeitgeber bei 364 wirtschaftswissenschaftlichen Studenten mit bankbetrieblichem Schwerpunkt folgende: 1. Dresdner Bank, 2. Commerzbank und Deutsche Bank, 4. West LB, 5. Bayerische Vereinsbank, 6. Hypobank, 7. andere Landesbanken, 8. Sparkassen, den 9. und letzten Rang teilen sich genossenschaftliche Primär- und Zentralbanken (inkl. DG Bank). Für 70 % der Studenten war es dabei ohne Bedeutung, ob sie über ein Traineeprogramm oder einen Direkteinstieg ihr Arbeitsleben beginnen (vgl. Gerlich, 1996, S. 148 f.).

Die **Qualifikationen** der Bewerber insgesamt lassen sich dabei kurz wie folgt
darstellen. 41 % waren älter als 28 Jahre und 60 % jünger oder gleich 28 Jahre alt.
Obwohl das Geschlecht der Bewerber im Rahmen der Erfassung der Qualifikationen
nicht erhoben wurde, kann man davon ausgehen, daß sich das bereits früher
erhobene Verhältnis von ca. 25 % weiblichen Bewerberinnen zu ca. 75 % männli-
chen Bewerbern (s.a. Gerlich, 1996) wieder zeigen würde. Dies entspricht im Prinzip
auch dem gefundenen Geschlechterverhältnis der Befragung bei Studenten der
Betriebswirtschaftslehre von 28 % weiblichen Studentinnen (s.a. Gerlich, 1996, S.
141). Eine Bankausbildung bringen 56 % der Bewerber mit. Ein oder mehrere
Bankpraktika haben 71 % absolviert. Die an Universitäten (66 %) und Fachhochschulen (34 %) studierten Fächer teilen sich auf in BWL (75 %), VWL (13 %), Jura
(7 %) und andere Hauptfächer (4 %). Schwerpunktfächer beziehen sich v.a. auf
Bankbetriebslehre, Investition und Finanzierung mit z.T. zusätzlichen Schwerpunk-
ten in den Fächern Rechnungswesen, Controlling, Revision, Marketing, Wirtschafts-
prüfung, Personal/Management, Wirtschaftsinformatik, -statistik oder -ingenieur-
wesen.

Tabelle 11: Vergleich aufgenommener und abgelehnter Bewerbungen bezüglich der Erfüllung
der Auswahlkriterien

Kriterium und Wunschausprägung	Erfüllungsgrad in Prozent	
	aufgenommen (Prozentuierungsbasis = 71)	abgelehnt (Prozentuierungsbasis = 20)
Alter (<= 28 Jahre)	59 %	60 %
Ort (Bayern)	92 %	60 %
Bankausbildung (vorhanden)	68 %	15 %
Bankpraktika (vorhanden)	83 %	30 %
Studienfach (BWL)	83 %	45 %
Noten (sehr gut bis befriedigend)	91 %	81 %
Beurteilungen Praktika (sehr gut bis befriedigend)	100 %	88 %

Die Noten der Bewerber im Rahmen einer Grobsichtung über Abitur-, Vordiplom-
und Diplomnoten sind im Schnitt zu 50 % *sehr gut* oder *gut*, zu 40 % *gut* oder *befriedigend* und zu 10 % *befriedigend* oder *ausreichend*. Die Beurteilungen in Prakti-
kumsbescheinigungen sind zu 87 % *sehr gut* oder *gut*, zu 12 % *gut* oder *befriedigend*
und zu 1 % *befriedigend* oder *ausreichend*. Die Bewerber kamen dabei zu 85 % aus
Bayern.
Der Aufenthalt im Pool beträgt durchschnittlich 4 Monate (s = 1,3). Dabei kann
nochmals unterschieden werden zwischen von Bewerbern zurückgezogenen Bewerbungen von 38 % nach einem durchschnittlichen Zeitraum von 3,5 Monaten, nach
von der Akademie nach durchschnittlich 4,5 Monaten abgesagten Bewerbungen (58
%) und nach 3 % vermittelten Bewerbungen nach einem durchschnittlichen Zeitraum
von 2,8 Monaten. Ein Vergleich aufgenommener (78 %) und abgelehnter (22 %)
Bewerbungen und damit auch eine Überprüfung der Konsistenz der Vorauswahlent-
scheidung in bezug auf die Qualifikationen anhand der Wunschausprägungen der
Vorauswahlkriterien zeigt Tabelle 11.

Die **Nachfrage der Banken nach auszubildenden Trainees** ist festzustellen über
die tatsächlich eingestellten Bewerber als Trainees, da davon auszugehen ist, daß
Banken, die einen Trainee einstellen wollten, dies auch taten. Dies waren vom
Zeitraum April 1993 bis Oktober 1996 insgesamt 19 Personen, die der Akademie
Bayerischer Genossenschaften zur Kenntnis kamen. Die Frage, ob die Bank wieder
einen Trainee einstellen würde, falls Bedarf bestehe, beantworteten die befragten
Personalverantwortlichen/Traineebetreuer zu 100 % mit *ja*. Die Trainees selbst
waren den Banken teils durch eine Ausbildung im Hause (17 %), teils durch absolvierte Praktika (17 %) bereits vor dem Traineeprogramm bekannt; 33 % lernten ihre
zukünftigen Mitarbeiter erst über deren Bewerbung kennen.

Bezüglich der **Fluktuations- oder Abbrecherquote** ist folgendes festzuhalten. Im
Laufe der Zeit, frühestens aber nach Abschluß des Traineeprogramms befinden sich
10 der ursprünglich 19 ausgebildeten Trainees nicht mehr an der Position, für die sie
ausgebildet worden waren. Dies ist eine Fluktuationsquote von 53 %. Die Gründe für
das Ausscheiden aus der Bank sind dabei sehr individuell: Babypause, Wechsel zur
Großbank, Zurückstufung aufgrund Eignungsfehleinschätzung, Heirat inkl. Umzug,
Umfeldbedingungen in der Bank, Wechsel in andere genossenschaftliche Primärbank, Wechsel in anderen Beruf, Wechsel aufgrund eines zu geringen Handlungs-
und Entscheidungsspielraumes und aus Gründen, die nicht mehr eruiert werden
konnten. Von den 11 befragten Trainees der vorliegenden Stichprobe verließen nach
der Befragung noch 7 die Bank. Vier der befragten Trainees befinden sich noch in
ihrer Trainee-Ausbildungsbank und sind auf der Position tätig, für die sie eingestellt
und ausgebildet wurden. Zum Zeitpunkt der Datenerhebung äußerten sich die befragten Personalverantwortlichen/Traineebetreuer zu der Feststellung, daß sie keine

Bedenken haben, der Trainee könnte nach seiner Ausbildung die Bank verlassen zu 33 % mit *trifft wenig zu*, zu 50 % mit *trifft zu* und zu 17 % mit *trifft sehr zu*.

Eine vom Psephos Institut 1997 veröffentlichte Studie kommt zu dem Ergebnis, daß 62 % der Nachwuchskräfte in Kreditinstituten und Finanzdienstleistungsunternehmen „sicher" oder „wahrscheinlich" das Unternehmen im Hinblick auf die Entwicklung der eigenen Karriere wechseln wollen. Dies ist im Vergleich mit anderen Branchen (Bergbau, Energie, Pharmaindustrie, Nahrungsmittelindustrie, Groß-, Außen- und Einzelhandel etc.) der höchste Prozentsatz der Wechselbereitschaft. Erstaunlich ist allerdings, daß die Wechselbereitschaft laut Psephos prozentual zunimmt, je weniger Probleme beim Ein-/Aufstieg berichtet werden konnten.

Wichtig im vorliegenden Zusammenhang zu erwähnen ist zudem, daß 71 % der befragten Studenten der vorliegenden Arbeit ein Traineeprogramm als den Beginn eines dauerhaften Arbeitsverhältnisses betrachten (vgl. Gerlich, 1996).

5.3.1 Programmdurchführung und -ablauf

Bei der näheren Betrachtung der Zufriedenheit mit Programmdurchführung und -ablauf sollen nun im folgenden die Beurteilungen der Trainees selbst und der Personalverantwortlichen/Traineebetreuer näher betrachtet werden.

Die meisten Trainees und Personalverantwortlichen (PV) beurteilen folgende Punkte als *weitgehend* oder *völlig zutreffend*:

- die gute Organisation der Seminarbesuche (Trainees: 82 %; PV: 100 %),
- die individuelle und flexible Gesamtplanung des Traineeprogramms in der Bank (Trainees: 91 %; PV: 83 %),
- die ausreichend vorbereitete Einführung bei Kollegen und einzelnen Abteilungen (Trainees: 60 %; PV: 100 %),
- den Einsatz in wesentlichen Abteilungen der Primärbank (Trainees: 60 %; PV: 84 %) und
- die gut vorbereitende Funktion der Spezialisierungsstufe in der Bank auf künftige Positionen (Trainees: 80 %; PV: 100 %).

Weitgehend oder *völlig* positiv beurteilen die meisten Trainees die problemlose Organisation einer Unterkunft bei Praxiseinsätzen außerhalb der Primärbank (63 %) und die Informationsbereitschaft der Ausbilder einzelner Praxisstationen (82 %). Die Frage, ob bei den Praxiseinsätzen Abschlußgespräche mit Abteilungsleitern geführt wurden, trifft bei den meisten Trainees (64 %) *weitgehend* zu. Eher negativ wird die Organisation des 1. Tages in den Praxisstationen (64 % *nicht* oder *kaum* gut) als auch die Organisation der Praxiseinsätze außerhalb der Primärbank über die Akademie (55 % *nicht* oder *kaum* gut) von den Trainees beurteilt. Von den PV wird diese

Organisation der Praxiseinsätze außerhalb der Primärbank als *nicht gut* (33 %), aber auch als *weitgehend gut* (33 %) eingeschätzt. Die Frage, ob die Betreuung des Traineeprogramms durch die Akademie gut gewesen sei, beantworten die Trainees in den meisten Fällen zwiespältig mit *trifft kaum* (46 %), aber auch *trifft weitgehend* (46 %) zu; die PV beantworten diese Frage am häufigsten mit *trifft weitgehend* (83 %) zu. Bezüglich der Dauer des Gesamtprogramms als auch seiner Teilstufen urteilen die Trainees, daß die Gesamtdauer mit 18 Monaten *völlig* richtig (64 %), daß die Basisstufe mit 12 Monaten *völlig* zu lang (46 %) und die Spezialisierungsstufe mit 6 Monaten z.T. *nicht* zu kurz (36 %) und z.T. *völlig* zu kurz (36 %) ist.

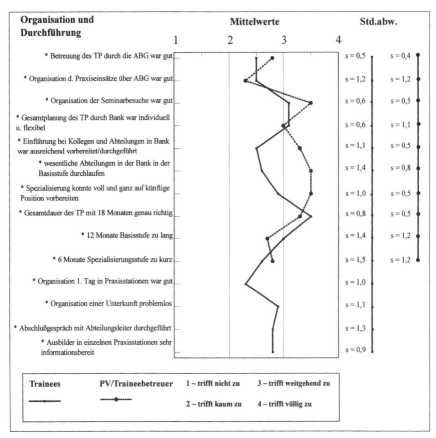

Abbildung 9: Bewertung der Organisation und Durchführung des Traineeprogramms durch Trainees und Personalverantwortliche (dargestellt anhand von Mittelwerten und Standardabweichungen)

Die PV beurteilen die Gesamtdauer *weitgehend* richtig (67 %), die Basisstufe *kaum* (33 %), aber auch *völlig* (33 %) zu lang und die Spezialisierungsstufe *weitgehend* (33 %) und *völlig* (33 %) zu kurz. Ein mindestens jährliches Traineetreffen halten die meisten Trainees für notwendig (55 % *trifft völlig zu*), während die meisten PV dies nicht tun (50 % *trifft nicht zu*). Nach Ansicht der meisten PV (83 %) sollten Ehemalige zu solchen Treffen eher *nicht* oder *kaum* eingeladen werden, während die meisten Trainees (91 %) dies *weitgehend* oder *völlig* befürworten. Auf die Frage, ob ein jährlicher Erfahrungsaustausch über das Traineeprogramm nötig ist, antworten die meisten Trainees (72 %) mit *trifft völlig zu* und die meisten PV (50 %) mit *trifft weitgehend zu*. Die Mittelwerte beider Beurteilergruppen inkl. der jeweiligen Standardabweichungen zeigt Abbildung 9.

Die interne Konsistenz der Skala *Organisation und Durchführung* zeigt Tabelle 12 für die zwei Stichproben.

Tabelle 12: Werte der internen Konsistenz für die Skala *Organisation und Durchführung*

Stichprobe	Organisation und Durchführung	
	Cronbachs Alpha	*Anzahl der Items*
Trainees	$\alpha = 0{,}72$	17
Personalverantwortliche/Traineebetreuer	$\alpha = 0{,}72$	13

Der Vergleich der Mittelwerte zwischen Personalverantwortlichen und Trainees bezüglich der Skala *Organisation und Durchführung* ergibt einen t-Wert von 0,4 (DF 15) bei homogenen Varianzen, der nicht signifikant ist. Bei dem Vergleich zwischen verbliebenen und fluktuierten Trainees zeigt sich ein t-Wert von 1,01 (DF 3,67) bei heterogenen Varianzen, der ebenfalls nicht signifikant ist.

5.3.2 Programminhalte

Die Beurteilung des in Seminaren und Praxiseinsätzen vermittelten Wissens sowohl durch Trainees als auch durch Personalverantwortliche wird im folgenden dargestellt.
Bezüglich der *weitgehenden* oder *völligen* Abstimmung einzelner Seminare auf den Bedarf von Trainees verteilen sich die Antworten wie folgt:

- Einführungsseminar (Trainees: 27 %; PV: 67 %),
- Vermögensberatung (Trainees: 73 %; PV: 83 %),
- Kreditgeschäft (Trainees: 73 %; PV: 83 %),

- Aufbauseminar (Trainees: 57 %; PV: 100 %) und
- Abschlußseminar (Trainees: 78 %; PV: 100 %).

Dabei werden nach Ansicht der meisten Trainees in den Seminaren einige Themen *völlig* zu kurz (46 %) und andere *völlig* zu lang (50 %) behandelt. Die meisten PV (50 %) und Trainees (50 %) stimmen darüber überein, daß die in den Praxiseinsätzen bei den Verbundpartnern vermittelten fachtheoretischen Inhalte nur *kaum* später in der Bank nützlich sind. Weiterer Konsens zwischen beiden Beurteilergruppen herrscht bezüglich der *weitgehenden* Vermittlung des nötigen Praxiswissens in der Primärbank (Trainees: 91 %; PV: 83 %). Während den meisten Trainees (80 %) nach den Praxiseinsätzen bei Verbundpartnern dortige Arbeitsabläufe *weitgehend* und *völlig* klarer sind, schätzen die meisten PV (50 %) diesen Sachverhalt als *weitgehend* zutreffend ein. Die Mittelwerte beider Beurteilergruppen mit den jeweiligen Standardabweichungen zeigt Abbildung 10.

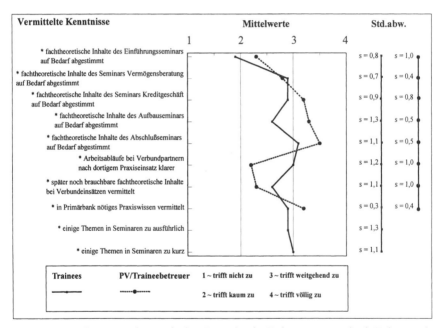

Abbildung 10: Bewertung der vermittelten Kenntnisse im Traineeprogramm durch Trainees und Personalverantwortliche (dargestellt anhand von Mittelwerten und Standardabweichungen)

Die internen Konsistenzen der Skala *Wissen* zeigt Tabelle 13.

Tabelle 13: Werte der internen Konsistenz für die Skala *Wissen*

Stichprobe	Vermittelte Kenntnisse/Wissen	
	Cronbachs Alpha	*Anzahl der Items*
Trainees	α = 0,76	10
Personalverantwortliche/Traineebetreuer	α = 0,74	8

Die mehrfaktorielle Varianzanalyse bezüglich der Skala *Wissen* bzw. vermittelte Kenntnisse zwischen den Trainees anhand der Faktoren Alterskategorie, Mittelwert der Abitur-, Ausbildungs- und Diplomabschlußnote, Art der Hochschule, ggf. vorhandene Ausbildung, Kontakt zum Arbeitgeber bereits vor dem Traineeprogramm, ggf. nötiger Umzug sowie Verbleib/Fluktuation ergibt keine signifikanten Unterschiede. Ebenso unterscheiden sich die Einschätzungen der Trainees und ihrer Betreuer nicht signifikant voneinander.

5.4 Ergebnisse zur Arbeitsumgebung

Die im Rahmen der Arbeitsumgebung erhobenen Daten beziehen sich v.a. auf die soziale Integration und die Transferbedingungen in der Bank.

5.4.1 Soziale Unterstützung bzw. soziale Integration

Die Fragen zur sozialen Integration bzw. sozialen Unterstützung können sowohl für Trainees und deren Betreuer, aber auch für akademische Direkteinsteiger ausgewertet werden. Die akademischen Direkteinsteiger, im folgenden aD abgekürzt, berichten am häufigsten, daß ihre Kollegen *weitgehend* (36 %), aber auch *völlig* (29 %) über ihre Aufgaben und organisatorische Einbettung bei Arbeitsbeginn informiert waren. Ein ähnliches Bild zeigt sich bei den Traineebetreuern, die zu 67 % angeben, daß die Mitarbeiter der Bank *völlig* über die Aufgaben des Trainees informiert waren. Dagegen spalten sich die Aussagen der Trainees selbst deutlich. Während 36 % eine *weitgehende* Information der Kollegen angeben, konnten 46 % diese *nicht* erkennen. Die Mitarbeiter der Bank hatten aus Sicht der Trainees *kaum* (36 %), aber auch *weitgehend* (35 %) realistische Erwartungen an die Akademiker. Ebenso berichten die aD über *kaum* (39 %) und *weitgehend* (54 %) realistische Erwartungen. Dagegen schätzen die Traineebetreuer dies zu 80 % als *weitgehend* zutreffend ein. Im positiven Bereich bei allen drei Beurteilergruppen lag die Einschätzung, daß die ersten Kontakte mit Kollegen *weitgehend* oder *völlig* leicht fielen: Trainees zu 82 %, Traineebetreuer zu 67 % und aD zu 100 %. Die Frage, ob die Kollegen Verblüffung über das Einstiegsgehalt von Akademikern zeigten, beantworten die meisten aD (80 %) als *nicht* zutreffend, die meisten Trainees (44 %) und ihre Betreuer (75 %) als *kaum* zutreffend. Die Feststellung, daß keiner der Kollegen den Eindruck hatte, der Akademiker würde ihm eine Position in der Bank wegnehmen, schätzen die meisten Trainees (55 %) als *weitgehend* zutreffend und die meisten ihrer Betreuer als *kaum* (33 %) oder *weitgehend* (50 %) zutreffend ein. Dagegen schätzen die aD diesen Sachverhalt als *nicht* zutreffend zu 31 %, aber auch als *völlig* zutreffend zu 39 % ein.

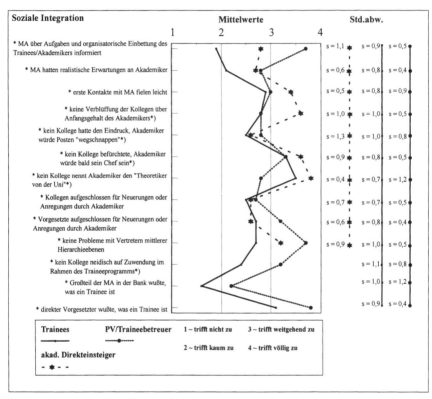

Abbildung 11: Bewertung der sozialen Integration durch Akademiker mit und ohne Traineeprogramm sowie durch Traineebetreuer (dargestellt anhand von Mittelwerten und Standardabweichungen); mit *) gekennzeichnete Items waren im Fragebogen negativ gepolt

Die meisten Trainees, aD und Traineebetreuer können die Frage eher verneinen, ob einige der Kollegen/Mitarbeiter die Befürchtung hatten, daß der Akademiker bald ihr Vorgesetzter sein würde. Im einzelnen konnten die Trainees diesen Aspekt zu 36 %

weitgehend und zu 46 % *völlig* ausschließen, ihre Betreuer zu 67 % *weitgehend* und die aD zu 77 % *völlig*. Daß die Kollegen die Akademiker anfangs als „Theoretiker von der Uni" bezeichneten, schließen die Trainees zu 64 % *völlig*, ihre Betreuer zu je 33 % *weitgehend* bzw. *völlig* und die aD zu 79 % *völlig* aus. Gegenüber Neuerungen oder Anregungen waren die Kollegen der aD zu 29 % *kaum* und zu 57 % *weitgehend* aufgeschlossen, die der Trainees zu 64 % *weitgehend* und nach Einschätzung der Traineebetreuer zu 67 % *weitgehend*. Gegenüber Neuerungen durch die Akademiker zeigten die Vorgesetzten der meisten Trainees (64 %) und der meisten aD (64 %) eine *weitgehende* Aufgeschlossenheit. Ebenfalls als *weitgehend* zutreffend schätzen die meisten Betreuer (83 %) diesen Sachverhalt ein. Die meisten der Trainees (55 % *weitgehend* zutreffend), ihrer Betreuer (33 % *weitgehend* oder 67 % *völlig* zutreffend) und der aD (zu je 43 % *weitgehend* bzw. *völlig* zutreffend) berichteten, daß es keine Probleme mit Vertretern mittlerer Hierarchieebenen gab.

Speziell zur sozialen Integration von Trainees wurden allerdings noch drei weitere Fragen beantwortet. Die erste enthielt die Feststellung, daß einige Kollegen neidisch auf die Zuwendungen im Rahmen eines Traineeprogramms waren. Dieser Aussage können die meisten Trainees (33 %) *weitgehend* zustimmen. Allerdings verteilen sich die Antworten auf diese Frage sehr gleichmäßig über alle vier Antwortkategorien. Die gleiche Frage wird von den Traineebetreuern mit 83 % eher ablehnend bewertet (33 % trifft *nicht* und 50 % trifft *kaum* zu). Nach Einschätzung der meisten Trainees (64 %) wußte der Großteil der Kollegen anfangs *nicht*, was ein Trainee eigentlich ist. Die meisten Betreuer gehen ebenfalls davon aus, daß die Mitarbeiter in der Bank zu je 33 % *nicht* bzw. *kaum* wußten, was ein Trainee ist. Dagegen waren nach Einschätzung der meisten Trainees (82 %) und ihrer Betreuer (100 %) die direkten Vorgesetzten der Trainees *weitgehend* oder *völlig* über ihren Status informiert. Die Mittelwerte aller drei Beurteilergruppen mit den jeweiligen Standardabweichungen zeigt Abbildung 11.

Die interne Konsistenz der Skala *soziale Integration* zeigt Tabelle 14.

Tabelle 14: Werte der internen Konsistenz für die Skala *soziale Integration*

Stichprobe	Soziale Integration	
	Cronbachs Alpha	*Anzahl der Items*
Trainees	$\alpha = 0,79$	13
Personalverantwortliche/Traineebetreuer	$\alpha = 0,88$	13
akademische Direkteinsteiger	$\alpha = 0,51$	10

Eine mehrfaktorielle Varianzanalyse bezüglich bereits bei der Skala *Wissen* genannter Faktoren zwischen den Trainees ergibt keinen signifikanten Wert. Der Vergleich der Mittelwerte zwischen Trainees, deren Betreuern und den akademischen Direkteinsteigern auf den 10 gemeinsam beantworteten Items über die einfaktorielle Varianzanalyse zeigt einen ebenfalls nicht signifikanten F-Wert an.

5.4.2 Möglichkeiten der Umsetzung

Zu den Möglichkeiten der Umsetzung wurden (ebenfalls wie oben) sowohl Trainees, deren Betreuer und die akademischen Direkteinsteiger befragt. Möglichkeiten der Umsetzung betreffen dabei zum einen die im Rahmen des Studiums erworbenen Kenntnisse und Fähigkeiten, aber auch solche, die im Rahmen des Traineeprogramms erworben wurden. Fragen zu letzterem wurden bei den aD nicht gestellt. Die Auswertung der Ergebnisse zeigt folgendes:

Auf die Frage, ob im Studium erworbene Kenntnisse in der Bank angewendet werden können, antworten jeweils 50 % der aD mit trifft *kaum* oder *weitgehend* zu. Die meisten Trainees (73 %) urteilen, daß sie das Studienwissen *weitgehend* einsetzen können und ihre Betreuer glauben zu 100 % ebenso *weitgehend* daran. Die bereits erwähnte Psephos-Studie kommt zu dem Ergebnis, daß das im Studium erworbene Wissen nach Einschätzung der Absolventen insgesamt zu 33,4 % und im speziellen von Studierenden der Wirtschaftsfächer zu 34,7 % angewandt werden kann. Die Vorgesetzten der aD interessieren sich nach Aussage letzterer zu 43 % *nicht* und zu 29 % *weitgehend* für das, was ihre Mitarbeiter in den Seminaren gelernt hatten und zu 64 % *kaum* für die im Studium erworbenen Kenntnisse der aD. Die Trainees urteilen, daß sich 36 % ihrer Vorgesetzten *kaum* und 27 % *weitgehend* für den Lernaspekt der Seminare und zu 46 % *nicht* bzw. zu 55 % *kaum* für die Lerninhalte des Studiums interessierten. Die gleichen Fragen beantworten die Traineebetreuer für die Seminare zu 67 % als *völlig* zutreffend und für das im Studium erworbene Wissen zu je 33 % als *kaum*, *weitgehend* und *völlig* zutreffend. Nach Einschätzung aller drei Beurteilergruppen erhalten die meisten aD (50 %) und die meisten Trainees (55 %; 50 % der Traineebetreuer) von ihrem Vorgesetzten über ihre Leistungen *weitgehend* Rückmeldung. Auf die Frage, ob der Vorgesetzte genügend Handlungsspielraum zuläßt, antworten die aD zu 50 % mit trifft *weitgehend* und zu 43 % mit trifft *völlig* zu. Die Trainees beantworten diese Frage zu 46 % mit trifft *kaum* und zu 36 % mit trifft *weitgehend* zu; ihre Betreuer schätzen den gegebenen Handlungsspielraum zu 67 % als *weitgehend* vorhanden ein. Die Motivation durch den Vorgesetzten, Gelerntes auch anzuwenden, wird von den aD *kaum* (50 %), aber auch *weitgehend* (36 %) berichtet, von den Trainees *kaum* (64 %) oder *weitgehend* (28 %) und die Traineebetreuer glauben, daß die Motivation *weitgehend* (67 %) und *völlig* (33 %) vorliegt. Die meisten aD schätzen, daß ihnen die Übertragung von theoretischen Inhalten auf die Praxis *weitgehend* leicht fällt (50 %) und sie Fachwissen *weitgehend* oder *völlig* leicht im Gedächtnis behalten können (je 43 %). Den meisten Trainees fällt Transfer *weitgehend* leicht (91 %) und die Erinnerung an Fachwissen *weitgehend* oder *völlig* leicht (je 46 %).

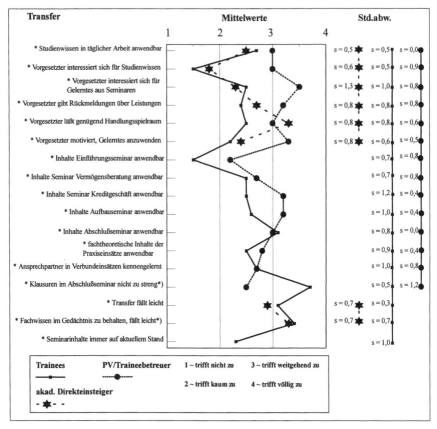

Abbildung 12: Bewertung der Transferunterstützung durch Akademiker mit und ohne Trainee-programm sowie durch Traineebetreuer (dargestellt anhand von Mittelwerten und Standardabweichungen); mit *) gekennzeichnete Items waren im Fragebogen negativ gepolt

Die Anwendbarkeit der Seminarinhalte, die im Rahmen des Traineeprogramms erworben wurden, schätzen die Trainees und ihre Betreuer zu folgenden Anteilen als *weitgehend* und *völlig* zutreffend ein:

- Einführungsseminar (Trainees: 10 %; PV: 33 %),
- Vermögensberatung (Trainees: 36 %; PV: 83 %),

• Kreditgeschäft (Trainees: 64 %; PV: 100 %),
• Aufbauseminar (Trainees: 57 %; PV: 100 %) und
• Abschlußseminar (Trainees: 78 %; PV: 100 %).

Bezüglich der Seminare im allgemeinen urteilen die Trainees weiterhin, daß diese zu 36 % *weitgehend* auf dem neuesten Stand, aber zu je 27 % *nicht* oder *kaum* auf demselben waren. Die Klausuren im Abschlußseminar werden von den meisten Trainees (67 %) *nicht* als zu streng empfunden und von den Betreuern als *kaum* (50 %), aber auch als *völlig* (33 %) zu streng. Die meisten Trainees (55 %) können fachtheoretische Inhalte aus den Praxiseinsätzen in der Bank *kaum* anwenden. Die meisten Traineebetreuer (83 %) schätzen dagegen, daß diese fachtheoretischen Inhalte in der Bank *weitgehend* anwendbar sind. In den Praxiseinsätzen bei Verbundpartnern lernten die meisten Trainees (55 %) *weitgehend* die Ansprechpartner kennen, zu denen sie durch die tägliche Arbeit bedingt auch später noch Kontakt hatten. Die Traineebetreuer schätzten die Brauchbarkeit von Kontakten aus Verbundeinsätzen zu 50 % als *kaum* gegeben ein. Die Mittelwerte der Items aller drei Beurteilergruppen inkl. der jeweiligen Standardabweichungen zeigt Abbildung 12.

Die internen Konsistenzen der Skala *Transfer* zeigt Tabelle 15.

Tabelle 15: Werte der internen Konsistenz für die Skala *Transfer*

Stichprobe	Transfer	
	Cronbachs Alpha	*Anzahl der Items*
Trainees	α = 0,34	16
Personalverantwortliche/Traineebetreuer	α = 0,66	13
akademische Direkteinsteiger	α = 0,64	8

Da die einzelnen Items für die jeweiligen Stichproben nicht sehr konsistent sind, wird kein Mittelwertvergleich auf Skalenebene für die komplette Skala durchgeführt. Für die sechs von allen Gruppen beantworteten Items, die sich v.a. auf die Transferunterstützung des Vorgesetzten beziehen, ergibt sich ein gemeinsames Cronbachs Alpha von α = 0,74. Die Daten sind normal verteilt; die Varianzen sind homogen. Eine einfaktorielle Varianzanalyse bezüglich dieser sechs Items als einer Skala und dem Faktor Zugehörigkeit zur Stichprobe (Betreuer, Trainees und aD) ergibt zwischen den Gruppen einen signifikanten F-Wert von 7,06 (DF 2). Der Bonferroni-Test weist den multiplen Mittelwertunterschied zwischen den Traineebetreuern und den aD und zwischen den Traineebetreuern und den Trainees aus. Dabei liegt der Mittelwert der Traineebetreuer signifikant über dem der Trainees und dem der akademischen Direkteinsteiger. Für die gleichen sechs Items ergibt sich innerhalb der Gruppe Trainees ein Cronbachs Alpha von 0,59; mit diesen sechs Items zeigt ein

Mittelwertvergleich keinen signifikanten Unterschied zwischen fluktuierten und verbliebenen Trainees.

5.5 Ergebnisse zu Teilnehmer-Merkmalen

Die Erhebungen zu den Teilnehmer-Merkmalen erstrecken sich, wie in den vorherigen Kapiteln erläutert, auf die Fähigkeit, die Persönlichkeit und die Motivation. Die Darstellung der Ergebnisse wird sich bei den Skalen zur Methoden-, sozialen und personalen Kompetenz bei der deskriptiven Auswertung allerdings auf Mittelwerte und Standardabweichungen der Skalen beschränken, da die Anzahl der Items der jeweiligen Skalen nur überaus langwierige und ausführliche Einzeldarstellungen erlauben würde und zudem die Häufigkeitsverteilungen einzelner Items über vier verschiedene Beantwortergruppen keinen größeren Erkenntnisgewinn versprechen. In einem zweiten Schritt sollen allerdings die dargestellten Mittelwerte auf ihre statistische Signifikanz in bezug auf mögliche Unterschiede überprüft werden, was auch der zentralen Fragestellung entspricht.

5.5.1 Fähigkeit

Zunächst ist die Betrachtung der einzelnen Fragen skalenweise zulässig, da sich gute bis sehr gute Werte für die interne Konsistenz ergeben. Die über Cronbachs Alpha errechneten Werte pro Stichprobe für die Methodenkompetenz und die soziale Kompetenz zeigt Tabelle 16.

Tabelle 16:   Werte der internen Konsistenz für die Skalen *Methodenkompetenz* und *soziale Kompetenz*

Stichprobe	Methodenkompetenz		Soziale Kompetenz	
	Cronbachs Alpha	*Anzahl der Items*	*Cronbachs Alpha*	*Anzahl der Items*
Trainees	$\alpha = 0,92$	38	$\alpha = 0,84$	24
Personalverantwortliche/ Traineebetreuer	$\alpha = 0,95$	38	$\alpha = 0,93$	24
akademische Direkteinsteiger	$\alpha = 0,93$	38	$\alpha = 0,89$	24
Praktiker	$\alpha = 0,85$	38	$\alpha = 0,76$	24

In der Selbsteinschätzung ihrer **Methodenkompetenz** (ohne Berücksichtigung spezieller Fachkenntnisse) durch die Trainees, die akademischen Direkteinsteiger und die

Praktiker sowie die Fremdeinschätzung der Trainees durch die Personalverantwortlichen zeigen sich folgende Ergebnisse. Bezüglich der Skalenmittelwerte ergibt sich für die Traineebetreuer die niedrigste (Fremd-)Einschätzung mit einem Wert von M = 2,94 (s = 0,35), für die akademischen Direkteinsteiger ein Wert von M = 3,18 (s = 0,34), für die Praktiker der zweithöchste Wert mit M = 3,2 (s = 0,29) und für die Trainees der höchste Wert mit M = 3,37 (s = 0,29). Die Varianzen sind nach Levene`s Test homogen; die Daten sind normalverteilt (Kolmogorow-Smirnow-Test).

Eine einfaktorielle Varianzanalyse bezüglich des Faktors Stichprobenzugehörigkeit (Trainees, Betreuer, Praktiker und aD) und der abhängigen Variablen Methodenkompetenz zeigt einen signifikanten Unterschied zwischen den Gruppen an (empir. F-Wert = 2,68; DF 3). Das genauere Überprüfen dieses Hinweises (Bonferroni-Test) deckt auf, daß der signifikante Unterschied zwischen den Trainees und ihren Betreuern besteht. Die oben dargestellten Skalenmittelwerte zeigen, daß sich die Trainees durchschnittlich (M = 3,4) signifikant besser einschätzen, als dies ihre Betreuer über die Fremdeinschätzung (M = 3,0) tun.

Die Frage, ob sich die Mittelwerte zwischen den Einschätzungen durch Faktoren wie Zugehörigkeit zur Stichprobe (Trainees, Praktiker und aD), Alterskategorie (20-29, 30-39 und 40-46), Ausbildung (Bank, keine/sonstige), Ausbildungsnote in Kategorien (1-4) sowie Geschlecht unterscheiden, ergibt über eine mehrfaktorielle Varianzanalyse (Normalverteilung und Varianzhomogenität gegeben) einen signifikanten, empirischen F-Wert von 3,72 (DF 2) für den Faktor Alterskategorie alleine. Der multiple Mittelwertvergleich mit dem Bonferroni-Test weist den signifikanten Unterschied zwischen den Alterskategorien 1 (20-29 Jahre) und 2 (30-39 Jahre) aus, wobei die Alterskategorie 1 einen signifikant niedrigeren Mittelwert von 3,1 in der Einschätzung ihrer Methodenkompetenz als die Alterskategorie 2 (M = 3,3) zeigt.

Die Frage, ob sich die Mittelwerte bereits fluktuierter und noch in der Bank tätiger Trainees unterscheiden, kann ebenfalls verneint werden. Bezüglich der Skala *Methodenkompetenz* ergeben sich über eine mehrfaktorielle Varianzanalyse, in die die Faktoren Alterskategorie, Kategorie der Notenmittelwerte aus Ausbildung, Abitur und Diplomabschlußnote, Art der Hochschule, Ausbildung, Kontakt zum Arbeitgeber, Umzug aufgrund des Traineeprogramms sowie Verbleib/Fluktuation einbezogen werden, keine signifikanten Unterschiede zwischen den Gruppen.

Bezüglich der Selbsteinschätzung ihrer **sozialen Kompetenz** durch die Trainees, die akademischen Direkteinsteiger und die Praktiker sowie die Fremdeinschätzung der Trainees durch die Personalverantwortlichen zeigen sich folgende Ergebnisse. Bezüglich der Skalenmittelwerte ergibt sich für die Traineebetreuer die niedrigste (Fremd-)Einschätzung mit einem Wert von M = 2,91 (s = 0,32), für die Praktiker ein Wert von M = 3,21 (s = 0,31), für die akademischen Direkteinsteiger der zweithöchste Wert von M = 3,22 (s = 0,34) und für die Trainees der höchste Wert mit M = 3,26 (s = 0,24). Die Varianzen sind homogen; die Daten sind normalverteilt. Eine mehrfaktorielle Varianzanalyse zeigt, daß sich die Mittelwerte zwischen den Selbsteinschätzungen durch Faktoren wie Zugehörigkeit zur Stichprobe, Alterskategorie, Ausbildung, Ausbildungsnote in Kategorien sowie Geschlecht nicht signifikant unterscheiden. Ebenfalls keine signifikanten Mittelwertunterschiede zeigen sich zwischen den Fremdeinschätzungen der Personalverantwortlichen/Traineebetreuer und den Selbsteinschätzungen der Trainees, der aD und der Praktiker auf der Skala *soziale Kompetenz* (empirischer F-Wert = 2,01; DF 3). Zwischen den Trainees nach den Faktoren Alterskategorie, Kategorie der Notenmittelwerte aus Ausbildung, Abitur und Diplomabschlußnote, Art der Hochschule, Ausbildung, Kontakt zum Arbeitgeber, Umzug aufgrund des Traineeprogramms sowie Verbleib/Fluktuation ergeben sich gleichfalls keine signifikanten Mittelwertunterschiede.

5.5.2 Persönlichkeit

Ebenso wie bei den Skalen zur Fähigkeit sollen auch die Items zur sog. personalen Kompetenz skalenweise betrachtet werden. Die Werte für die interne Konsistenz über Cronbachs Alpha, die ein solches Vorgehen rechtfertigen, zeigt die Tabelle 17.

Tabelle 17: Werte der internen Konsistenz für die Skala *personale Kompetenz*

Stichprobe	Personale Kompetenz	
	Cronbachs Alpha	Anzahl der Items
Trainees	α = 0,75	17
Personalverantwortliche/Traineebetreuer	α = 0,91	17
akademische Direkteinsteiger	α = 0,85	17
Praktiker	α = 0,83	17

Bezüglich der Selbsteinschätzung ihrer **personalen Kompetenz** durch die Trainees, die akademischen Direkteinsteiger und die Praktiker sowie die Fremdeinschätzung der Trainees durch die Personalverantwortlichen zeigen sich folgende Ergebnisse. Bezüglich der Skalenmittelwerte erhält die Fremdeinschätzung der Traineebetreuer den niedrigsten Wert mit M = 3,28 (s = 0,38). An zweitniedrigster Stelle rangieren die Selbsteinschätzungen der Praktiker mit einem Wert von M = 3,29 (s = 0,31). Die zweithöchste Einschätzung ist die der akademischen Direkteinsteiger mit einem Wert von M = 3,3 (s = 0,37), und die höchste Einschätzung geben sich mit einem Wert von M = 3,48 (s = 0,26) die Trainees. Abbildung 13 zeigt die Skalenmittelwerte der personalen Kompetenz und vergleichend dazu die der Methoden- und sozialen Kompetenz über alle Stichproben nochmals im Überblick.

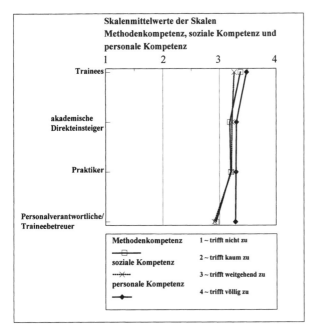

Abbildung 13: Skalenmittelwerte der Skalen *Methodenkompetenz, soziale* und *personale Kompetenz* für die vier Stichproben

Die mehrfaktorielle Varianzanalyse zeigt keine signifikanten Mittelwertunterschiede zwischen den Selbsteinschätzungen nach Faktoren wie Zugehörigkeit zur Stichprobe (Trainees, Praktiker und aD), Alterskategorie, Ausbildung, Ausbildungsnote in Kategorien sowie Geschlecht. Nicht signifikant ist der Mittelwertunterschied zwischen den Fremdeinschätzungen der Personalverantwortlichen/Traineebetreuer und den Selbsteinschätzungen der Trainees, der Praktiker und der aD auf der Skala *personale Kompetenz* (empirischer F-Wert = 1,27; DF 3). Die mehrfaktorielle Varianzanalyse zwischen den Trainees bezüglich der bekannten Faktoren zeigt ebenfalls keine signifikanten Unterschiede.

5.5.3 Motivation

Unter dem Kapitel Motivation sollen nun die nach Vroom operationalisierten Variablen zu Valenz (Wichtigkeit) und Instrumentalität (Wahrscheinlichkeit) sog. beruflicher Ziele dargestellt werden.
Die Werte der internen Konsistenz der Skalen und Stichproben zeigt zunächst Tabelle 18.

Tabelle 18: Werte der internen Konsistenz für die Skalen *Valenz* und *Instrumentalität beruflicher Ziele*

Stichprobe	Berufliche Ziele			
	Valenz		Instrumentalität	
	Cronbachs Alpha	*Anzahl der Items*	*Cronbachs Alpha*	*Anzahl der Items*
Trainees	$\alpha = 0,75$	26 (Voll-version)	$\alpha = 0,93$	26
	$\alpha = 0,60$	18	$\alpha = 0,76$	18
	$\alpha = 0,31$	9		
Personalverantwortliche/ Traineebetreuer	$\alpha = 0,75$	26	$\alpha = 0,73$	26
	$\alpha = 0,57$	18	$\alpha = 0,62$	18
	$\alpha = 0,71$	9		
akademische Direkteinsteiger	$\alpha = 0,84$	26	$\alpha = 0,94$	26
	$\alpha = 0,83$	18	$\alpha = 0,94$	18
	$\alpha = 0,63$	9		
Praktiker	$\alpha = 0,83$	26	$\alpha = 0,88$	26
	$\alpha = 0,82$	18	$\alpha = 0,89$	18
	$\alpha = 0,72$	9		
TN der Sommerakademie	$\alpha = 0,71$	18	$\alpha = 0,82$	18
	$\alpha = 0,55$	9		
Auszubildende mit Abitur	$\alpha = 0,69$	18	$\alpha = 0,83$	18
	$\alpha = 0,61$	9		
Studenten	$\alpha = 0,49$	9		

Besonders zu beachten sind allerdings die verschiedenen Fragestellungen, unter denen den Stichproben die beruflichen Ziele zur Beurteilung der Instrumentalität vorgelegt wurden. Während die Trainees, die Praktiker und die akademischen Direkteinsteiger die Instrumentalität einer wirkungsvollen Handlungsverrichtung bzw. persönlicher Leistung für die Verwirklichung beruflicher Ziele in der Bank für sich selbst über die Frage „Wie wahrscheinlich ist es für Sie, durch Ihre persönlichen Leistungen in Ihrer (Traineeausbildungs-)Bank diese Ziele zu erreichen?" einschätzten, handelte es sich bei den Personalverantwortlichen um Fremdeinschätzungen bezüglich der Frage, inwieweit „durch persönliche Leistungen im Anschluß an eine Trainee-Ausbildung diese Ziele in der eigenen Bank zu erreichen" seien. Dagegen schätzten die Auszubildenden mit Abitur die Frage nach der Instrumentalität eines akademischen Grades ein, und zwar über die Frage: „Wie wahrscheinlich ist es für Sie, aufgrund eines akademischen Grades diese obengenannten Ziele zu erreichen?" Des weiteren müssen die Teilnehmer der Sommerakademie von den anderen Gruppen unterschieden werden, die die Instrumentalität einschätzten, inwieweit die ehemalige Ausbildungsbank die Möglichkeit zur Erreichung der beruflichen Ziele bietet. Eine weitere untersuchte Gruppe stellen die Studenten an Hoch- und Fachhochschulen in Bayern dar, wie bei Gerlich (1996) dargestellt, die in die vorliegende Arbeit allerdings nur auf einer verkürzten Valenzskala beruflicher Ziele in die Auswertung miteinbezogen werden.

Verglichen werden im folgenden zunächst die **Valenzen der einzelnen Handlungsergebnisfolgen** oder einfacher, die Wichtigkeit einzelner beruflicher Ziele. Auf der jeweiligen Version der Skala *Valenz beruflicher Ziele* erreichten die einzelnen Stichproben Werte, die Tabelle 19 im Überblick zeigt.

Tabelle 19: Skalenmittelwerte und Skalenstandardabweichung für die Skala *Valenz beruflicher Ziele*

Stichprobe	Berufliche Ziele	
	Valenz	
	Mittelwert (M); Standardabweichung (s)	*Anzahl der gleichen Items*
Trainees	M = 2,38; s = 0,22	26
	M = 2,55; s = 0,20	18
	M = 2,53; s = 0,22	9
Personalverantwortliche/ Traineebetreuer	M = 2,18; s = 0,23	26
	M = 2,32; s = 0,21	18
	M = 2,30; s = 0,34	9
akademische Direkteinsteiger	M = 2,26; s = 0,29	26
	M = 2,40; s = 0,31	18
	M = 2,44; s = 0,30	9
Praktiker	M = 2,20; s = 0,30	26
	M = 2,36; s = 0,31	18
	M = 2,34; s = 0,36	9
TN der Sommerakademie	M = 2,34; s = 0,26	18
	M = 2,34; s = 0,28	9
Auszubildende mit Abitur	M = 2,24; s = 0,26	18
	M = 2,29; s = 0,32	9
Studenten	M = 2,09; s = 0,30	9

Bei der Einschätzung der persönlichen Wichtigkeit beruflicher Ziele erreichen in allen drei Versionen die Trainees im Durchschnitt den höchsten Wert, die aD den zweithöchsten Wert und die Praktiker den dritthöchsten; im Vergleich mit diesen Gruppen nehmen die Einschätzungen der Personalverantwortlichen Rang 4 ein. In der 18-Item-Version nehmen die Einschätzungen der Sommerakademiker Rang 4 und die der PV Rang 5 ein. In der 9-Item-Version schließlich teilen sich die

Sommerakademiker den 3. Rang mit den Praktikern; die PV nehmen nach den Sommerakademikern den 5. Rang ein. Die Auszubildenden mit Abitur erreichen stets Rang 6. Das Schlußlicht bilden die Studenten mit Rang 7. Eine genauere Darstellung der einzelnen Itemmittelwerte und ihrer Standardabweichungen findet sich in Anhang B.

Ergänzend hierzu kann eine Studie von Schwaab und Schuler (1991) angeführt werden, in der die Autoren folgende Rangreihe von Studenten (n = 364; Wirtschaftswissenschaftler) besonders beachteter Imagedimensionen fanden:

1. Interessante Tätigkeit,
2. gutes Betriebsklima,
3. harmonisches Privatleben,
4. verantwortungsvolle Tätigkeit,
5. gute Karrierechancen,
6. Aus- und Weiterbildung,
7. fachliche Kompetenz,
8. internationale Ausrichtung,
9. Qualifikationen vermitteln,
10. faire Personalauswahl,
11. flexible Arbeitszeit,
12. Leistungsprinzip (Schwaab & Schuler, 1991, S. 110).

Inferenzstatistisch betrachtet, unterscheiden sich die bereits fluktuierten von den verbliebenen Trainees bezüglich der Valenz beruflicher Ziele (Vollversion) nicht signifikant. Auch der Einbezug weiterer Faktoren wie Alterskategorie, Noten, Art der Hochschule, vorhandene Bankausbildung, frühere Kontakte zur Traineebank oder auch erfolgter Umzug zeigen keine Unterschiede zwischen den Trainees. Ebenfalls kein signifikanter Mittelwertunterschied besteht zwischen Trainees, Praktikern und akademischen Direkteinsteigern nach den Faktoren Alterskategorie, vorhandener Bankausbildung, Ausbildungsnote und Geschlecht in der Vollversion. Bezieht man die Teilnehmer der Sommerakademie und die Auszubildenden auf der 18-Item-Skala mit ein, besteht auf dem Faktor Zugehörigkeit zur Stichprobe (Praktiker, Trainees, aD, Sommerakademiker und Auszubildende), nicht aber auf den Faktoren Alterskategorie und vorhandene Bankausbildung, ein signifikanter Mittelwertunterschied mit F = 0,97 (DF 4). Der Vergleich der sechs, auf der 18-Item-Version-Skala, möglichen Stichproben ergibt einen signifikanten F-Wert von F = 3,35. Der multiple Mittelwerttest weist den Unterschied ebenfalls zwischen den Trainees (M = 2,6) und den Auszubildenden mit Abitur (M = 2,2) aus.

Vergleicht man die Mittelwerte aller sieben Stichproben auf der 9-Item-Version, so ergibt sich ein signifikanter F-Wert von F = 11,04. Die signifikanten Mittelwertunterschiede bestehen dabei zwischen den befragten Studenten (M = 2,1) und allen anderen Gruppen außer den Personalverantwortlichen, nämlich den Trainees (M = 2,5), den akademischen Direkteinsteigern (M = 2,4), den Praktikern (M = 2,3), den Sommerakademikern (M = 2,3) und den Auszubildenden mit Abitur (M = 2,3). Bezüglich des Vergleichs aller Stichproben außer den Personalverantwortlichen nach den Faktoren Zugehörigkeit zur Stichprobe, Alterskategorie und vorhandene Bankausbildung (wobei die Auszubildenden *mit Bankausbildung* codiert wurden, da diese zumindest angestrebt wird bzw. in greifbarer Nähe ist) zeigen sich signifikante Haupteffekte ebenfalls nur auf dem bekannten Faktor Stichprobe (F = 5,63; DF 5).

Der Darstellung der Ergebnisse zur Valenz beruflicher Ziele folgen nun die Ergebnisse zur eingeschätzten **Instrumentalität** von persönlicher Leistung in der jeweiligen Bank, von einem akademischen Grad und von der Rückkehr in die ehemalige Ausbildungsbank nach einem Studium für das Erreichen der beruflichen Ziele. Skalenmittelwerte und -standardabweichungen zeigt Tabelle 20.

Tabelle 20: Skalenmittelwerte und Skalenstandardabweichung für die Skala *Instrumentalität*

Stichprobe	Berufliche Ziele	
	Instrumentalität	
	Mittelwert (M); Standardabweichung (s)	*Anzahl der gleichen Items*
Trainees	M = 1,90; s = 0,47	26
	M = 2,03; s = 0,47	18
Personalverantwortliche/ Traineebetreuer	M = 2,20; s = 0,20	26
	M = 2,30; s = 0,23	18
akademische Direkteinsteiger	M = 2,00; s = 0,48	26
	M = 2,14; s = 0,52	18
Praktiker	M = 1,93; s = 0,37	26
	M = 2,07; s = 0,42	18
TN der Sommerakademie	M = 1,89; s = 0,32	18
Auszubildende mit Abitur	M = 1,86; s = 0,38	18

Die Einschätzung der Personalverantwortlichen, inwieweit das Erreichen der Ziele durch persönliche Leistungen nach einem Traineeprogramm in der Bank möglich ist, erhält den höchsten Skalenmittelwert. Bezüglich der Instrumentalität persönlicher Leistung in der Bank ergibt sich zwischen Praktikern, Trainees und aD folgende Rangreihe: am stärksten glauben die aD an die Instrumentalität ihrer Leistung, an zweiter Stelle stehen die Praktiker und an letzter die Trainees. Noch geringer ist die Überzeugung der Sommerakademiker, bei einer Rückkehr in die Bank mit einem akademischen Abschluß ihre Ziele zu erreichen. Im Durchschnitt am geringsten ausgeprägt ist die Einschätzung der Instrumentalität eines akademischen Abschlusses überhaupt bei den Auszubildenden. Wie bei der Valenzskala zeigen sich zwischen den Trainees keine signifikanten Mittelwertunterschiede nach den bereits oben explizierten Faktoren. Ebenfalls keine Unterschiede ergab der Mittelwertvergleich zwischen den Trainees, den Praktikern und den akademischen Direkteinsteigern nach den bekannten Faktoren. Zwischen der Selbsteinschätzung der Trainees und der Fremdeinschätzung der Personalverantwortlichen ergeben sich ebenfalls keine signifikanten Mittelwertunterschiede.

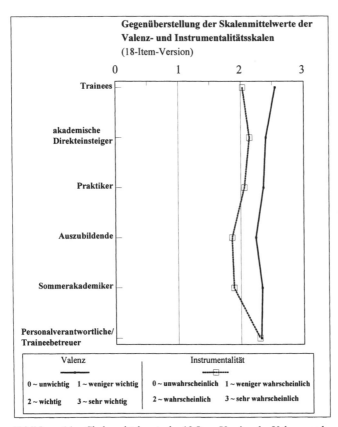

Abbildung 14: Skalenmittelwerte der 18-Item-Version der Valenz- und
Instrumentalitätsskalen für die sechs Stichproben

Abbildung 14 zeigt die Mittelwerte der 18-Item-Versionen der Valenz- und Instrumentalitätsskalen für die sechs Stichproben. Die Korrelationen der beiden Skalen nach Stichprobe zeigt Tabelle 21.

Tabelle 21: Interskalenkorrelation der Valenz- und Instrumentalitätsskala nach befragten Stichproben (18-Item-Version)

Stichprobe	Anzahl berechneter Fälle	Korrelationskoeffizient Valenz - Instrumentalität (nach Pearson)
Trainees	11	.40
Personalverantwortliche/ Traineebetreuer	6	.78
akademische Direkteinsteiger	15	.55*
Praktiker	117	.51*
TN der Sommerakademie	21	.25
Auszubildende mit Abitur	77	.06

* ~ signifikant auf dem 5 %-Niveau; zweiseitig

In diesem Rahmen kann zusätzlich angemerkt werden, daß laut der Psephos-Studie aus Sicht der Nachwuchskräfte die meisten Erwartungen an das Unternehmen im Bereich Aus- und Fortbildung (28 %), Verdienstmöglichkeiten (23 %) und Aufstiegsmöglichkeiten (20 %) enttäuscht werden.

5.5.4 Genossenschaftliche Identifikation

Für die Operationalisierung der Identifikation nach der Social Identity Theory ergeben sich folgende Werte für die interne Konsistenz der Skala.

Tabelle 22: Werte der internen Konsistenz für die Skala *Identifikation*

	Identifikation	
Stichprobe	Cronbachs Alpha	Anzahl der Items
Trainees	$\alpha = 0,84$	11
Personalverantwortliche/ Traineebetreuer	$\alpha = 0,83$	11
akademische Direkteinsteiger	$\alpha = 0,80$	11
Praktiker	$\alpha = 0,77$	11
Sommerakademie	$\alpha = 0,85$	11

Bezüglich der Fragestellung nach der **Identifikation mit der Genossenschaft** zeigten sich, zunächst deskriptiv betrachtet, folgende Ergebnisse:
Die Skalenmittelwerte für die Praktiker ergeben einen Wert von M = 2,63 (s = 0,43). Die akademischen Direkteinsteiger erreichen einen Wert von M = 2,56 (s = 0,5). Die

Teilnehmer der Sommerakademie erreichen einen Skalenmittelwert von M = 2,85 (s = 0,51). Während die Trainees einen Skalenmittelwert von M = 2,68 (s = 0,59) erzielen, ergibt sich für die Fremdeinschätzung durch ihre Betreuer ein Skalenmittelwert von M = 2,74 (s = 0,37). Ein Mittelwertprofil für die einzelnen Items zeigt Abbildung 15.

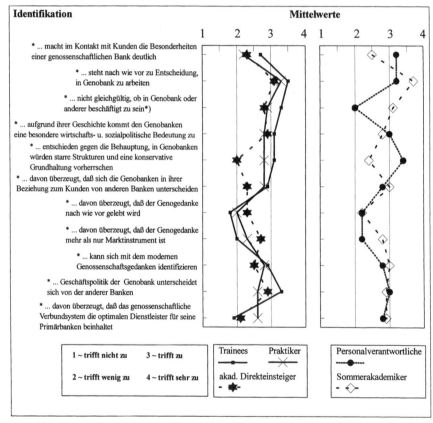

Abbildung 15: Mittelwerte der Items zur Identifikation; mit *) gekennzeichnete Items waren im Fragebogen negativ gepolt

Die mehrfaktorielle Varianzanalyse bezüglich der Faktoren Zugehörigkeit zur Stichprobe (Trainees, Sommerakademiker, Praktiker und aD), Alterskategorie, Ausbildung sowie Ausbildungsnote in Kategorien ergibt einen signifikanten Mittelwertunterschied auf dem Faktor Zugehörigkeit zur Stichprobe (empirischer F-Wert = 3,01; DF 3). Während der üblicherweise verwendete Bonferroni-Test den

Unterschied nicht auffinden konnte, wies ein Test für die geringste signifikante Differenz diese zwischen den Einschätzungen der Praktiker (M = 2,63) und der Sommerakademiker (M = 2,85) aus. Um auch die Traineebetreuer in einen Mittelwertvergleich einzubeziehen, wurde eine einfaktorielle Varianzanalyse (Faktor: Stichprobenzugehörigkeit) durchgeführt, auf der sich keine Mittelwertunterschiede zwischen den Fremdeinschätzungen der Personalverantwortlichen/Traineebetreuer und den Selbsteinschätzungen der Trainees, der Sommerakademiker, der Praktiker und der aD auf der Skala *Identifikation* (empirischer F-Wert = 1,31; DF 4) ergeben; allerdings wurde der Unterschied zwischen Praktikern und Sommerakademikern auch in dieser Konstellation nochmals bestätigt. Die mehrfaktorielle Varianzanalyse zwischen den Trainees zeigt ebenfalls keine signifikanten Unterschiede.

5.6 Ergebnisse zum Aufwand-Nutzen-Verhältnis

Nachdem nun die Ergebnisse eher inhaltlicher Erfolgskriterien dargestellt wurden, sollen im folgenden die Aufwendungen der jeweiligen Entwicklungswege näher betrachtet werden. Diese Darstellung entspricht dabei einer exemplarischen Vergleichsrechnung, in die folgende Determinanten miteinbezogen werden: Seminargebühren, Fahrt- und Pensionskosten, Abwesenheit in Tagen, Gehalt bzw. Gehaltsentwicklung und Gehaltskosten während der Abwesenheit.
Die Daten entsprechen dabei den jeweiligen Bildungsprogrammen (Akademie Bayerischer Genossenschaften bzw. Akademie Deutscher Genossenschaften). Ein Tag Vollpension wird mit einem durchschnittlichen Wert von DM 120,- angerechnet. Während bei den Trainees das mittlere Gehalt aus den Angaben der Personalverantwortlichen/Traineebetreuer veranschlagt wird, werden die Gehälter der akademischen Direkteinsteiger, Praktiker und Auszubildenden entsprechend dem 1997 gültigen Gehaltstarifvertrag für Banken inklusive der jeweiligen Höherstufung und einem 13. Monatsgehalt verrechnet. Die Lohnnebenkosten werden auf das jeweilige Gehalt mit zusätzlichen 100 %, bei den Auszubildenden mit 20 % aufgeschlagen. Für die Beispielrechnung wird der Entwicklungsweg Firmenkundenbetreuer ausgewählt. Im Anschluß an die Darstellung der Einzelrechnungen, die sicherlich nur Näherungen sein können und nicht für jede Genossenschaftsbank unreflektiert gelten, werden die errechneten Aufwendungen bereits dargestellten Erträgen bzw. vorhandenen Qualifikationen gegenübergestellt. Wie im Kapitel Bildungs-Controlling bereits ausführlich diskutiert, werden keine sog. Opportunitätskosten berechnet.
In der Beispielrechnung zur **Berufsausbildung zum Bankkaufmann** wird davon ausgegangen, daß der Auszubildende Abitur besitzt und ggf. den Wehrdienst bereits absolviert hat. Zu Beginn der Ausbildung ist die Person ca. 20 Jahre alt.

Tabelle 23: Aufwendungen für die Berufsausbildung zum Bankkaufmann (Gesamtdauer ca. 2,5 Jahre)

Gehalt für 2,5 Jahre	1. Jahr: DM 1.175,- x 13 => DM 15.275,- 2. Jahr: DM 1.275,- x 13 => DM 16.575,- 3. Jahr: DM 1.375,- x 6,5=> DM 8.937,5		**DM 40.787,5**
Gehaltsneben-kosten 20 %	20 % von DM 40.787,5		**DM 8.157,5**
Gehalt gesamt			*DM 48.945,-*
Seminare und Gebühren	BKG DM 900,- BKA DM 900,- JT I DM 400,- JT II DM 400,- MPB DM 380,- PAZ DM 1.000,-		**DM 3.980,-**
Vollpension	(12 + 12 + 2,5 + 2,5 + 2,5 + 5) x DM 120,-		**DM 4.380,-**
Fahrtkosten (bei 200 km einfach zu 0,52 DM Erstattung)	12 Fahrten x DM 104,-		**DM 1.248,-**
Abwesenheit aus der Bank (werktags)	Seminar: 10 + 10 + 3 + 3 + 3 + 5 = 34 Tage Berufsschule: 38 Tage/Jahr => 95 Tage		**129 Tage**
Bildung gesamt			*DM 9.608,-*
Gehalt u. Gehaltsnebenko-sten während Abwesenheit	bei durchschnitt-lich 22 Arbeitsta-gen im Monat => DM 73,- pro Tag	DM 73,- x 129 Tage	**DM 9.417,-**

Die Entwicklungszeiten über die **Aufstiegsfortbildung** basieren auf den Empfehlun-gen der Bildungskonzeption in der Version des Grundwerkes von 1993. Die Ein- und Höherstufung in die Tarifgruppen wurde den im Manteltarifvertrag beschriebenen Tarifgruppen entnommen. In der Praxis ist es allerdings durchaus möglich, daß zum einen unter Tarif bezahlt und zum anderen v.a. in dem Beispielbereich Firmenkun-denbetreuer mit vertriebsorientierten Zulagen gearbeitet wird. In der konsequenten Weiterführung nach der Ausbildung ist die Beispielperson ca. 22 Jahre alt, womit die Einstufung im 2. Berufsjahr beginnt.

Tabelle 24: Aufwendungen für die Aufstiegsfortbildung (Entwicklungsdauer zum Firmenkundenbetreuer ca. 8 Jahre)

Gehalt f. 8 Jahre	1. Jahr*): TG IV, 2. Berufsjahr ~ DM 3.272,- x 13	**DM 42.536,-**
	2. Jahr: TG IV, 3. Berufsjahr ~ DM 3.437,- x 13	**DM 44.681,-**
	3. Jahr: TG IV, 4. Berufsjahr ~ DM 3.437,- x 13	**DM 44.681,-**
	4. Jahr: TG V, 5. Berufsjahr ~ DM 3.772,- x 13	**DM 49.036,-**
	5. Jahr: TG V, 6. Berufsjahr ~ DM 3.772,- x 13	**DM 49.036,-**
	6. Jahr: TG VI, 7. Berufsjahr ~ DM 4.243,- x 13	**DM 55.159,-**
	7. Jahr: TG VI, 8. Berufsjahr ~ DM 4.243,- x 13	**DM 55.159,-**
	8. Jahr: TG VII, 9. Berufsjahr ~ DM 4.850,- x 13	**DM 63.050,-**
Gehaltsnebenkosten 100 %	„	**DM 403.338,-**
Gehalt gesamt		***DM 806.676,-***
Seminare und Gebühren	KB I-III DM 3.200,- FKB (2 Teile) DM 2.050,- QKF (2 Teile) DM 2.750,- KMT (2 Teile) DM 4.500,-	**DM 12.500,-**
Vollpension	(5+12+12+12+12+19+12+19+5) x DM 120,-	**DM 12.960,-**
Fahrtkosten (bei 200 km einfach zu 0,52 DM Erstattung)	18 Fahrten x 104,-	**DM 1.872,-**
Abwesenheit aus der Bank (werktags)	5+10+10+10+10+15+10+15+5 = 90 Tage	**90 Tage**
Bildung gesamt		***DM 27.332,-***
Gehalt u. Gehaltsnebenkosten während Abwesenheit	bei durchschnittlich 22 Arbeitstagen im Monat => DM 382,- pro Tag DM 382,- x 90 Tage	**DM 34.380,-**

*)   mit dieser Angabe ist das Entwicklungsjahr in dem Weg *Firmenkundenbetreuer* gemeint

Das Einstiegsgehalt für **Akademiker** ist in starkem Maße abhängig von der mitgebrachten Berufserfahrung und wird daher in der Praxis stärker schwanken als dies für
die anderen Beispielrechnungen gilt. Verglichen mit den bereits in Kapitel 4 dargestellten Einstiegsgehältern von mindestens 49 TDM für FH-Absolventen und 65
TDM für Uni-Absolventen (vgl. Stehr, 1996), wobei diese Angaben vermutlich für

Absolventen ohne Berufserfahrung erhoben wurden, liegt die Eingruppierung der Beispielperson eher am unteren Ende.

Tabelle 25: Aufwendungen für die Qualifizierung akademischer Direkteinsteiger (Entwicklungsdauer zum Firmenkundenbetreuer ca. 3 J.)

Gehalt für 3 Jahre	Einstieg bei TG VI,	
	9. Berufsjahr: DM 4.482,- x 13 Monate	**DM 58.226,-**
	10. Berufsjahr: DM 4.721,- x 13 Monate	**DM 61.373,-**
	11. Berufsjahr: DM 4.962,- x 13 Monate	**DM 64.506,-**
Gehaltsnebenkosten 100 %	"	**DM 184.105,-**
Gehalt gesamt		***DM 368.210,-***
Seminare und Gebühren	QKF (2 Teile) DM 2.750,- KMT (2 Teile) DM 4.500,-	**DM 7.250,-**
Vollpension in Tagen x Kosten	(19 + 12 +19 + 5) x DM 120,-	**DM 6.600,-**
Fahrtkosten (bei 200 km einfach zu 0,52 DM Erstattung)	8 Fahrten x DM 104,-	**DM 832,-**
Abwesenheit aus der Bank (werktags)	15 + 10 + 15 + 5 = 45 Tage	**45 Tage**
Bildung gesamt		***DM 14.682,-***
Gehalt u. Gehaltsnebenkosten während Abwesenheit	bei 22 Arbeitstagen im Monat => DM 465,- pro Tag	DM 465,- x 45 Tage **DM 20.925,-**

Die **Trainees** wurden empirisch im Schnitt 90 Tage (s = 27,4) von der Arbeit in der Bank freigestellt, wobei das Maximum bei 120 Tagen und das Minimum bei 55 Tagen lag. Die empirischen Fahrtkosten (inkl. Tagegeld) lagen durchschnittlich bei DM 3.450,-; maximal wurden DM 5.400,- erstattet und minimal DM 2.000,-. Die von den Personalverantwortlichen angegebenen Seminargebühren belaufen sich im Schnitt auf DM 12.767,- (Min.: DM 8.000,-; Max.: DM 20.000,-). Die empirischen Werte für Unterkunft und Verpflegung werden von den Personalverantwortlichen im Schnitt mit DM 8.508,- angegeben (Min.: DM 7.000,-; Max.: 10.000,-). Der Betreuungsaufwand in Stunden für ihren Trainee konnte von den meisten Personalverantwortlichen/ Traineebetreuern rückwirkend nicht quantifiziert werden; während ein Traineebetreuer einen Betreuungsaufwand von 10 Stunden nannte, lag dieser bei einem anderen bei 200 Stunden.

Tabelle 26: Aufwendungen für die Qualifizierung mittels Traineeprogramm (Entwicklungsdauer zum Firmenkundenbetreuer ca. 1,5 J.)

Gehalt für 1,5 Jahre	empir. Gehalts-Mittelwert: DM 61.670,-*) (Min.: DM 53.500,-; Max.: DM 75.000,-)	DM 61.670,-
Gehaltsneben-kosten 100 %	„	DM 61.670,-
Gehalt gesamt		*DM 123.340,-*
Seminare und Gebühren	Einführungsseminar DM 900,- Vermögensberatung + Verkaufstraining DM 2.700,- Kreditgeschäft DM 1.800,- Aufbauseminar DM 1.800,- Abschlußseminar DM 4.500,- (KMT) (2 Teile)	DM 11.700,-
Vollpension in Tagen x Kosten	*Seminar*: (5 + 19 + 12 + 12 + 19 + 5) x DM 120,- *Praxiseinsätze* (1 Monat Verband; 1 Monat Zentralbank): (30 + 30) x DM 120,-	DM 8.640,- DM 7.200,-
Fahrtkosten (bei 200 km einfach zu 0,52 DM Erstattung)	16 Fahrten x DM 104,-	DM 1.664,-
Abwesenheit aus der Bank (werktags)	*Seminar*: 5 +15 + 10 + 10 + 15 + 5 = 60 Tage *Praxiseinsätze*: 22 + 22 = 44 Tage	104 Tage
Bildung gesamt		*DM 29.204,-*
Gehalt u. Gehalts-nebenkosten während Abwesenheit	bei durchschnittlich 22 Arbeitstagen im Monat => DM 311,- pro Tag	DM 311,- x 104 Tage DM 32.344,-

*) Die im Traineeprogramm tatsächlich bezahlten Gehälter liegen meist unter der Empfehlung; diese sieht eine Einstufung nach TG VI, 10. Berufsjahr vor. Gemäß dieser Einstufung wäre ein Monatsgehalt von DM 4.721,- zu bezahlen; in 18 Monaten wären dies DM 84.978,-.

In einer vereinfachten Gegenüberstellung der finanziellen Aufwendungen, der bereits erworbenen Qualifikationen sowie den Ergebnissen zu den Kompetenzbereichen, der Identifikation und der Motivation ergeben sich für die verschiedenen Entwicklungswege im Überblick Aufwendungen und Erträge, wie sie Tabelle 27 zeigt. Diese Gegenüberstellung ist dabei lose angelehnt an ein Modell von Cullen,

Sawzin, Sisson und Swanson (1978) zur Einschätzung von Personalentwicklungsaufwendungen.

Tabelle 27: Gegenüberstellung der finanziellen Aufwendungen und qualifikationsbezogenen Erträge der dargestellten Entwicklungswege

Vergleichskriterien	Entwicklungswege		
	Traineeprogramm	akademischer Direkteinsteiger	Ausbildung (A) und Aufstiegsfortbildung (AF)
Dauer der Entwicklung	ca. 1,5 Jahre	ca. 3 Jahre	A: ca. 2,5 Jahre AF: ca. 8 Jahre
Qualifizierungsaufwendungen absolut (Seminar, Pension u. Fahrt)	ca. DM 29.204,-	ca. DM 14.682,-	A: ca. DM 9.608,- AF: ca. DM 27.332,-
Qualifizierungsaufwendungen relativiert an der Dauer als Durchschnitt im Jahr	ca. DM 19.469,-	ca. DM 4.894,-	A: ca. DM 3.843,- AF: ca. DM 3.416,-
Gehaltsaufwendungen absolut (mit Nebenkosten)	ca. DM 123.340,-	ca. DM 368.210,-	A: ca. DM 48.945,- AF: ca. DM 806.676,-
Gehaltsaufwendungen relativiert an der Dauer als Durchschnitt im Jahr (mit Nebenkosten)	ca. DM 82.226,-	ca. DM 122.736,-	A: ca. DM 19.578,- AF: ca. DM 100.834,-
Gehalt u. Nebenkosten während Abwesenheit	ca. DM 32.344,-	ca. DM 20.925,-	A: ca. DM 9.417,- AF: ca. DM 34.380,-
Qualifikationen zum Abschlußzeitpunkt	* Abschluß der 4. Stufe Aufstiegsfortbildung		
	* abgeschlossenes wirtschafts- oder rechtswissenschaftliches Studium und in dessen Rahmen absolvierte Praktika * evtl. vorhandene Bank- oder andere Berufsausbildung		* Bankausbildung
	* absolvierte Praktika bei Verband und DG-Bank * 1-2 Jahre Berufs- und Institutserfahrung	* evtl. vorhandene Berufserfahrung * mind. 3 Jahre Berufs- und Institutserfahrung	* mind. 10 Jahre Berufs- und Institutserfahrung
Ergebnis der Erfolgskriterien: * Methodenkompetenz	Unterschiede bzgl. 20-29- und 30-39jährigen, letztere schätzen sich höher bzw. besser ein		
* Soziale Kompetenz * Personale Kompetenz * Motivation * Identifikation	keine signifikanten Unterschiede zwischen den einzelnen Wegen auf diesen Erfolgsdimensionen		

6 Interpretation und Konsequenzen der Ergebnisse der Erfolgsanalyse

Die Interpretation der Ergebnisse und die daraus abzuleitenden Konsequenzen sollen anhand der drei untersuchungsleitenden Fragestellungen dargestellt werden. Dies bedeutet, daß zunächst mögliche Quellen des Fach- und Führungsnachwuchses, schließlich der zu überprüfende Vorteil eines speziellen Einarbeitungsprogramms für Akademiker und abschließend das Aufwand-Nutzen-Verhältnis von alternativen Entwicklungswegen betrachtet werden müssen. Die Frage, ob genossenschaftlichen Primärbanken überhaupt empfohlen werden sollte, Akademiker einzustellen, soll eine abschließende Diskussion beantworten.

6.1 Quellen des Nachwuchses

Für die **Anzahl der ʹexternenʹ Bewerber** am genossenschaftlichen Traineeprogramm ist festzuhalten, daß diese, verglichen mit der Anzahl der jährlichen Bewerbungen bei anderen Kreditinstituten und mit dem Aufwand über Anzeigen oder Auftritten bei Kontakt- oder Absolventenmessen, als gering eingeschätzt werden darf. Diese Tendenz spiegelt auch die eher mittlere Attraktivität eines genossenschaftlichen Arbeitgebers bei Hoch-/Fachhochschulabsolventen wider. Die **Qualität der Bewerber** kann dabei allerdings als relativ gut bezeichnet werden. Diese weisen in der Mehrzahl durch eine entsprechende Berufsausbildung, durch Bankpraktika und durch Studienschwerpunkte sowohl das Wissen als auch das Wollen zu einer qualifizierten Tätigkeit in einer Bank nach. Noten und Beurteilungen liegen in hohem Maße in sehr guten bis befriedigenden Bereichen. Auch die in Genossenschaftsbanken geschätzte regionale Verankerung ist größtenteils vorhanden. Die Tatsache, daß fast 40 % der Bewerber nach ca. 3,5 Monaten eine andere Anstellung gefunden haben, unterstützt die Aussage, daß die Qualität derselben als gut zu bezeichnen ist. Eine Vermittlungsquote von 3 % muß daher eher nachdenklich stimmen und ist aus Sicht des Bewerberaufkommens und der Bewerberqualität nicht nachvollziehbar. Bei einem möglicherweise zukünftig erhöhten Personalbedarf aus dem Segment der Hoch-/Fachhochschulabsolventen muß daher noch mehr Gewicht auf die Veröffentlichung der guten Entwicklungschancen in genossenschaftlichen Primärbanken gelegt werden; dies betrifft sowohl überregionale Aktionen als auch solche vor Ort. Gute Möglichkeiten bestehen hier beispielsweise in sog. Studentenförderkreisen und Betreuungsprogrammen; für erstere kann allerdings im Moment aufgrund der niedrigen Vermittlungsquote von Absolventen, aber auch Praktikumsstellen (s.a. Gerlich, 1996) keine Möglichkeit erkannt werden. Eine Intensivierung von externen Personalmarketingaktivitäten bei gleichbleibend niedriger Einstellungsquote würde vermutlich dem Image mehr schaden als nützen.

Die signifikanten Unterschiede bezüglich der eher unterdurchschnittlichen Wichtigkeit beruflicher Ziele bei Studenten im Vergleich zu allen anderen Stichproben (außer PV) widerspricht der Befürchtung, daß Akademiker mit zu hohen Erwartungen in den Beruf starten würden. Möglicherweise spiegelt die niedrige Wichtigkeit beruflicher Wünsche bei Studenten auch die derzeit eher mäßige Arbeitsmarktlage für Betriebswirte wider. Es bleibt allerdings festzuhalten, daß Personalverantwortliche in genossenschaftlichen Primärbanken derzeit bei Absolventen von Hoch-/ Fachhochschulen nicht mit höheren Ansprüchen bezüglich der erhobenen Bereiche rechnen müssen, als sie diese von ihren Mitarbeitern und Auszubildenden bereits kennen.

Die Tatsache, daß 34 % der genossenschaftlichen Primärbanken ihre Trainees über die Ausbildung oder Praktika kennengelernt haben, sollte als Hinweis dafür ausreichen, daß solche Aktivitäten dazu geeignet sind, künftige Mitarbeiter auszuwählen und das Risiko einer Fehlauswahl erst über die Bewerbung auszuschalten. Allerdings haben 53 % der Trainees der Bank früher oder später nach Abschluß des Programmes den Rücken gekehrt. Die dargestellten Gründe hierfür sind zum Teil sehr individueller Natur. Die **Fluktuationsquote** liegt unter der vom Psephos Institut erhobenen Absicht einer Fluktuation im Bankbereich (62 %) im Hinblick auf die eigene Karriere. Es muß aber betont werden, daß bei einer besseren Passung von Bank und Absolvent, welche beispielsweise über Praktika getestet werden könnte, die Fluktuationsquote noch weiter gesenkt werden kann. Eine bessere Passung meint hierbei die Berücksichtigung des Umstandes, daß dem Absolventen bzw. Trainee Entwicklungs- und Aufstiegsmöglichkeiten offenstehen, die seiner Ausbildung und seinen Ambitionen entsprechen. Wie bereits an früherer Stelle betont, ist eine Strategie der generellen Motivierung eher unangebracht. Differentielle Aspekte der Person müssen berücksichtigt werden (vgl. Schmidt & Daume, 1996). Es ist weiter festzuhalten, daß Absolventen nicht mit der Absicht in die Bank eintreten, diese als Durchlaufstation zu benützen. Durch die Aussage der Studenten (71 %) wird belegt, daß für sie ein Traineeprogramm eine Basis für ein dauerhaftes Arbeitsverhältnis ist (vgl. Gerlich, 1996).

Betrachtet man die Möglichkeiten, woher der qualifizierte Nachwuchs kommen kann, fällt ein weiterer Fokus auf **ehemalige Auszubildende**, die im Moment studieren. Zieht man die sog. Rückkehrmotivation in die ehemalige Ausbildungsbank als Indikator heran, so ist festzustellen, daß ein sehr geringer Zusammenhang besteht zwischen der Einschätzung der Ehemaligen bezüglich der Wichtigkeit beruflicher Ziele und der geschätzten Wahrscheinlichkeit, diese bei einem beruflichen (Wieder-)Einstieg in die ehemalige Ausbildungsbank zu erreichen. Dieser geringe Zusammenhang legt den Schluß nahe, daß die Ehemaligen, unter der Voraussetzung, daß die Ziele ihre Wichtigkeit und die Erreichung ihre Unwahrscheinlichkeit beibehalten, vermutlich nicht mehr in die Bank zurückkehren werden. Aus informellen

Gesprächen allerdings wurde ebenfalls deutlich, daß die Sommerakademiker relativ geringe Wiederanstellungs- bzw. Entwicklungschancen in ihrer Bank sehen. Dagegen gaben die meisten Personalverantwortlichen dieser Banken an, daß sie ihre Ehemaligen zum Teil gerne wieder einstellen würden und auch nach qualifiziertem Nachwuchs suchen. Diese offensichtliche Diskrepanz ist schwer nachvollziehbar, könnte aber möglicherweise durch offene Entwicklungsgespräche und aufzuzeigende Perspektiven etwas entschärft werden. Manchmal kann es aber auch sinnvoll sein, potentielle Mitarbeiter zunächst anderswo Erfahrungen sammeln zu lassen.

Eine dritte Quelle des Nachwuchses stellen schließlich die derzeitigen **Auszubildenden** dar. In diesem Zusammenhang ergab sich die Frage, ob die überwiegende Mehrzahl der Auszubildenden mit Abitur ´abwanderungsgefährdet` ist. Dies trifft nach den vorliegenden Daten nicht zu. Einen Zusammenhang zwischen der Wichtigkeit beruflicher Ziele und ihrer Erreichung infolge eines akademischen Grades gibt es bei Auszubildenden mit Abitur nicht. Dies kann bedeuten, daß Auszubildende mit Abitur auch ohne ein Studium gute Entwicklungschancen für sich in der Bank sehen. Die Annahme einer Abwanderung eines Großteils dieses Personenkreises aus Karrieregründen muß daher als nicht bestätigbar zurückgewiesen werden. Für Einzelfälle allerdings ist es sicherlich sinnvoll, Optionen wie beispielsweise Betreuungsprogramme oder auch ein berufsbegleitendes Studium bereit zu wissen und im gegebenen Fall als Bindungs- oder Betreuungsinstrument einzusetzen.

6.2 Ein Einarbeitungsprogramm für Akademiker

In den Banken, die mit Trainees arbeiten, hat sich das Konzept des Traineeprogramms allgemein nach Aussage der Traineebetreuer/Personalverantwortlichen bewährt, da 100 % bei Bedarf wieder einen Trainee ausbilden würden. Kein Trainee im bayerischen Verbandsgebiet hat **während** seiner Entwicklung die Bank verlassen. Dies kann ebenfalls als positives Zeichen für das Programm gelten. Im einzelnen zeigte die Befragung zum Traineeprogramm folgende Vor- und Nachteile auf. Vorab ist allerdings darauf hinzuweisen, daß sich alle Einschätzungen der Trainees (außer die der Methodenkompetenz) nicht signifikant von denen ihrer Betreuer unterscheiden, was den Schluß nahelegt, daß diese weitgehend die Realität abbilden.

Bezüglich der konkreten **Programmdurchführung** ist festzuhalten, daß Organisation, Planung, Einführung, Rotation und Vorbereitung auf künftige Aufgaben von allen Beteiligten als sehr positiv eingeschätzt werden. Die Organisation der Praxiseinsätze außerhalb der eigenen Bank wurden eher negativ eingeschätzt. Da sich dies bereits während der Untersuchung abzeichnete, wurden bereits erste Gegensteuerungsmaßnahmen ergriffen. Diese umfassen den konkreten Vorschlag von Praxisstationen durch die Akademie an die Bank sowie die Unterstützung bei der Erstellung des Entwicklungsplanes. Des weiteren werden die Trainees besser auf ihre Einsätze außerhalb der Primärbank vorbereitet. Sie werden daher mit Stadtplänen ausgestattet, ihnen werden Kontaktadressen für die Mitwohnzentrale genannt oder es werden Hotelreservierungen vorgenommen. Mittlerweile hat sich die Nennung eines konkreten Ansprechpartners etabliert, der den Trainee an seinem ersten Tag empfängt und diesem die Gegebenheiten des Hauses (Abteilungen, Aufgaben, Kantine, Schlüssel etc.) erläutert.

Die Dauer des Gesamtprogrammes wird von den Beteiligten positiv beurteilt. Die Dauer und die damit verbundenen Qualifizierungsaufwendungen machen das Traineeprogramm für nichtbeteiligte Banken aber eher unattraktiv. Diese Erkenntnis ergibt sich aus informellen Gesprächen mit Personalverantwortlichen aus Banken bzw. aus Diskussionsrunden, in denen das Programm vorgestellt wurde. Bei einer Gesamtkürzung müßte Beachtung finden, daß zugunsten der Spezialisierung und der Dauer des Gesamtprogramms die sog. Basisstufe gekürzt wird.

Die Möglichkeiten zum Erfahrungsaustausch ist für die Trainees und 'Ex'-Trainees im Gegensatz zu deren Betreuern sehr wichtig. Sollte daher eine offizielle Organisation von Treffen scheitern, ist es sinnvoll, zumindest den Austausch von Traineeadressen zur informellen Kontaktaufnahme von zentraler Stelle aus zu koordinieren.

Bezüglich der **Programminhalte** kann festgehalten werden, daß v.a. das Einführungsseminar den Bedarfen der Trainees nicht entspricht. Alle übrigen Seminare wurden von den Beteiligten eher positiv beurteilt; das sog. Aufbauseminar wurde allerdings zwiespältig beurteilt. Im einzelnen müßten auch die konkreten Seminarinhalte nochmals überprüft werden, da die Trainees einige Inhalte als zu ausführlich und andere als zu kurz behandelt einschätzen. Bezüglich der Einsätze bei Verbundpartnern außerhalb der Primärbank ist festzustellen, daß diese eher weniger geeignet sind, Wissen zu vermitteln als vielmehr Arbeitsabläufe in diesen Häusern zu verdeutlichen. Die praktische Ausbildung in der Primärbank wird sehr positiv eingeschätzt.

Die **soziale Integration** der Trainees stellt kein Problem dar. Verbesserungswürdig wäre hier allerdings die Information der Mitarbeiter in der Bank zum einen über organisatorische Einbettung und Aufgaben eines Trainees, womit auch die Erwartungen der zukünftigen Kollegen an den Akademiker gesteuert werden könnten, sowie die allgemeine Information, was unter dem Begriff *Trainee* eigentlich zu verstehen ist. Außer diesen Defiziten kann die soziale Integrierbarkeit von Trainees, aber auch die von akademischen Direkteinsteigern weitgehend positiv beurteilt werden. Ein integrativer Vorteil eines Traineeprogramms im Vergleich zu einem Direkteinstieg kann aufgrund der Datenlage nicht nachgewiesen werden. Insgesamt ist davon auszugehen, daß die Bezeichnung und der Status eines Trainees im Vergleich zum Direkteinsteiger bei den Kollegen jedoch eher Verwirrung stiftet.

Unter dem Aspekt des **Transfers** vermissen die Trainees als auch die akademischen Direkteinsteiger das Interesse ihres Vorgesetzten bezüglich des von ihnen mitgebrachten Studienwissens. Dieser sollte daher die Trainees, aber auch die Direkteinsteiger vermehrt dazu auffordern, Gelerntes aus dem Studium einzubringen. Dies ist v.a. unter dem Aspekt von Bedeutung, da sich das Studienwissen bzw. der akademische Grad u.a. in der Höhe des Einstiegsgehaltes niederschlägt. Auch das Interesse und die Motivation zur Anwendung von Lerninhalten aus Seminaren durch den Vorgesetzten schätzen Trainees und Direkteinsteiger eher negativ ein. Allgemein ist die Einschätzung der Trainees bezüglich der Anwendbarkeit der Seminarinhalte des Programms nicht sehr hoch. Die Schwierigkeit, Seminarinhalte in der Praxis anzuwenden, ist ein bekanntes Phänomen, dem nur mit geeigneten Transferinstrumenten sowie der kontinuierlichen Transfermotivation und -unterstützung durch den Vorgesetzten begegnet werden kann. Der Vorgesetzte ist damit Dreh- und Angelpunkt für den Transfer und der Transfer ist dies für ein Bildungs-Controlling. Leider wird die Bedeutung des Vorgesetzten beim Transfer immer noch nicht hoch genug bewertet. Dies wird u.a. auch dadurch bestätigt, daß z.B. die Traineebetreuer die vom Vorgesetzten erbrachte Transferunterstützung signifikant höher/besser bewerten als die Trainees (und auch die akademischen Direkteinsteiger) selbst.

Trainees und akademische Direkteinsteiger unterscheiden sich bezüglich des Transfers nicht signifikant voneinander. Die Betrachtung einzelner Items zeigt allerdings, daß den Direkteinsteigern von ihrem Vorgesetzten mehr Handlungs- und Entscheidungsspielraum zugebilligt wird.

Bezüglich der Traineeseminare ist darauf hinzuweisen, daß die Trainees diese als nicht immer auf dem neuesten Stand beurteilten. Die Inhalte des Einführungsseminars werden weder als bedarfsgerecht noch in der Bank anwendbar beurteilt. Die Inhalte des Seminars Vermögensberatung werden von den Trainees, bei denen es sich in der überwiegenden Mehrzahl um Kredit-, Marketing- und Controllingspezialisten handelt, als kaum anwendbar eingeschätzt. Wenn ganze Seminare nicht in der Praxis anwendbar sind, muß im Sinne einer Bedarfsanalyse überlegt werden, ob diese überhaupt noch obligatorisch zu besuchen sind.

Die Selbsteinschätzung der **Methoden-, sozialen** und **personalen Kompetenz** ist bei allen drei betrachteten Stichproben (Trainees, akademische Direkteinsteiger und Praktiker) hoch. Der fehlende Unterschied zwischen den Stichproben zeigt, daß diese unabhängig von der Dauer der Unternehmenszugehörigkeit oder sonstigen unterscheidenden Merkmalen die Anforderungen in der Bank erfüllen. Das Absolvieren eines Traineeprogramms und/oder eines Studiums zeigt nach den vorliegenden Daten keine Vor- oder Nachteile bezüglich der definierten Erfolgsdimensionen der beruflichen Handlungskompetenz. Die sehr hohen Selbsteinschätzungen der Trainees bezüglich ihrer Methodenkompetenz dürfen vermutlich etwas nach unter korrigiert werden, was durch den signifikanten Unterschied zur Einschätzung durch ihre Betreuer begründbar ist. Es ist aber zu betonen, daß sich die Trainees trotz dieser Korrektur nicht signifikant von den Vergleichsgruppen (Praktiker, akademische Direkteinsteiger) unterscheiden, was durch den fehlenden Unterschied zwischen

Traineebetreuern, Praktikern und aD auf dieser Skala bestätigt wird. Die signifikant
höher eingeschätzte Methodenkompetenz der Alterskategorie der 30-39 Jahre alten
Befragten im Vergleich zu jüngeren (20-29 Jahre) und älteren (40-45 Jahre) ist nicht
sonderlich überraschend. Anzufügen ist allerdings, daß sich 73 % der Trainees, 60 %
der akademischen Direkteinsteiger und 44 % der Praktiker in der überlegenen Alterskategorie befinden.

Für die Frage nach der **Arbeitsmotivation** kann festgestellt werden, daß das wahrgenommene Ausmaß eigener Leistung in der Bank zur Erreichung beruflicher Ziele bei
Trainees, akademischen Direkteinsteigern und Praktikern insgesamt eher mäßig ist.
Es liegt der Schluß nahe, daß bei mäßiger Arbeitsmotivation die Suche nach beruflichen Alternativen nicht fern ist. Die Fluktuationsquote von 53 % bei den Trainees
unterstützt diese Vermutung. Die Traineebetreuer dagegen schätzen die Kompatibilität zwischen Wichtigkeit und Erreichbarkeit der beruflichen Ziele in der Bank für die
Trainees eher positiv ein. Aufgrund der Diskrepanz zwischen den Wahrnehmungen
der Trainees und der Personalverantwortlichen tritt die an dieser Stelle und aufgrund
der Daten nicht beantwortbare Frage auf, ob die PV die Entwicklungsmöglichkeiten
überschätzen, ob die Trainees diese unterschätzen oder ob einfach nicht über die
Entwicklungsmöglichkeiten in der Bank gesprochen wurde? Es scheint daher ratsam,
vor Vertragsabschluß nicht nur einen Entwicklungsplan für 18 Monate aufzustellen,
sondern ganz konkret längerfristige Perspektiven in der Bank zu thematisieren, um
sich vor ungewollter Fluktuation zu schützen. Es ist zu ergänzen, daß sich die
Trainees, die Praktiker und die Direkteinsteiger auf den Skalen Valenz und Instrumentalität beruflicher Ziele nicht signifikant unterscheiden und die Zusammenhänge
beider Skalen der drei Stichproben nicht wesentlich differieren; dies legt die Vermutung nahe, daß die Wechselbereitschaft bei den Trainees nicht sehr viel höher ist als
die der beiden anderen Gruppen auch.

Bezüglich der **genossenschaftlichen Orientierung** ist festzuhalten, daß es lediglich
zwischen Praktikern und Sommerakademikern, aber darüber hinaus keine Unterschiede zwischen den befragten Gruppen gibt. Die von ihrer Bank weiterhin betreu-
ten Studenten identifizieren sich mit ihrer ehemaligen Ausbildungsbank signifikant
stärker als dies derzeit in der Bank tätige Mitarbeiter ohne akademischen Abschluß
tun. Bei der Betrachtung einzelner Aspekte fällt allerdings auf, daß akademische
Direkteinsteiger die Strukturen in Genossenschaftsbanken eher als starr und konser-
vativ einschätzen. Alle Stichproben glauben, daß der Genossenschaftsgedanke eher
nicht mehr gelebt wird; Trainees und Praktiker sind am stärksten davon überzeugt,
daß der Genossenschaftsgedanke hauptsächlich Marktinstrument ist. Trainees und
akademische Direkteinsteiger sind nicht der Überzeugung, daß das Verbundsystem
die optimalen Dienstleister für die Primärbanken enthält. Die Fragen zur genossenschaftlichen Identifikation auf der Grundlage der Social Identity Theory können für

die Trainees, die akademischen Direkteinsteiger, die Praktiker und die Sommerakademiker wie folgt beantwortet werden (Basis: Mittelwerte ausgewählter Items je Stichprobe):

1. In allen befragten Stichproben ist die Kategorie Genossenschaft vorhanden, d.h. es ist den Personengruppen eher nicht gleichgültig, ob sie in einer Genossenschaftsbank oder einer anderen beschäftigt sind bzw. gelernt haben. Die Trainees schätzen diesen Aspekt im Vergleich am höchsten ein. Die Personalverantwortlichen unterschätzen die Bedeutung für die Trainees, in einer genossenschaftlichen Primärbank zu arbeiten.

2. Alle befragten Personengruppen stehen nach wie vor zu ihrer Entscheidung, in einer Genossenschaftsbank zu arbeiten; sie können sich auch mit dem modernen Genossenschaftsgedanken identifizieren. Beide Aspekte werden von den Sommerakademikern am höchsten eingeschätzt.

3. Bezüglich ihrer wirtschafts- und sozialpolitischen Bedeutung, ihrer Beziehung zum Kunden und ihrer Geschäftspolitik können sich die Genossenschaftsbanken in der Wahrnehmung ihrer Mitarbeiter positiv absetzen. Die Beziehung zum Kunden sehen die Direkteinsteiger allerdings etwas kritischer. Den Unterschied in der Geschäftspolitik ihrer Bank schätzen die Trainees am höchsten ein.

4. Im Kundenkontakt können die befragten Gruppen die Besonderheit einer genossenschaftlichen Bank nur eingeschränkt deutlich machen. Dieser Aspekt wird von den Traineebetreuern überschätzt.

Bezüglich der genossenschaftlichen Orientierung ist festzustellen, daß ein spezielles Einarbeitungsprogramm keine Vor- oder Nachteile gegenüber keiner Teilnahme an einem Programm oder einer mehrjährigen Tätigkeit in der Bank hat.

Abschließend zu den speziellen Merkmalen des Traineeprogramms ist festzuhalten, daß sich die Trainees untereinander nicht signifikant unterscheiden. Dies kann dahingehend interpretiert werden, daß weder die vermutete Unterschiedlichkeit in der praktischen Durchführung, noch andere Merkmale der einzelnen Trainees systematische Auswirkungen auf Fluktuation oder Verbleib haben.

6.3 Das Aufwand-Nutzen-Verhältnis von alternativen Entwicklungswegen

Eine vergleichende Gegenüberstellung der drei Entwicklungswege: Traineeprogramm, akademischer Direkteinstieg und Aufstiegsfortbildung macht deutlich, daß die Entscheidung für den einen oder anderen Weg differenziert betrachtet werden muß. Vorab ist zudem nochmals ausdrücklich festzuhalten, daß es keine

Unterschiede bezüglich der beruflichen Handlungskompetenz, der Arbeitsmotivation oder der genossenschaftlichen Identifikation gibt. Zudem sind sowohl Trainees als auch akademische Direkteinsteiger gut sozial integrierbar. Die explizite Frage nach Problemen aufgrund von Unterschieden im Einstiegsgehalt zu Kollegen dieser Personenkreise kann weder durch die Trainees und deren Betreuer noch durch die akademischen Direkteinsteiger erkannt werden. Hiermit wird auch die Befürchtung entkräftet, daß mit der Einstellung von Akademikern das Gehaltsgefüge durcheinandergebracht wird. Allerdings ist nochmals darauf hinzuweisen, daß in Relation zum Einstiegsgehalt von Akademikern allgemein auch deren mitgebrachtes und bezahltes, erweitertes betriebswirtschaftliches, aber auch juristisches Fachwissen stärker eingesetzt werden muß.

Die Entscheidung zugunsten eines Entwicklungsweges kann daher für den vorliegenden Fall im wesentlichen von drei Faktoren abhängig gemacht werden:

- Einsatzzeitpunkt/Entwicklungsdauer,
- finanzielle Aufwendungen und
- Notwendigkeit weitgefächerter betriebswirtschaftlicher oder juristischer Kenntnisse.

Unter dem Aspekt von **Einsatzzeitpunkt/Entwicklungsdauer** findet u.U. auch der Tatbestand Berücksichtigung, ob ein geeigneter Nachfolger in der Bank bereits aufgebaut ist oder seine Entwicklung bald abschließen wird. Während für eine 'akute' (ca. 0-0,25 Jahre) Stellenbesetzung wahrscheinlich nur der Weg über den qualifizierten Spezialisten vom Markt bleibt, bietet sich für eine kurzfristige Stellenbesetzung (ca. 1-2 Jahre) für qualifizierte Positionen daher ein Traineeprogramm, ein Direkteinstieg oder ein bereits in der Bank vorbereiteter Mitarbeiter an.

Bezüglich der absoluten **Qualifizierungsaufwendungen** (ohne Gehalt etc.) ist der akademische Direkteinsteiger vor der Aufstiegsfortbildung und einem Traineeprogramm die günstigste Alternative. Relativiert an der Dauer nehmen sich dagegen die Qualifizierungsaufwendungen für die Aufstiegsfortbildung relativ günstig aus, während dagegen die Aufwendungen für ein Traineeprogramm relativ hoch erscheinen. Bezieht man das Gehalt relativiert an der Dauer mit in die Überlegungen ein, schneidet der Entwicklungsweg über ein Traineeprogramm am günstigsten ab. Hervorstechend sind allerdings die Gebühren für Seminare etc. des Traineeprogramms, die alle anderen Wege übersteigen. Bezogen auf die Ergebnisse der inhaltlichen Betrachtung des TP werden hier Einsparungsmöglichkeiten im Seminarbereich sehr deutlich. Bezüglich der Abwesenheit aus der Bank schneidet das TP mit 104 Abwesenheitstagen (AT) ebenfalls am schlechtesten ab. Am besten ist hier der Direkteinstieg (45 AT) zu beurteilen, gefolgt von der Aufstiegsfortbildung (ohne Ausbildung 90 AT). Die anteilig erhobenen reinen Abwesenheitskosten betragen dabei bei der Aufstiegsfortbildung DM 34.380,-, beim Direkteinstieg DM 20.925,- und beim Traineeprogramm DM 32.344,-.

Bezüglich der Notwendigkeit **erweiterter betriebswirtschaftlicher oder ggf. juristischer Kenntnisse** zum Abschlußzeitpunkt haben Traineeprogramm und akademischer Direkteinstieg für ausgewählte Positionen in der Bank deutliche Vorteile. Neben der akademischen betriebswirtschaftlichen oder auch juristischen Ausbildung sind hier v.a. eine ebenfalls erworbene Berufsausbildung bzw. Berufserfahrung zu nennen; diese mußten dabei in den häufigsten Fällen nicht von der einstellenden Primärgenossenschaft finanziert werden.
Die drei dargestellten Entscheidungsfaktoren können aber nicht isoliert betrachtet werden. Es wird ein Abhängigkeitsverhältnis unterstellt, bei dem die für die Bank jeweils günstigste und der Unternehmensstrategie entsprechende Personalentscheidung gefällt werden sollte. Abbildung 16 soll das Spannungsverhältnis nochmals verdeutlichen.

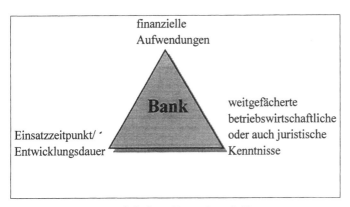

Abbildung 16: Spannungsdreieck von Personalentscheidungen

In dem Moment, in dem zu sehr Gewicht auf eine bzw. zwei Seiten des Dreiecks gelegt wird, gerät die Bank bzw. deren Personalpolitik ins ´Rutschen`. Während zu hohe finanzielle Aufwendungen die Bank mit Personalkosten zu sehr belasten, können sich zu geringe Investitionen und damit zu gering qualifizierte Mitarbeiter auf das Betriebsergebnis allgemein auswirken. Der Einsatz eines betriebswirtschaftlich oder auch allgemein hochqualifizierten Mitarbeiters auf eine wenig anspruchsvolle Position (s. Unterforderung) kann dessen Fluktuation bedeuten; umgekehrt kann sich die Besetzung einer anspruchsvollen Stelle mit einem zu gering qualifizierten Mitarbeiter zum einen auf das Ergebnis der Bank und zum anderen in Form einer Überforderung des Mitarbeiters auswirken. Die dritte Möglichkeit eines Ungleichgewichts ergibt sich aus einer Fehlplanung des Einsatzzeitpunktes bzw. der

Entwicklungsdauer. Eine **zu** langfristige Planung könnte beispielsweise dazu führen, daß der designierte Nachfolger die Geduld verliert bzw. nur noch auf seinen Platz wartet und nicht mehr aktiv an seiner Weiterentwicklung mitarbeitet. Eine zu kurzfristige Planung für eine anspruchsvolle Position, und das v.a., wenn keine Alternativen (z.B. Traineeprogramm, akademischer Direkteinstieg) Berücksichtigung finden, kann dazu führen, daß die Stelle entweder sehr teuer (z.b. Spezialist vom Markt) oder inadäquat besetzt werden muß. Die Anwendung des im Kapitel 3 vorgeschlagenen Konzeptes birgt die Möglichkeit, in Abhängigkeit von der jeweiligen Unternehmensstrategie zum einen eine individuelle Entwicklungsplanung zu installieren, die zum anderen durch eine zentrale Koordination (Informationspool, Personal-Controlling) die einzelnen Aktionen mit Übersicht gesteuert wird.

Die eingangs gestellte Frage nun, ob genossenschaftlichen Primärbanken die Einstellung von Akademikern prinzipiell empfohlen werden sollte, kann mit 'Ja` beantwortet werden. Dies ist zum einen begründbar durch die eben angeführten Aspekte. Es wurde aber auch im Laufe der Arbeit gezeigt, daß genossenschaftliche Primärbanken durchaus für Akademiker interessante Aufgaben haben. Durch die Sicherung der begleitenden Schulungen in den Akademien sind die Primärbanken bezüglich der Qualifikationsmöglichkeiten für ihre Mitarbeiter genauso flexibel und unabhängig, wie sie es beispielsweise bezüglich ihrer Finanzdienstleistungen im Rahmen des Verbundes sind. Insofern ist auch die Entscheidung für einen Akademiker relativ unabhängig von der Größe der Bank. Eine generelle Erhöhung der Akademikerquote mit dem Seitenblick auf andere Kreditinstitute kann jedoch auch im Hinblick auf ein Bildungs- oder Personal-Controlling nicht als sinnvoll erachtet werden. Hierbei müssen, wie bereits erwähnt, differenzierte Überlegungen angestellt werden. Bei einer Stellenbesetzung sollte allerdings **wohlwollend** geprüft werden, ob nicht auch ein Absolvent einer Hoch-/Fachhochschule in Frage kommt.

6.4 Ausblick für das Traineeprogramm

Die Konsequenz für das Traineeprogramm muß also v.a. eine Steigerung der Attraktivität für die Banken sein, die durch folgende Verbesserungen zu erreichen ist:

- Überarbeitung der Seminarinhalte
- Kürzung der Gesamtdauer
- attraktivere Seminaraufwendungen
- individuelle Anpassungsmöglichkeiten des Gesamtprogramms an die Bedarfe der einzelnen Bank
- Anpassung der Seminarinhalte und des Gesamtprogramms an die Bedarfe eines Trainees

Bezüglich der Umsetzung dieser Vorschläge ist anzumerken, daß erste Schritte bereits unternommen wurden. Während die (Seminar-)Verantwortlichen in der Akademie Deutscher Genossenschaften (ADG) sich bereits mit der Neukonzeption der Traineeseminare beschäftigt haben, wurde im Gesamtkreis der Verantwortlichen für das Traineeprogramm aus den einzelnen Regionalverbänden und der ADG auch eine Neuauflage des Gesamtprogramms initiiert. Die Ergebnisse der vorliegenden Arbeit haben einen wesentlichen Beitrag zur Optimierung geleistet. Verstärkt berücksichtigt wurden v.a. die Ergebnisse zur Programmdurchführung und -organisation, zum Transfer sowie zu den Programminhalten. Des weiteren fanden die im vierten Teil der vorliegenden Arbeit dargestellten aktuellen Entwicklungen im Traineebereich Beachtung. Es wurde damit ein Traineepaket geschnürt, das den erwähnten Anforderungen genügt.

Im Frühjahr 1998 wird daher das Traineeprogramm in Bayern zum erstenmal unter einer neuen Konzeption und mit dem Titel *Einstieg für Hochschulabsolventen* durchgeführt. Diese sieht vor, daß die in die Bank eintretenden Hoch-/Fachhochschulabsolventen im Rahmen ca. eines Jahres auf ihre Zielposition hinentwickelt werden. Grundstein dafür ist, daß die Absolventen nur Seminare besuchen, die sie für ihre spätere Position auch benötigen. Für den Entwicklungsweg Betreuung von Firmenkunden bedeutet dies, daß ein Seminar *Kreditgeschäft* inkl. Verkaufstraining (3 Wochen) und ein Abschlußseminar *Betreuung von Firmenkunden* (4 Wochen) obligatorisch besucht wird.

Entwicklungsweg

Betreuung von Firmenkunden (Rahmenplan)

	Praxis	Seminar	Dauer in Wochen
ca. 1 Jahr	Praxisphase in der Bank		
		Kreditgeschäft inkl. Gesprächs-/Verkaufstraining	3
	Praxisphase in der Bank		
		(fakultativ zusätzlich Vermögensberatung)	(3)
	Praxisphase in der Bank		
		Abschlußseminar	3+1
	Praxisphase in der Bank		

Abbildung 17: Rahmenplan für den Einstieg (Beispiel: Betreuung von Firmenkunden)

Je nach Bedarf kann fakultativ ein Seminar *Vermögensberatung*, welches ebenfalls
mit einem Verkaufstraining gekoppelt ist, absolviert werden. Hinter der Kopplung
der einzelnen Seminare mit einem jeweils spezifischen Verkaufstraining steht die
Überlegung, daß zum einen jeder Bereich auch jeweils spezifische Verkaufsgesprä-
che nötig macht. Zum anderen kann davon ausgegangen werden, daß das direkt
anschließende Training der erworbenen Kenntnisse im jeweiligen Bereich den Transfer begünstigt.

Tabelle 28: Aufwendungen für die Qualifizierung mittels Einstieg für Hochschulabsolventen
(Entwicklungsdauer zum Firmenkundenbetreuer ca. 1 Jahr)

Gehalt für 1 Jahr	Gehalts-Mittelwert: DM 41.113,-		
	(aus dem empir. Gehalts-Mittelwert)		**DM 41.113,-**
Gehaltsnebenko-sten 100 %	„		**DM 41.113,-**
Gehalt gesamt			*DM 82.226,-*
Seminare und Gebühren	Kreditgeschäft (2 SU*)	DM 3.150,-	
	Abschlußseminar (KMT)		
	Teil I (1 SU)	DM 3.000,-	
	Teil II	DM 1.500,-	**DM 7.650,-**
Vollpension in Tagen x Kosten	(20 + 19 + 5) x DM 120,-		**DM 5.280,-**
Fahrtkosten (bei 200 km einfach zu 0,52 DM Erstattung)	6 Fahrten x DM 104,-		**DM 624,-**
Abwesenheit aus der Bank (werktags)	15 + 15 + 5 Tage		**35 Tage**
Bildung gesamt (Minimum)			*DM 13.554,-*
Gehalt u. Gehaltsnebenko-sten während Abwesenheit	bei durchschnittlich 22 Arbeitstagen im Monat => DM 311,- pro Tag	DM 311,- x 35 Tage	**DM 10.885,-**

*) SU ~ Samstagsunterricht

Die Praxiseinsätze bei der DG Bank und dem Genossenschaftsverband sind nicht
mehr obligatorisch zu absolvieren, so daß vermehrt auf Vorkenntnisse und -erfahrun-
gen der Absolventen eingegangen werden kann, die häufig bereits zahlreiche
Praktika gemacht haben. Die 10monatige Ausbildungsdauer in der Bank wird nach
einem kurzen Überblick hauptsächlich für die Einarbeitung auf die jeweilige Zielposition verwendet. Voraussetzung dafür ist, daß die Bewerber bereits Erfahrungen im

Bankgeschäft entweder über längere Praktika oder Werkstudententätigkeiten und/oder eine Bankausbildung mitbringen. Die Konzeption sieht daher zunächst einen sehr groben Rahmenplan (s.a. Abbildung 17) für den Einstieg vor, der von dem zukünftigen Mitarbeiter und dem Verantwortlichen in der Bank individuell konkretisiert werden soll. Bei sehr qualifizierten Bewerbern mit umfangreichen bankfachlichen Spezialkenntnissen ist zudem explizit ein Direkteinstieg auf die jeweilige Position möglich. Mit Entwicklungsvorschlägen und sonstiger benötigter Unterstützung (Vermittlung von Praxiseinsätzen außerhalb der Primärbank etc.) durch die Akademien kann dabei gerechnet werden. Der Einbezug vom Samstagen in die Seminare trägt der Tendenz Rechnung, dem Mitarbeiter vermehrt eigenes Engagement abzuverlangen; zudem wird eine Verminderung der Ausfalltage in der Bank sowie der An-/Abreisen erreicht.

Eine Aktualisierung der in Kapitel 5.6 dargestellten Tabelle der Aufwendungen für die Qualifizierung mittels Traineeprogramm muß für den neuen Einstieg für Hochschulabsolventen daher lauten, wie in Tabelle 28 dargestellt. Die Tabelle 28 zeigt, daß der Einstieg für Hochschulabsolventen bei einer Minimalversion (also ohne andere Praxiseinsätze und ohne das Seminar *Vermögensberatung*) gegenüber den alternativen Entwicklungswegen an Attraktivität gewinnt. Die Entwicklungsschiene *Einstieg für Hochschulabsolventen* ist den anderen bezüglich Abwesenheitstagen aus der Bank (35 Tage), absoluten Qualifizierungsaufwendungen (DM 13.554,-), Gehalt (DM 82.226,-) sowie Gehalt während Abwesenheit (DM 10.885,-) überlegen. Sie ist die günstigste Form für qualifizierten Nachwuchs zu sorgen.

Abschließend zur vorliegenden Arbeit bleibt festzuhalten, daß eine praktische Überprüfung der Anwendbarkeit und Nützlichkeit des in Kapitel 3 vorgeschlagenen Gesamtkonzeptes nach wie vor aussteht. Ein überaus interessantes Unterfangen ist es deshalb, diesen Ansatz in der Praxis zu testen und weiterzuentwickeln. Genossenschaftlichen Primärbanken könnte damit ein Konzept zur Verfügung gestellt werden, personalwirtschaftliche Entscheidungen optimal an zukünftigen Anforderungen und ihrer jeweiligen Unternehmensstrategie zu orientieren.

7 Zusammenfassung

Die vorliegende Arbeit beschäftigt sich zunächst mit einer bildungsadäquaten Definition von Bildungs-Controlling. Aus der Diskussion verschiedener betriebswirtschaftlicher und pädagogisch-psychologischer Ansätze zur Erfassung des Nutzens von Bildung wird ein Grobgerüst für Bildungs-Controlling erarbeitet, das Controlling von Bildung und Evaluation als zwei unterschiedliche, aber durchaus kompatible Teilbereiche für den Entwurf eines Bildungs-Controlling begreift. Am wichtigsten scheint allerdings zum einen die Ausrichtung beider Teilbereiche auf ein gemeinsames Ziel, nämlich den Nutzen von Bildung zu steigern, und zum anderen eine verknüpfte und gleichsam synergetische Vorgehensweise, in der Methoden und Instrumente bildungsadäquat eingesetzt werden.

Des weiteren wird ein Konzept für Bildungs-Controlling vorgestellt, das sich an gegebenen Einschränkungen von BC und definierten Anforderungen bezüglich Einführung, grundlegender Denkhaltung, Vorgehen und Instrumenten orientiert. Es handelt sich hierbei um einen ebenen- und phasenbezogenen Zyklus, der die Transfersicherung explizit einbezieht. Die einzelnen Phasen der operativen Ebene sind: individuelle Bedarfsermittlung und -analyse, Planung, Durchführung, Erfolgsanalyse, Modifikation/Revision. Die vorgeschlagenen Instrumente sind dabei ebenfalls der Betriebswirtschaftslehre, der Psychologie sowie der Pädagogik entlehnt. Besonderer Wert wird bei dem Konzept auf die Transferunterstützung vor, während und nach einer Bildungsmaßnahme sowie auf die Eigenverantwortlichkeit des Lernenden bezüglich Bedarf und Erfolgsanalyse der Personalentwicklung gelegt. Der gesamte BC-Zyklus ist dabei an den strategischen Unternehmenszielen zu orientieren.

Die Anwendung des vorgeschlagenen Ansatzes von einer zentralen Stelle aus auf das Traineeprogramm unterliegt gewissen konzeptimmanenten Restriktionen. Aus diesem Grunde werden bestimmte aus Praxis und Literatur sich ergebende Erfolgsdimensionen eines Traineeprogramms festgelegt und empirisch überprüft. In einer groben Bedarfsanalyse werden der branchenspezifische und gesellschaftliche Wandel sowie die Anforderungen an qualifizierte Bankmitarbeiter betrachtet. Auch der grundlegende Bedarf an Einarbeitungsprogrammen für Akademiker wird diskutiert und die Rahmenbedingungen z.B. in Form der Arbeitsmarktlage werden kurz beleuchtet. Aktuell kann beobachtet werden, daß sich Traineeprogramme eher weg von starren Standardlösungen hin zu individuellen und auf die Vorerfahrungen und -kenntnisse der Einsteiger aufbauenden Karriereplänen entwickeln.

Die Operationalisierung sozialpsychologischer Aspekte wird durch die Darstellung der zugrundeliegenden Theorien zur Arbeitsmotivation sowie zur genossenschaftlichen Identifikation vorbereitet. Für den Bereich der Motivation wird dabei die Instrumentalitätstheorie von V.H. Vroom und für die genossenschaftliche Orientierung die Social Identity Theory von H. Tajfel herangezogen.

Die Ableitung der Erfolgskriterien und -indikatoren für das Traineeprogramm ist angelehnt an das Transfermodell von Baldwin und Ford, so daß bezüglich der Sachziele nach Merkmalen des Programms, der Arbeitsumgebung und der Teilnehmer differenziert wird. Unter der Perspektive eines Bildungs-Controlling werden schließlich auch Formalziele in Form eines Kostenvergleichs verschiedener Entwicklungswege berücksichtigt.

Insgesamt werden folgende Fragen beantwortet:

- Wie können genossenschaftliche Primärbanken ihren Bedarf an qualifizierten Fach- und Führungskräften decken?
- Hat ein Traineeprogramm Vor- bzw. Nachteile gegenüber alternativen Möglichkeiten der Qualifikation/Integration?
- Wie gestaltet sich das Aufwand-Nutzen-Verhältnis, v.a. im Hinblick auf einen Vergleich alternativer Entwicklungswege?
- Kann genossenschaftlichen Primärbanken überhaupt empfohlen werden, Akademiker einzustellen?

Die empirische Analyse zeigt, daß sich Trainees, akademische Direkteinsteiger und Praktiker auf keiner der definierten Erfolgsdimensionen wesentlich unterscheiden. Deutliche Unterschiede ergeben sich allerdings in bezug auf finanzielle Aufwendungen in den einzelnen Entwicklungswegen. Da ein Traineeprogramm bezüglich Motivation, Identifikation, beruflicher Handlungskompetenz oder sozialer Integration weder Vor- noch Nachteile aufweist, werden Kriterien abgeleitet, anhand derer die genossenschaftliche Primärbank eine Entscheidung für einen der alternativen Entwicklungswege treffen kann, nämlich Einsatzzeitpunkt/Entwicklungsdauer, finanzielle Aufwendungen und Notwendigkeit erweiterter betriebswirtschaftlicher, aber auch juristischer Kenntnisse.

Insgesamt kann die genossenschaftliche Identifikation bei allen befragten Gruppen als gut bezeichnet werden. Die von den Befragten wahrgenommene Wahrscheinlichkeit, aufgrund eigener Leistungen in der Bank wichtige berufliche Ziele erreichen zu können, ist eher verhalten. Die eigene berufliche Handlungskompetenz wird von den drei befragten Gruppen sehr hoch eingeschätzt. Die soziale Integration von Trainees und akademischen Direkteinsteigern ist problemlos möglich.

Das Traineeprogramm selbst wird zwar von den Beteiligten gut beurteilt, ist allerdings in einigen Punkten noch verbesserungsfähig. Dies betrifft v.a. eine Steigerung der Attraktivität des Programms bei den Banken durch eine Gesamtkürzung, durch eine Senkung der Qualifizierungsaufwendungen und eine noch stärkere Ausrichtung der Traineeausbildung auf die Bedarfe von Bank und Trainee. Durch die vorgeschlagenen Verbesserungen gewinnt das Traineeprogramm objektiv sehr deutlich an Attraktivität; es bleibt abzuwarten, ob ihm dies in der Realität auch gelingt. Verbesserungsfähig ist ferner die Transferförderung bei Trainees und akademischen Direkteinsteigern. Dies betrifft zum einen die im Studium, aber auch die in Seminaren erworbenen Kenntnisse und Fähigkeiten. Damit die obengenannte Entscheidung hinsichtlich alternativer Entwicklungswege möglich wird/bleibt, ist es nötig, auch die Quellen, aus denen der qualifizierte Nachwuchs kommt, zu betrachten. Speziell zu denken ist hierbei im wesentlichen an Hoch-/Fachhochschulabsolventen und eigene Auszubildende. Die Zahl bzw. die Attraktion der akademisch ausgebildeten Bewerber für einen Einstieg bei Volks- und Raiffeisenbanken kann im Vergleich zu anderen Kreditinstituten und den Personalmarketingaktivitäten eher als gering eingestuft werden; dies korrespondiert allerdings mit der Einstellungs-/Vermittlungsquote von Akademikern in Genossenschaftsbanken. Die Gefahr einer erhöhten Abwanderung von Auszubildenden mit Abitur in ein Studium kann durch die Daten nicht bestätigt werden. Die Trainees haben zu 53 % nach Abschluß ihrer Entwicklung die Bank verlassen. Für eine Senkung dieser Fluktuationsquote wird empfohlen, auf eine noch bessere 'Passung' zwischen Einsteiger und Bank zu achten, was bedeutet, daß ein Abgleich individueller Ziele und Ambitionen sowie Notwendigkeiten und Möglichkeiten in der Bank vor der Einstellung stattfindet.

8 Literaturverzeichnis

Arbeitgeberverband der Deutschen Volksbanken und Raiffeisenbanken e.V. (1997). *Tarifvertrag für die Volksbanken und Raiffeisenbanken sowie die genossenschaftlichen Zentralbanken.* Wiesbaden: Deutscher Genossenschaftsverlag.

Arnold, R. (1995). Qualität selbst organisieren - Evaluation der Weiterbildung. *ManagerSeminare*, 18, 96-102.

Arnold, R. (1996). Von der Erfolgskontrolle zur entwicklungsorientierten Evaluierung. In J. Münch (Hrsg.), *Ökonomie betrieblicher Bildungsarbeit: Qualität - Kosten - Evaluierung - Finanzierung* (S. 251-267). Berlin: Erich Schmidt Verlag.

Backhaus, J. (1992). Strategiefaktor Personalentwicklung. *Betriebswirtschaftliche Blätter*, 8, 407-411.

Baldin, K. & Papmehl, A. (1989). Kann man Bildungsnutzen messen? *Personalführung*, 8, 811-815.

Baldwin, T.T. & Ford, J.K. (1988). Transfer of training: a review and directions of future research. *Personnel Psychology*, 41, 63-105.

Bartscher, T.R. & Steinmann, O. (1990). Der Human-Resource-Accounting-Ansatz innerhalb der Personal-Controlling-Diskussion. *Zeitschrift für Personalforschung*, 4, 387-401.

Bayerisches Staatsministerium für Unterricht, Kultus, Wissenschaft und Kunst (Hrsg.). (1995). *Schüler- und Absolventenprognose 1995. Reihe A, Bildungsstatistik, Heft 31.* München: Rittel Offset.

Becker, M. (1991). Bildungscontrolling: Neues Instrument der Personalentwicklung. *Erziehungswissenschaft und Beruf*, 3, 273-288.

Becker, M. (1995). Bildungscontrolling - Möglichkeiten und Grenzen aus wissenschaftstheoretischer und bildungspraktischer Sicht. In G. von Landsberg & R. Weiß (Hrsg.), *Bildungs-Controlling* (S. 57-80). Stuttgart: Schäffer-Poeschel Verlag.

Beicht, U. & Krekel, E.M. (1996). Individuelle Kosten und individueller Nutzen der beruflichen Weiterbildung. In J. Münch (Hrsg.), *Ökonomie betrieblicher Bildungsarbeit: Qualität - Kosten - Evaluierung - Finanzierung* (S. 175-194). Berlin: Erich Schmidt Verlag.

Birkle, W., Buchwald, Ch., Faix, W. & Stolle, J. (1992). Soziale Kompetenz in Betrieblicher Bildung. *Grundlagen der Wirtschaft - Zeitschrift*, 3, 13-18.

Bortz, J. (1984). *Lehrbuch der empirischen Forschung.* Berlin, Heidelberg, New York: Springer Verlag.

Boudreau, J. W. (1983). Economic considerations in estimating the utility of human resource productivity improvement programs. *Personnel Psychology*, 36, 551-557.

Brandstätter, H. & Gaubatz, S. (1997). Befindenstagebuch am neuen Arbeitsplatz in differentialpsychologischer Sicht. *Zeitschrift für Arbeits- und Organisationspsychologie*, 1, 18-29.

Brandt, J. (1992). *Controlling I: Personal-Controlling.* München: Verlag für Wirtschaftsskripten.

Brickenkamp, R. (1975). *Handbuch psychologischer und pädagogischer Tests.* Göttingen: Hogrefe Verlag.

Bruggemann, A., Groskurth, P. & Ulich, E. (1975). *Arbeitszufriedenheit.* Bern u.a.: Verlag Hans Huber.

Buchanan, B. II (1974). Building organizational commitment: The socialization of managers in work organizations. *Administrativ Science Quarterly*, 19, 533-546.

Bundesministerium für Bildung und Wissenschaft (Hrsg.). (1990). *Betriebliche Weiterbildung - Forschungsstand und Forschungsperspektiven. Studien - Bildung - Wissenschaft Nr. 88.* Bad Honnef: o. Verlag.

Bundesministerium für Bildung und Wissenschaft (Hrsg.). (1994). *Prüfungen an Hochschulen 1973 bis 1992*. Bonn: o. Verlag.

Camp, R.C. (1994). *Benchmarking*. München, Wien: Carl Hanser Verlag.

Capelli, P. & Crocker-Hefter, A. (1997). Die richtigen Mitarbeiter zur richtigen Zeit. *Handelsblatt Karriere*, 210, K 7.

Cascio, W.F. (1991). *Costing human resources: The financial impact of behavior in organizations*. Boston: Kent.

Corsten, H. & Reiß, M. (Hrsg.). (1996). *Betriebswirtschaftslehre*. München: R. Oldenbourg Verlag.

Cremer, C. & Philip, E. (1982). Curriculumforschung aufgrund interventiver Forschungsstrategien: Handlungsforschung und Organisationsentwicklung. In U. Hameyer, K. Frey & H. Kraft (Hrsg.), *Handbuch der Curriculumforschung* (S. 577-584). Weinheim/Basel: Beltz Verlag.

Cronbach, L.J. (1972). Evaluation zur Verbesserung von Curricula. In C. Wulf (Hrsg.), *Evaluation* (S. 41-59). München: Piper Verlag.

Cullen, J.G., Sawzin, S.A., Sisson, G.R. & Swanson, R.A. (1978). Cost-effectiveness: A model for assessing the training investment. *Training and Development Journal*, 32 (1), 24-29.

Dann, D. & Doise, W. (1981). Ein neuer experimenteller Ansatz zur Erforschung von Intergruppen-Beziehungen. In W. Stroebe (Hrsg.), *Sozialpsychologie. Band 2: Gruppenprozesse* (S. 156-176). Darmstadt: Wissenschaftliche Buchgesellschaft.

Deutscher Genossenschafts- und Raiffeisenverband e.V. (Hrsg.). (1993). *Bildungskonzeption der Volksbanken und Raiffeisenbanken in der Praxis*. Wiesbaden: Deutscher Genossenschaftsverlag.

Dreher, M. & Dreher, E. (1982). Gruppendiskussion. In G.L. Huber & H. Mandel (Hrsg.), *Verbale Daten* (S. 141-164). Weinheim: Beltz Verlag.

Ebert, G. (1995). Kostenrechnerische Steuerung des Bildungsbereichs. In G. von Landsberg & R. Weiß (Hrsg.), *Bildungs-Controlling* (S. 147-154). Stuttgart: Schäffer-Poeschel Verlag.

Eichenberger, P. (1990). Millionen für Bildung, Pfennige für Evaluierung. *Personalwirtschaft*, 3, 35-43.

Enderle, W. (1989). Die Genossenschaftsbank - der Mitarbeiter, Ausbildung und Weiterbildung, Identifikation mit der Genossenschaft. *Zeitschrift für Sozialpsychologie*, 2, 4-15.

Enderle, W. (1995). Bildungscontrolling. Die fünf Phasen der Wertschöpfungskette Bildung. *Bankinformation*, 7, 29-33.

Faix, W.G. & Laier, A. (1989). *Soziale Kompetenz. Beiträge zur Gesellschafts- und Bildungspolitik 151. Institut der deutschen Wirtschaft*. Köln: Deutscher Instituts-Verlag.

Feige, W. (1993). Bildungscontrolling - Anspruch und Wirklichkeit. *Personal*, 11, 515-519.

Feige, W. (1994). Quantitatives und qualitatives Bildungscontrolling. In I. Turbanisch (Hrsg.), *Effizienz in der Personalentwicklung* (S. 159-184). Stuttgart: Deutscher Sparkassenverlag.

Fischer-Winkelmann, W.F. & Hohl, E.K. (1982). Zum Stand des Human Resource Accounting. *Die Unternehmung*, 36, 123-148.

Fisseni, H.-J. (1990). *Lehrbuch der psychologischen Diagnostik*. Göttingen: Hogrefe Verlag.

Föderreuther, R. (1988). *Traineeprogramme und Auswahl von Hochschulabsolventen bei Banken und Sparkassen*. Stuttgart: Deutscher Sparkassenverlag.

Frieling, E. & Sonntag, K. (1987). *Lehrbuch der Arbeitspsychologie*. Bern u.a.: Verlag Hans Huber.

Gebert, D. & Steinkamp, T. (1990). *Innovativität und Produktivität durch betriebliche Weiterbildung*. Stuttgart: Schäffer-Poeschel Verlag.

Genossenschaftsverband Bayern (GVB) - Bildungswesen (1992). *Auswertung der DGRV-Bildungs- und Personalentwicklungsstatistik*. o. Ort: o. Verlag.

Gerlich, P.S. (1994). *Evaluation überbetrieblicher Weiterbildung. Eine empirische Studie zur Effizienz des Lernerfolgskontrollsystems im Seminar Kundenberatung des Genossenschaftsverbandes Bayern e.V.* Katholische Universität Eichstätt: Unveröff. Psycholog. Diplomarbeit.

Gerlich, P.S. (1996). Evaluation des Traineeprogramms der Volks- und Raiffeisenbanken in Bayern. In B. Rank & R. Wakenhut (Hrsg.), *Bildungscontrolling: Erfolg in der Führungskräfteentwicklung* (S. 129-161). München und Mering: Rainer Hampp Verlag.

Gros, E. (1994). Analyse von Arbeitstätigkeiten: Ermittlung von Belastung und Beanspruchung am Arbeitsplatz. In E. Gros (Hrsg.), *Anwendungsbezogene Arbeits-, Betriebs- und Organisationspsychologie* (S. 95-122). Göttingen: Verlag für Angewandte Psychologie.

Grosskopf, W. (1990). Genossenschaftliche Identität bei sich ändernden Rahmenbedingungen. In J. Laurinkari & J. Brazda (Hrsg.), *Genossenschaftswesen: Hand- und Lehrbuch. 2. Kapitel: Merkmale von Genossenschaften* (S. 102-111). München, Wien: Oldenbourg Verlag.

Grünefeld, H.G. (1976). Kostenerfassung und Ansätze zur Ertragsbemessung betrieblicher Aus- und Weiterbildungsmaßnahmen. *Betriebswirtschaftliche Forschung und Praxis*, 28, Heft 4, 334-345.

Grünheidt, H. & Keller, V. von (1997). Nachwuchskräfte bewirken Veränderungen. *Handelsblatt Karriere*, 88, K 3.

Gulden, H. (1996). *Evaluation von Traineeprogrammen als Alternative zur klassischen Form des Berufseinstiegs*. München, Mering: Rainer Hampp Verlag.

Hauschildt, J. & Schewe, G. (1993). Der Controller in der Bank. Systematisches Informations-Management in Kreditinstituten. Frankfurt/M.: Fritz Knapp Verlag.

Heckhausen, H. (1989). Motivation und Handeln. Berlin, Heidelberg u.a.: Springer Verlag.

Heeg, F.-J. & Jäger, C. (1995). Konzeption und Einführung einer Bildungscontrolling-Systematik. In G. von Landsberg & R. Weiß (Hrsg.), *Bildungs-Controlling* (S. 341-362). Stuttgart: Schäffer-Poeschel Verlag.

Hogg, M.A. & Abrams, D. (1988). *Social Identifications*. London: Routledge.

Huber, O. (1995). Beobachtung. In E. Roth (Hrsg.), *Sozialwissenschaftliche Methoden. Lehr- und Handbuch für Forschung und Praxis* (S. 126-145). München, Wien: Oldenbourg Verlag.

Kailer, N. (1996). Controlling in der Weiterbildung. In J. Münch (Hrsg.), *Ökonomie betrieblicher Bildungsarbeit: Qualität - Kosten - Evaluierung - Finanzierung* (S. 233-250). Berlin: Erich Schmidt Verlag.

Kelman, H.C. (1961). Processes of opinion change. *Public Opinion Quarterly*, 25, 57-78.

Keßler, H. (1995). Budgetierung und Verantwortung der Weiterbildungskosten. In G. von Landsberg & R. Weiß (Hrsg.), *Bildungs-Controlling* (S. 155-162). Stuttgart: Schäffer-Poeschel Verlag.

Kienbaum, J. (Hrsg.). (1997). *Benchmarking Personal. Von den Besten lernen*. Stuttgart: Schäffer-Poeschel Verlag.

Kirkpatrick, D.L. (1976). Evaluation of training. In R.L. Craig (Ed.), *Training and development handbook* (p. 18.1-18.27). New York: McGraw Hill.

Kirsch, A. (1995). Strategien der Selektion und Sozialisation von Führungsnachwuchs. Wiesbaden: Deutscher Universitäts-Verlag.

Konegen-Grenier, Ch. & List, J. (1993). *Die Anforderungen der Wirtschaft an das BWL-Studium. Beiträge zur Gesellschafts- und Bildungspolitik des Instituts der Dt. Wirtschaft. Nr. 197*. Köln: Deutscher Instituts-Verlag.

Koolwijk, J. van & Wieken-Mayser, M. (1974). *Techniken der empirischen Sozialforschung. Bd. 3: Beobachtung und Analyse von Kommunikation*. München: Oldenbourg Verlag.

Kraak, B. (1976). Handlungs-Entscheidungs-Theorien: Anwendungsmöglichkeiten und Verbesserungsvorschläge. *Psychologische Beiträge*, 18, 505-517.

Kramer, W. & Landsberg, G. von (1981). *Abiturientenprogramme und Traineeprogramme in der Wirtschaft*. Berlin: Erich Schmidt Verlag.

Krüger, H.-H. (1997). *Einführung in Theorien und Methoden der Erziehungswissenschaft*. Opladen: Verlag Leske + Budrich.

Ladewig, W. & Wiedenmann, H. (1996). Entwicklung der Bankentechnologie im genossenschaftlichen Verbund. In H.P. Kempkes & R. Meister (Hrsg.), *Die Genossenschaftsbank von morgen. Tendenzen, Visionen und Konzepte zur Entwicklung im Bankgewerbe. Konsequenzen für die Personalentwicklung* (S. 47-62). Wiesbaden: Deutscher Genossenschafts-Verlag.

Lamnek, S. (1989). *Qualitative Methoden der Sozialforschung. Bd. 2: Methoden und Techniken*. München: Psychologie-Verlags-Union.

Landsberg, G. von (1990). Weiterbildungcontrolling. In W. Schlaffke & R. Weiß (Hrsg.), *Tendenzen betrieblicher Weiterbildung. Aufgaben für Forschung und Praxis* (S. 351-371). Köln: Deutscher Instituts-Verlag.

Landsberg, G. von & Weiß, R. (Hrsg.). (1995). *Bildungs-Controlling*. Stuttgart: Schäffer-Poeschel Verlag.

Landsberg, G. von (1995). Bildungs-Controlling: „What is likely to go wrong?". In G. von Landsberg & R. Weiß (Hrsg.), *Bildungs-Controlling* (S. 11-34). Stuttgart: Schäffer-Poeschel Verlag.

Lang, J. & Weidmüller, M. (Hrsg.). (1984). *Genossenschaftsgesetz*. Berlin, New York: Verlag de Gruyter.

Lange, E. (1983). Zur Entwicklung und Methodik der Evaluationsforschung in der Bundesrepublik Deutschland. *Zeitschrift für Soziologie*, 12, 3, 253-270.

Lenzen, D. (Hrsg.). (1995). *Erziehungswissenschaft. Ein Grundkurs*. Reinbek b. Hamburg: Rowohlt Taschenbuch Verlag.

Lindenlaub, S. (1984). *Einstellungen und Handeln. Neue Sicht eines alten Problems*. Göttingen: Hogrefe Verlag.

Likert, R. (1973). Human Resource Accounting: Building and assessing productive organizations. *Personnel - The Management of People at Work*, 3, 8-23.

Maanen, J. van & Schein, E.H. (1979). Toward a theory of organizational socialization. In B.M. Staw (Ed.), *Research in Organizational Behavior* (p. 209-264). *Vol. 1*. Greenwich, Co.: JAI Press.

Martens, J.-U. (1987). Empirische Erprobung „objektivierter Lehrsysteme". In H. Will, A. Winteler & A. Krapp (Hrsg.), *Evaluation in der beruflichen Aus- und Weiterbildung* (S. 89-107). Heidelberg: Sauer Verlag.

McCormick, E.J. (1979). *Job analysis: methods and applications*. New York: Amacom.

Meier, H. (1990). *Personalentwicklung: Konzept, Leitfaden und Checklisten für Klein- und Mittelbetriebe*. Wiesbaden: Gabler Verlag.

Meier, R. (1995). Bildungscontrolling. *Verwaltung und Fortbildung*, 3, 210-220.

Mentzel, W. (1992). *Unternehmenssicherung durch Personalentwicklung: Mitarbeiter motivieren, fördern und weiterbilden*. Freiburg im Breisgau: Haufe Verlag.

Mollenhauer, K. (1968). *Erziehung und Emanzipation*. München: Juventa Verlag.

Moser, K. & Schuler, H. (1993). Validität einer deutschsprachigen Involvement-Skala. *Zeitschrift für Differentielle und Diagnostische Psychologie*, 14, 27-36.

Moser, K. (1996). *Commitment in Organisationen*. Bern u.a.: Verlag Hans Huber.

Mowday, R.T., Porter, L.W. & Dubin, R. (1974). Unit performance, situational factors and employee attitudes in spatially separated work units. *Organizational Behavior and Human Performance*, 12, 231-248.

Mowday, R.T., Steers, R.M. & Porter, L.W. (1979). The measurement of organizational commitment. *Journal of Vocational Behavior*, 14, 224-247.

Münch, J. (Hrsg.). (1996). *Ökonomie betrieblicher Bildungsarbeit: Qualität - Kosten - Evaluierung - Finanzierung.* Berlin: Erich Schmidt Verlag.

Mummendey, A. (1985). Verhalten zwischen sozialen Gruppen: Die Theorie der sozialen Identität. In D. Frey & M. Irle (Hrsg.), *Theorien der Sozialpsychologie, Band 2: Gruppen- und Lerntheorien* (S. 185-216). Bern u.a.: Verlag Hans Huber.

Mummendey, A. & Simon, B. (Hrsg.). (1997). *Identität und Verschiedenheit. Zur Sozialpsychologie der Identität in komplexen Gesellschaften.* Bern u.a.: Verlag Hans Huber.

Mummendey, H.D. (1987). *Die Fragebogenmethode.* Göttingen: Hogrefe Verlag.

N.N. (1997). Absolventen-Barometer. *Forum. Erfolgreicher Berufsstart, 4,* 6.

Nork, M. (1989). *Management Training. Evaluation, Probleme, Lösungsansätze.* München: Rainer Hampp Verlag.

Pächnatz, P. (1994). Bildungscontrolling durch ganzheitliche Führungssysteme. In I. Turbanisch (Hrsg.), *Effizienz in der Personalentwicklung* (S. 41-71). Stuttgart: Deutscher Sparkassenverlag.

Papmehl, A. (1990). *Personal-Controlling: Human-Ressourcen effektiv entwickeln.* Heidelberg: Sauer Verlag.

Paschen, K. (1995). Einführung und Einarbeitung neuer Mitarbeiter: Probleme und Instrumente. In H. Groenewald & J. Berthel (Hrsg.), *Personalmanagement* (S. 1-21), 20. Nachlieferung. Landsberg am Lech: Verlag Moderne Industrie.

Ploenzke AG (1993). *Vergleichende Analyse und Bewertung der Trainee-Programme von Großunternehmen in der Bundesrepublik Deutschland.* o. Ort: o. Verlag.

Porter, L.W., Crampon, W.J. & Smith, F.J. (1976). Organizational commitment and managerial turnover: A longitudinal study. *Organizational Behavior and Human Performance, 15,* 87-98.

Potthoff, E. & Trescher, K. (1986). *Controlling in der Personalwirtschaft.* Berlin, New York: Verlag de Gruyter.

Psephos Institut für Wahlforschung und Sozialwissenschaft GmbH (1997). Große Nachwuchskräfte-Befragung: Harte erste Runde. *Handelsblatt Junge Karriere, 2,* 28-31.

Raab, E. (1974). Probleme der Fragenformulierung. In K.C. Behrens (Hrsg.), *Handbuch der Marktforschung* (S. 255-269). Wiesbaden: Gabler Verlag.

Rank, B. & Wakenhut, R. (Hrsg.). (1996). *Bildungscontrolling: Erfolg in der Führungskräfteentwicklung.* München und Mering: Rainer Hampp Verlag.

Rank, B. (1997). *Erwartungs-Wert-Theorien. Ein Theoriekonzept der Wirtschaftspsychologie und seine Anwendung auf eine berufsbiographische Entscheidung.* München und Mering: Rainer Hampp Verlag.

Rehn, M.-L. (1990). *Die Einführung neuer Mitarbeiter. Eine Längsschnittstudie zur Anpassung an Normen und Werte der Arbeitsgruppe.* München: Haupt Verlag.

Rosenstiel, L. von, Nerdinger, F.W., Spieß, E. & Stengel, M. (1989). *Führungsnachwuchs im Unternehmen. Wertkonflikt zwischen Individuum und Organisation.* München: Beck Verlag.

Rosenstiel, L. von (1992). Entwicklung von Werthaltungen und interpersonaler Kompetenz - Beiträge der Sozialpsychologie. In K.-H. Sonntag (Hrsg.), *Personalentwicklung in Organisationen. Psychologische Grundlagen, Methoden und Strategien* (S. 83-105). Göttingen: Hogrefe Verlag.

Roth, E. (1995). *Sozialwissenschaftliche Methoden. Lehr- und Handbuch für Forschung und Praxis.* München, Wien: Oldenbourg Verlag.

Ruschel, A. (1995). Die Transferproblematik bei der Erfolgskontrolle betrieblicher Weiterbildung. In G. von Landsberg & R. Weiß (Hrsg.), *Bildungs-Controlling* (S. 297-322). Stuttgart: Schäffer-Poeschel Verlag.

Schaefer, W.J. (1996). Der Markt für Banker bleibt stabil. *Bank Magazin, 11,* 63-64.

Schandry, R. (1988). *Lehrbuch der Psychophysiologie: körperliche Indikatoren psychischen Geschehens.* München, Weinheim: Psychologie-Verlags-Union.

Scherm, E. (1992). Personalwirtschaftliche Kennzahlen - Eine Sackgasse des Personalcontrollings? *Personal*, 11, 522-525.

Schierenbeck, H. (1994). *Ertragsorientiertes Bankmanagement: Controlling in Kreditinstituten.* Wiesbaden: Gabler Verlag.

Schmidt, F.L., Hunter, J.E. & Pearlman, K. (1982). Assessing the economic impact of personnel programs on work-force productivity. *Personnel Psychology*, 35, 333-347.

Schmidt, K.-H. & Daume, B. (1996). Beziehungen zwischen Aufgabenmerkmalen, Fehlzeiten und Fluktuation. *Zeitschrift für Arbeits- und Organisationspsychologie*, 40, 4, 181-189.

Schmidtke, H. (1981). *Lehrbuch der Ergonomie.* München, Wien: Carl Hanser Verlag.

Schnell, R., Hill, P. & Esser, E. (1988). *Methoden der empirischen Sozialforschung.* München: Oldenbourg Verlag.

Scholl, R.W. (1981). Differentiating organizational commitment from expectancy as a motivating force. *Academy of Management Review*, 6, 589-599.

Schubert-Lüthans, B. (1997). Banken verstärken EDV-Ressort. Magnet Frankfurt. *Handelsblatt Karriere*, 101, K1.

Schulte, C. (1989). *Personal-Controlling mit Kennzahlen.* München: Vahlen Verlag.

Schulte, C. (1995). Kennzahlengestütztes Weiterbildungs-Controlling als Voraussetzung für den Weiterbildungserfolg. In G. von Landsberg & R. Weiß (Hrsg.), *Bildungs-Controlling* (S. 265-282). Stuttgart: Schäffer-Poeschel Verlag.

Schwaab, M.-O. & Schuler, H. (1991). Die Attraktivität der deutschen Kreditinstitute bei Hochschulabsolventen. *Zeitschrift für Arbeits- und Organisationspsychologie*, 35, 3, 105-114.

Scriven, M. (1972). Die Methodologie der Evaluation. In C. Wulf (Hrsg.), *Evaluation* (S. 60-91). München: Piper Verlag.

Semmer, N., Baillod, J., Stadler, R. & Gail, K. (1996). Fluktuation bei Computerfachleuten: Eine follow-up Studie. *Zeitschrift für Arbeits- und Organisationspsychologie*, 40, 4, 190-199.

Severing, E. (1995). Qualitätssicherung arbeitsplatznaher Weiterbildung. In J.E. Feuchthofen & E. Severing (Hrsg.), *Qualitätsmanagement und Qualitätssicherung in der Weiterbildung* (S. 74-87). Neuwied: Luchterhand Verlag.

Simon, B. & Mummendey, A. (1997). Selbst, Identität und Gruppe: Eine sozialpsychologische Analyse des Verhältnisses von Individuum und Gruppe. In A. Mummendey & B. Simon (Hrsg.), *Identität und Verschiedenheit. Zur Sozialpsychologie der Identität in komplexen Gesellschaften* (S. 11-38). Bern u.a.: Verlag Hans Huber.

Sinn, J. (1996a). Bildungs-Controlling: Verzweifelte Suche nach mehr Transparenz. *Management und Seminar*, 3, 34-38.

Sinn, J. (1996b). Bildungs-Controlling: Abschied von der Kennzifferngläubigkeit. *Management und Seminar*, 3, 38-40.

Sonntag, K.-H. (1987). Evaluation in der Berufsbildungsforschung im Beziehungsgefüge unterschiedlicher Interessen. In H. Will, A. Winteler & A. Krapp (Hrsg.), *Evaluation in der beruflichen Aus- und Weiterbildung* (S. 61-74). Heidelberg: Sauer Verlag.

Sonntag, K.-H. (Hrsg.) (1992). *Personalentwicklung in Organisationen. Psychologische Grundlagen, Methoden und Strategien.* Göttingen: Hogrefe Verlag.

Sonntag, K.-H. & Schaper, N. (1992). Förderung beruflicher Handlungskompetenz. In K.-H. Sonntag (Hrsg.), *Personalentwicklung in Organisationen. Psychologische Grundlagen, Methoden und Strategien* (S. 187-210). Göttingen: Hogrefe Verlag.

Stange, B. (1991). *Die Theorie der sozialen Identität: Analyse eines Reformversuchs in der Sozialpsychologie.* Unveröff. Diss., Universität der Bundeswehr, Hamburg.

Stehr, Ch. (1996). Erster Job, erstes Geld. *Handelsblatt Junge Karriere*, 19, 18.

Stehr, Ch. (1997). EDV-Dienstleister sorgen für Sonderkonjunktur am Managerstellenmarkt - Halbjahresbilanz 1997. Job-Karussell dreht sich schneller. *Handelsblatt Karriere*, 131, K1.

Stimpel, R. (1997). Trotz Stellenabbaus bieten Banken berufliche Chancen. Antreiber gesucht. *Handelsblatt Karriere*, 101, K 1.

Stimpel, R. & Stein, J.H. von (1997). Zum Gespür für Zahlen gehört ein Händchen für Menschen. *Handelsblatt Karriere*, 131, K1.

Stufflebeam, D.L. (1972). Evaluation als Entscheidungshilfe. In C. Wulf (Hrsg.), *Evaluation* (S. 113-145). München: Piper Verlag.

Tajfel, H. (1974). Social identity and intergroup behavior. *Social Science Information*, 13, 65-93.

Tajfel, H. (1975). Soziales Kategorisieren. In S. Moscovici (Hrsg.), *Forschungsgebiete der Sozialpsychologie. Band I*. Frankfurt/M.: Athenäum Fischer Taschenbuch Verlag.

Tajfel, H. & Turner, J. (1979). An integrative theory of intergroup conflict. In W.G. Austin & S. Worchel (Eds.), *The social psychology of intergroup relations*. Monterey, CA: Brooks/Cole Publishing.

Teichgräber, R. (1987). Handlungsorientierte Evaluation eines Kommunikationstrainings in der beruflichen Bildung. In H. Will, A. Winteler & A. Krapp (Hrsg.), *Evaluation in der beruflichen Aus- und Weiterbildung* (S. 147-168). Heidelberg: Sauer Verlag.

Testzentrale des Berufsverbandes Deutscher Psychologen (Hrsg.). (1996/97). *Testkatalog 1996/97*. Göttingen: Hogrefe Verlag.

Thierau, H., Stangel-Meseke, M. & Wottawa, H. (1992). Evaluation von Personalentwicklungsmaßnahmen. In K.-H. Sonntag (Hrsg.), *Personalentwicklung in Organisationen. Psychologische Grundlagen, Methoden und Strategien* (S. 229-249). Göttingen: Hogrefe Verlag.

Tränkle, U. (1982). Fragebogenkonstruktion. In H. Feger & J. Bredenkamp (Hrsg.), *Enzyklopädie der Psychologie*. Themenbereich B, Methodologie und Methoden, Serie I, Forschungsmethoden der Psychologie, Bd. 2, Datenerhebung (S. 222-301). Göttingen: Hogrefe Verlag.

Turner, J.C. (1975). Social comparison and social identity: some prospects for intergroup behavior. *European Journal of Social Psychology*, 5, 5-34.

Turner, J.C. (1982). Towards a cognitive redefinition of the social group. In H. Tajfel (ed.), *Social Identity and Intergroup Relations* (p. 15-40). Cambridge: Cambridge University Press.

Uttitz, P. (1997). Universitätsstudium in Hagen mit Praxisbezug. *Betriebswirtschaftliche Blätter*, 4, 185-189.

Viteles, M.S. (1953). *Motivation and morale in industry*. New York: W.W. Norton.

Vroom, V.H. (1964). *Work and Motivation*. New York: Wiley.

Wakenhut, R., Rank, B. & Glaser, W. (1995). *Eichstätter Berichte zur Wirtschaftspsychologie, Bd. 9. Transfersicherung - am Beispiel des Führungsseminars des Genossenschaftsverbandes Bayern*. Eichstätt: o.V.

Wakenhut, R. (1996). Bildungscontrolling im Führungskräftetraining. In B. Rank & R. Wakenhut (Hrsg.), *Bildungscontrolling: Erfolg in der Führungskräfteentwicklung* (S. 1-23). München und Mering: Rainer Hampp Verlag.

Weiß, A. (1996). Neues Umfeld für Bankernachwuchs. *Bank Magazin*, 10, 34.

Weiß, R. (1994). Elemente eines Bildungscontrolling. In W. Ischebeck, W.H. Schusser, B. Söhngen & R. Weiß (Hrsg.), *Qualität und Effizienz betrieblicher Bildungsarbeit* (S. 28-49). Bd. 16. Köln: Deutscher Instituts-Verlag

Weiß, R. (1995). Betriebliche Weiterbildung im Leistungs- und Kostenvergleich. In G. von Landsberg & R. Weiß (Hrsg.), *Bildungs-Controlling* (S. 163-178). Stuttgart: Schäffer-Poeschel Verlag.

Weiß, R. (1996). Arten, Strukturen und Entwicklungen der Weiterbildungskosten. In J. Münch (Hrsg.), *Ökonomie betrieblicher Bildungsarbeit: Qualität - Kosten - Evaluierung - Finanzierung* (S. 138-158). Berlin: Erich Schmidt Verlag.

Wilkening, O.S. (1986). Bildungscontrolling - Instrumente zur Effizienzsteigerung der Personalentwicklung. In H.-C. Riekhof (Hrsg.), *Strategien der Personalentwicklung* (S.367-393). Wiesbaden: Gabler Verlag.

Wilk-Ketels, G. (1974). Psychologische Probleme der Interview-Situation. In K.C. Behrens (Hrsg.), *Handbuch der Marktforschung* (S. 225-241). Wiesbaden: Gabler Verlag.

Will, H. & Blickhan, C. (1987). Evaluation als Intervention. In H. Will, A. Winteler & A. Krapp (Hrsg.), *Evaluation in der beruflichen Aus- und Weiterbildung* (S. 43-59). Heidelberg: Sauer Verlag.

Will, H., Winteler, A. & Krapp, A. (1987a). Von der Erfolgskontrolle zur Evaluation. In H. Will, A. Winteler & A. Krapp (Hrsg.), *Evaluation in der beruflichen Aus- und Weiterbildung* (S. 11-42). Heidelberg: Sauer Verlag.

Will, H., Winteler, A. & Krapp, A. (Hrsg.). (1987b). *Evaluation in der beruflichen Aus- und Weiterbildung.* Heidelberg: Sauer Verlag.

Wittmann, W.W. (1985). *Evaluationsforschung. Aufgaben, Probleme und Anwendungen.* Heidelberg: Sauer Verlag.

Wottawa, H. (1986). Evaluation. In B. Weidenmann, M. Krapp, L. Hofer, L. Huber & H. Mandl (Hrsg.), *Pädagogische Psychologie* (S. 703-734). München: Piper.

Wulf, C. (Hrsg.). (1972). *Evaluation.* München: Piper Verlag.

Wulf, C. (1975a). Planung und Durchführung der Evaluation von Curricula und Unterricht (Kapitelkonzeption). In K. Frey (Hrsg.), *Curriculum Handbuch* (S. 567-579). Bd. 2. München: Piper Verlag.

Wulf, C. (1975b). Funktionen und Paradigmen der Evaluation. In K. Frey (Hrsg.), *Curriculum Handbuch* (S. 580-596). Bd. 2. München: Piper Verlag.

Wunderer, R. & Sailer, M. (1987a). Personalcontrolling. Eine vernachlässigte Aufgabe des Unternehmenscontrolling. *controller magazin*, 5, 223-228.

Wunderer, R. & Sailer, M. (1987b). Instrumente und Verfahren des Personal-Controlling. *controller magazin*, 6, 287-292.

Wunderer, R. & Sailer, M. (1988). Personalverantwortliche und Controlling: Ergebnisse einer Umfrage. *controller magazin*, 3, 119-124

Wunderer, R. (1990). Personalarbeit in einer noch jungen, entwicklungsbedürftigen Disziplin. *Personalführung*, 8, 507-532.

Zanner, H. (1988). Controlling: Lotsen gesucht. *Wirtschaftswoche*, 34, 63-66.

Zentralstelle für Arbeitsvermittlung der Bundesanstalt für Arbeit (Hrsg.). (1994). *Arbeitsmarkt-Information. Qualifizierte Fach- und Führungskräfte im Geld- und Kreditgewerbe.* Frankfurt/M.: Bundesanstalt für Arbeit.

Überblick zu Stichproben und jeweils angewandten Skalen

		Stichprobe						
		Trainees	Traineebetreuer/ Personalverantwortliche	Praktiker	akademische Direkteinsteiger	Auszubildende mit Abitur	Studenten der BWL	Teilnehmer der Sommerakademie 1996 u. 1997
		11	6	118	15	79	159	21
Skala	**Version** n							
Organisation/ Durchführung (TP)	kurz		x					
	lang	x						
Methodenkompetenz		x	x	x	x			
Soziale Kompetenz		x	x	x	x			
Personale Kompetenz		x	x	x	x			
Identifikation		x	x	x	x			x
Berufliche Ziele: Valenz	26 Items	x	x	x	x			
	18 Items	x	x	x	x	x		x
	9 Items	x	x	x	x	x	x	x
Berufliche Ziele: Instrumentalität	26 Items	x	x	x	x			
	18 Items	x	x	x	x	x		x
Präferierte Arbeitgeber							x	
Präferierte Zielposition							x	
Wissen (TP)	kurz		x					
	lang	x						
Transfer	kurz I+II		x		x			
	lang	x						
Soziale Integration	kurz				x			
	lang	x	x					

Organisation - Durchführung[1]
Inwieweit können Sie folgenden Aussagen zustimmen?
(4 Antwortkategorien:
"trifft nicht zu", "trifft kaum zu", "trifft weitgehend zu", "trifft völlig zu")

Die Betreuung des Traineeprogramms durch die Akademie Bayerischer Genossenschaften war gut.
Die Organisation der Praxiseinsätze außerhalb der Ausbildungsbank über die Akademie Bayerischer Genossenschaften war gut.
Die Organisation der Seminarbesuche war gut.
Die Gesamtplanung des Traineeprogramms durch die Personalverantwortlichen in der Ausbildungsbank war individuell und so flexibel wie nötig.
Die Einführung bei Kollegen und einzelnen Abteilungen in der Ausbildungsbank war gut.
Die wesentlichen Abteilungen in der Ausbildungsbank wurden in der Basisstufe durchlaufen.
Die Spezialisierung in der Ausbildungsbank konnte voll und ganz auf die künftige Position vorbereiten.
Die Organisation des "1. Tages" in den Praxisstationen war gut. (nur Trainees)
Die Organisation einer Unterkunft bereitete keine Probleme. (nur Trainees)
Für jeden Praxiseinsatz wurde ein Abschlußgespräch mit dem Abteilungsleiter geführt. (nur Trainees)
Die Ausbilder in den einzelnen Praxisstationen waren sehr informationsbereit. (nur Trainees)
Die Dauer des gesamten Traineeprogramms ist mit 18 Monaten genau richtig.
Die Aufteilung in 12 Monate Basisstufe ist zu lang.
Die Aufteilung in 6 Monate Spezialisierungsstufe ist zu kurz.
Ein mindestens jährliches Traineetreffen ist notwendig.
Ein mindestens jährlicher Erfahrungsaustausch über das Traineeprogramm, seine Vor- u. Nachteile mit Trainees u. Traineebetreuern aus der Bank ist notwendig.
Zu einem Treffen sollten auch alle "Ehemaligen" eingeladen werden.

---

[1]   Für den Fall, daß die Personalverantwortlichen den Bogen ausfüllten, waren die Items in der dritten Person formuliert, z.B. "Ein Trainee kann..."

Wissen
Inwieweit können Sie folgenden Aussagen zustimmen?
(4 Antwortkategorien:
"trifft nicht zu", "trifft kaum zu", "trifft weitgehend zu", "trifft völlig zu")

Die in folgenden Seminaren vermittelten fachtheoretischen Inhalte waren sehr gut auf meinen Bedarf abgestimmt:
* Einführungsseminar
* Vermögensberatung
* Kreditgeschäft
* Aufbauseminar
* Abschlußseminar
Einige Themen wurden in den Seminaren zu ausführlich behandelt. (nur Trainees)
Einige Themen wurden in den Seminaren zu kurz behandelt. (nur Trainees)
Einige Arbeitsabläufe, die den Verbund betreffen, sind mir nach den Praxiseinsätzen bei Verbundpartnern klarer geworden.
In den Praxiseinsätzen bei den Verbundpartnern wurden mir fachtheoretische Inhalte vermittelt, die ich auch danach gut gebrauchen konnte.
In meiner Primärbank wurde mir das nötige Praxiswissen vermittelt, so daß ich bald verantwortungsvolle Aufgaben in der Bank übernehmen konnte.

---

*⁾   **Alle** (auch auf den folgenden Seiten) mit *⁾ gekennzeichnete Items sind negativ gepolt.

Transfer

Inwieweit können Sie folgenden Aussagen zustimmen?
(4 Antwortkategorien:
"trifft nicht zu", "trifft kaum zu", "trifft weitgehend zu", "trifft völlig zu")

Mein im Studium erworbenes Wissen konnte ich in meiner täglichen Arbeit verwenden.
Die in folgenden Seminaren vermittelten Inhalte konnte ich in meiner täglichen Arbeit anwenden: (nur für Traineeprogramm, TP)
* Einführungsseminar
* Vermögensberatung
* Kreditgeschäft
* Aufbauseminar
* Abschlußseminar
Fachtheoretische Inhalte meiner Praxiseinsätze konnte ich in meiner täglichen Arbeit anwenden. (nur für Traineeprogramm, TP)
Im Rahmen meiner Praxiseinsätze lernte ich die Ansprechpartner im Verbund kennen, zu denen ich durch meine tägliche Arbeit bedingt noch häufig Kontakt habe. (nur für TP)
Mein Vorgesetzter interessierte sich für das, was ich in den Seminaren und Praxiseinsätzen gelernt hatte.
Mein Vorgesetzter interessierte sich für das, was ich im Studium gelernt hatte.
Ich erhalte von meinem Vorgesetzten Rückmeldungen über meine Leistungen.
Mein Vorgesetzter nimmt Neuerungen und Anregungen, die ich einbringe, gerne an.
Mein Vorgesetzter läßt mir genügend Handlungsspielraum.
Mein Vorgesetzter motiviert mich, Gelerntes auch anzuwenden.
Die Übertragung von theoretischen Inhalten auf die Praxis fällt mir leicht. (nur Trainees + akad. Direkteinsteiger, AD)
Fachwissen im Gedächtnis zu behalten, fällt mir schwer.*) (nur Trainees + AD)
Die Inhalte der Seminare waren immer auf dem neusten Stand. (nur Trainees)
Die Klausuren im Abschlußseminar waren zu streng.*) (nur TP)

Soziale Integration in der Bank
Inwieweit können Sie folgenden Aussagen zustimmen?
(4 Antwortkategorien:
"trifft nicht zu", "trifft kaum zu", "trifft weitgehend zu", "trifft völlig zu")

Meine Kollegen waren bei meiner Arbeitsaufnahme über meine Aufgaben/meine organisatorische Einbettung informiert.
Meine Kollegen hatten realistische Erwartungen an mich als Akademiker.
Die ersten Kontakte mit Kollegen fielen mir leicht.
Einige meiner Kollegen waren verblüfft über mein Anfangsgehalt (vorausgesetzt sie kannten es).*)
Einige meiner Kollegen waren neidisch auf die Zuwendung, die ich im Rahmen des Traineeprogramms erhielt.*) (nur TP)
Der Großteil meiner Kollegen wußte bei meiner Arbeitsaufnahme, was ein "Trainee" ist. (nur TP)
Keiner meiner Kollegen hatte den Eindruck, ich würde ihr/ihm einen "Posten wegschnappen".
Einige meiner Kollegen hatten Befürchtungen, ich würde bald ihr Chef sein.*)
Meine Kollegen nannten mich anfangs noch häufig den "Theoretiker von der Uni".*)
Meine Kollegen waren aufgeschlossen für Neuerungen oder Anregungen, die ich mitbrachte.
Meine Vorgesetzten waren aufgeschlossen für Neuerungen oder Anregungen, die ich mitbrachte.
Mein direkter Vorgesetzter wußte bei meiner Arbeitsaufnahme, was ein "Trainee" ist. (nur TP)
Mit Vertretern der mittleren Hierarchieebene hatte ich keine Probleme.

Methodenkompetenz
Inwieweit können Sie folgenden Aussagen zustimmen?
(4 Antwortkategorien:
"trifft nicht zu", "trifft kaum zu", "trifft weitgehend zu", "trifft völlig zu")

Konzentrationsfähigkeit: Ich vermeide unnötiges Wechseln zwischen Aufgaben.
Arbeits- und Einsatzbereitschaft: Ich werde anfallenden Arbeiten auch in Stoßzeiten gerecht.
Sorgfalt: Ich liefere stets korrekte, brauchbare und zuverlässige Arbeitsergebnisse.
Problembewußtsein: Ich erkenne Probleme, deren Ursachen, Wichtigkeit und Zusammenhänge.
Entscheidungsvermögen: Ich kann eigenständig Kriterien abwägen und bewerten, um Entscheidungen innerhalb meines Kompetenzbereiches ohne langwierige Rückfragen zu treffen.
Vielseitigkeit/Flexibilität: Ich kann schnell und aufgrund meiner Kompetenz auf viele verschiedene veränderte Situationen/Aufgaben/Themen/Tätigkeiten reagieren.
Zuverlässigkeit: Ich halte Termine und Zusagen ein.
Selbständigkeit: Ich erarbeite Grundlagen, Ergebnisse und Folgerungen ohne Anleitung, häufige Rückfragen und Unterstützung.
Verantwortungsbereitschaft: Ich stehe zu meinen Entscheidungen und daraus resultierenden Konsequenzen.
Belastbarkeit: Ich behalte auch bei hohem Arbeitsanfall den Überblick und bewahre selbst in Streßsituationen Ruhe.
Kostenbewußtsein: Ich achte auf einen sinnvollen Ressourcen-/Budgeteinsatz und orientiere den Aufwand am Nutzen.
Ertragsbewußtsein: Ich richte meine Maßnahmen auf die Erwirtschaftung eines höheren Betriebsergebnisses aus.
Umsicht: Ich sehe die Bank als Ganzes und denke über meinen eigenen Arbeitsbereich hinaus.
Tatkraft/Eigeninitiative: Ich greife Themen/Probleme/Maßnahmen selbständig auf, ohne Anstoß von außen/anderen.
Fähigkeit zu systematischem Arbeiten: Meist verschaffe ich mir zunächst einen Überblick und lege dann eine sinnvolle Bearbeitungsreihenfolge fest.

Methodenkompetenz
Inwieweit können Sie folgenden Aussagen zustimmen?

Sprachliches Ausdrucksvermögen: Ich bin in der Lage meine Gedanken oder komplizierte Zusammenhänge/Probleme zu strukturieren und verständlich zu erklären.

Urteilsfähigkeit: Ich kann mir aufgrund vorliegender Sachverhalte/Informationen eine eigene und sichere Meinung bilden.

Zielsetzungsfähigkeit: Ich kann mir und anderen eindeutige Ziele setzen.

konzeptionelles Denkvermögen: Ich kann meinen Gedanken Form geben, indem ich für ein Problem einen Lösungsweg und dessen Umsetzung planen kann.

Denken in Zusammenhängen: Ich sehe bestimmte Sachverhalte nicht isoliert und kann Einzelinformationen sinnvoll kombinieren.

strategisches Denkvermögen: Ich erkenne die langfristige Perspektive meines eigenen Handelns und kann Mittel zur Zielerreichung planen, umsetzen und Konsequenzen abschätzen.

analytisches Denkvermögen: Ich kann auch komplexe Sachverhalte zergliedern, strukturieren und erfassen.

Risikobewußtsein: Ich wäge stets positive und negative Konsequenzen ab.

rasche Auffassungsgabe: Ich kann mich auch in neue Sachverhalte schnell hineindenken und wesentliche Inhalte erkennen.

Beharrlichkeit 1: Ich zeige Ausdauer und Geduld bei der Zielerreichung und der Bewältigung eigener Aufgaben.

Beharrlichkeit 2: Ich lasse mich auch durch Rückschläge nicht von der Problemlösung abbringen.

Koordinationsfähigkeit: Ich kann Abläufe/Arbeiten sinnvoll planen, steuern und delegieren.

Kontrollfähigkeit: Ich kann Fehler/Fehlentwicklungen erkennen und überwachen.

Transparenzfähigkeit: Ich kann Betroffene auf verständliche Weise informieren.

Abstraktionsfähigkeit 1: Ich kann anhand von Modellen Auswirkungen analysieren.

Abstraktionsfähigkeit 2: Ich kann Probleme und Aufgaben auf das Grundproblem zurückführen.

Methodenkompetenz
Inwieweit können Sie folgenden Aussagen zustimmen?

Sinn für Wesentliches: Ich weiß, auf was es in meinem Job ankommt.

Fähigkeit zur Informationsbeschaffung: Ich weiß, woher ich nötige Informationen bekommen kann.

Fähigkeit zum Informationstransfer: Ich kann Ergebnisse/Daten/Wissen zielgerichtet an andere weitergeben, indem ich diese erklären und die Bedeutung der Information verständlich machen kann.

Fähigkeit zu unternehmerischem Denken: Ich habe stets das Gesamtwohl des Betriebes im Auge.

Fähigkeit zum kritischen Hinterfragen: Ich nehme Informationen nicht vorbehaltlos hin, sondern prüfe diese auf ihre Plausibilität.

Fähigkeit zur Zielorientierung: Mein Vorgehen steuere ich durch formulierte Ziele.

Objektivität: Ich halte mich stets an Fakten.

Soziale Kompetenz
Inwieweit können Sie folgenden Aussagen zustimmen?
(4 Antwortkategorien:
"trifft nicht zu", "trifft kaum zu", "trifft weitgehend zu", "trifft völlig zu")

Anpassungsvermögen 1: Ich kann mich an bestehende Strukturen anpassen.

Anpassungsvermögen 2: Ich kann mich kurzfristig auf unterschiedliche Personen einstellen.

Kontaktfähigkeit 1: Ich kann auf Menschen zugehen.

Kontaktfähigkeit 2: Ich kann geknüpfte Kontakte aufrechterhalten und positiv gestalten.

Kooperationsfähigkeit: Ich kann gut mit anderen zusammenarbeiten.

Teamorientierung: Ich kann mich in eine Gruppe einfügen und meine Leistung zur Verfügung stellen bzw. Ideen des Teams nutzen.

Durchsetzungsvermögen: Ich kann meinen Standpunkt auch bei Widerständen vertreten.

Kommunikationsfähigkeit: Ich stehe mit anderen im Dialog und spreche mit ihnen über Probleme/Meinungen/Informationen.

Soziale Kompetenz
Inwieweit können Sie folgenden Aussagen zustimmen?

Überzeugungsfähigkeit: Ich überzeuge durch
Begründungen/Beweise/Nutzenargumente. Häufig können sich mir dann
vorher Andersdenkende bereitwillig anschließen.

Hilfsbereitschaft: Ich biete Hilfe bei Fragen/Problemen/Informationsdefiziten
an und unterstütze Mitarbeiter und Kollegen.

Toleranz 1: Ich bin für Meinungen/Lösungsvorschläge/unkonventionelle
Vorgehensweisen anderer offen bzw. zugänglich.

Toleranz 2: Ich bin duldsam ggü. Fehlern anderer.

Informationsbereitschaft: Ich informiere unaufgefordert betroffene andere
Personen/Abteilungen.

Menschenkenntnis 1: Ich kann Kunden/Mitarbeiter/Kollegen einschätzen, so
daß ich diese weder über- noch unterfordere.

Menschenkenntnis 2: Ich kann unterschiedlichen Menschen Gleiches mit
verschiedenen Ansätzen nahebringen.

Auftreten: Ich glaube, daß ich in meinem Auftreten überzeugend,
vertrauenerweckend und selbstbewußt wirke.

Aufrichtigkeit/Offenheit: Ich spreche Vor- und Nachteile offen an und stehe
zu getroffenen Aussagen und gemachten Fehlern.

Kompromißfähigkeit: Ich bin auch zu Zugeständnissen bereit und suche stets
nach sachdienlichen Lösungen, da ich weiß, daß nicht jedes Ziel erreicht
werden kann bzw. auch andere gute Ideen haben.

Einfühlungsvermögen: Ich kann mich in Bedenken/Situationen/Lagen anderer
hineinversetzen und deren Argumentation nachvollziehen.

Kritikfähigkeit 1: Ich nehme berechtigte bzw. konstruktive Kritik offen an
und kann sie umsetzen.

Kritikfähigkeit 2: Ich kann auch bei anderen in geeigneter Weise Kritik
anbringen.

Konfliktfähigkeit: Ich stelle mich auch unangenehmen Dingen und kann
Konflikte bzw. Meinungsverschiedenheiten sachlich lösen.

Zuhörfähigkeit: Ich unterbreche einen Sprecher nur in Ausnahmefällen. Ich
erfrage Hintergründe.

Vermittlungsfähigkeit: Ich kann zwischen zwei Parteien einen Konsens
herbeiführen, indem ich Kompromißmöglichkeiten erkenne.

Personale Kompetenz
Inwieweit können Sie folgenden Aussagen zustimmen?
(4 Antwortkategorien:
"trifft nicht zu", "trifft kaum zu", "trifft weitgehend zu", "trifft völlig zu")

Entwicklungsfähigkeit: Ich will auch steigenden/neuen Anforderungen gerecht werden. Ich bin bereit, mich veränderten Sachverhalten/Aufgaben zu stellen.

Lernbereitschaft 1: Ich lerne aus Fehlern und nehme Erfahrungen und neues Wissen an. Ich bin bereit fachlich und persönlich weiterzulernen.

Lernbereit. 2: Ich nehme Fort- und Weiterbildungsangebote an und nutze sie.

Lernbereit. 3: Um auf dem neusten Wissensstand zu sein, lese ich Fachliteratur.

Kreativität 1: Ich kann eigene Ideen entwickeln und verwirklichen.

Kreativität 2: Bei Bedarf suche ich alternative Lösungswege.

Anpassungsfähigkeit an neue Technologien 1: Ich stehe dem Einsatz neuer Technologien grundsätzlich aufgeschlossen gegenüber.

Anpassungsfähigkeit an neue Technologien 2: Ich setze neue Technologien aktiv ein.

Innovationsbereitschaft: Ich probiere gerne Neues ohne Erfahrungswert aus. Ich gehe weg von "das war schon immer so".

Fähigkeit zur Eigenmotivation: Ich kann mich selbst anspornen und resigniere nicht. Ich überstehe auch Rückschläge und Durchhänger.

Fähigkeit zur Selbstanalyse 1: Hin und wieder "ziehe ich Bilanz", um Anhaltspunkte für weitere Verbesserungen meiner selbst zu erhalten.

Fähigkeit zur Selbstanalyse 2: Ich reflektiere auch über meine eigene Tätigkeit.

Fähigkeit zur Selbstkritik: Ich kann mir Fehler, aber auch Erfolge selbst eingestehen.

Zukunftsorientierung: Ich plane und handele vorausschauend/an künftigen Erfordernissen orientiert und kann Trends erkennen.

Optimismus 1: Ich sehe vordergründig die Lösung und nicht das Problem.

Optimismus 2: Meine eigene Zukunft und die der Bank sehe ich positiv/erwartungsvoll.

Selbstbewußtsein: Ich bin mir über meine Person/Position/Fähigkeiten im klaren und kenne den Wert meiner Leistungen.

Identifikation

Inwieweit können Sie folgenden Aussagen zustimmen?

(4 Antwortkategorien:

"trifft nicht zu", "trifft wenig zu", "trifft zu", "trifft sehr zu")

Ich kann mich mit dem modernen Genossenschaftsgedanken identifizieren.
Ich bin davon überzeugt, daß sich die Genossenschaftsbanken in ihrer Beziehung zum Kunden von anderen Banken unterscheiden.
Aufgrund ihrer Geschichte kommt den Genossenschaftsbanken eine besondere wirtschafts- und sozialpolitische Bedeutung zu.
Ich stehe nach wie vor zu meiner Entscheidung, in einer Genossenschaftsbank zu arbeiten.
Die Geschäftspolitik meiner Genossenschaftsbank unterscheidet sich von der anderer Banken.
Für mich persönlich ist es gleichgültig, ob ich bei einer Genossenschaftsbank oder einer anderen Bank beschäftigt bin.*)
Ich mache im Kontakt mit Kunden die Besonderheiten einer genossenschaftlichen Bank deutlich.
Ich bin davon überzeugt, daß der Genossenschaftsgedanke nach wie vor gelebt wird.
Ich bin davon überzeugt, daß der Genossenschaftsgedanke mehr als nur Marktinstrument ist.
Ich bin entschieden gegen die Behauptung, in Kreditgenossenschaften würden starre Strukturen und eine konservative Grundhaltung vorherrschen.
Ich bin davon überzeugt, daß das genossenschaftliche Verbundsystem die optimalen Dienstleister für seine Primärbanken beinhaltet.

Berufliche Ziele 1. "Wie wichtig sind die folgenden Ziele für Sie persönlich im Beruf?" bzw. *für Personalverantwortliche:* "Was glauben Sie: wie wichtig sind die folgenden Ziele für akademische Berufsanfänger?" (4 Antwortkategorien: "unwichtig", "weniger wichtig", "wichtig", "sehr wichtig") 2. "Wie wahrscheinlich ist es für Sie, ...: *Trainees (a):* ... durch Ihre persönlichen Leistungen in Ihrer Trainee- Ausbildungsbank diese Ziele zu erreichen? *Praktiker/akad. Direkteinsteiger (a):* ... durch Ihre persönlichen Leistungen in Ihrer Bank diese Ziele zu erreichen? *Personalverantwortliche (a):* ... durch persönliche Leistungen im Anschluß an eine Trainee-Ausbildung diese Ziele in Ihrer Bank zu erreichen? *Azubis mit Abitur (b):* ... aufgrund eines akademischen Grades diese obengenannten Ziele zu erreichen? *Sommerakademiker (b):* ... nach Abschluß Ihres Studiums, diese obengenannten Ziele in Ihrer genossenschaftlichen Ausbildungsbank zu erreichen? *Studenten (c):* **keine Frage** nach Wahrscheinlichkeit der Zielerreichung (4 Antwortkategorien: "unwahrscheinlich", "weniger wahrscheinlich", "wahrscheinlich", "sehr wahrscheinlich")	Stich- probe[2)
ein hohes Gehalt bekommen	a,b,c
in eine Führungsposition aufsteigen	a,b,c
Anerkennung durch Vorgesetzte erhalten	a,b
Anerkennung durch Kollegen erhalten	a,b
Anerkennung durch nahestehende Personen außerhalb des Berufs erhalten	a,b
sich durch sehr gute Leistungen auszeichnen	a,b
in der Arbeit gefordert werden	a,b
Verantwortung übernehmen	a,b
selbständig arbeiten	a,b
eigene Ideen verwirklichen können	a,b,c

eine abwechslungsreiche Tätigkeit haben	a,b,c
an Entscheidungen beteiligt werden	a,b,c
sich durch Leistung selbst bestätigen	a,b
persönlich zum Erfolg der Bank beitragen	a,b
beruflich flexibel sein im Hinblick auf den Wechsel in ein anderes Unternehmen	a,b,c
einen ausgeprägten Handlungs- und Entscheidungsspielraum haben	a,b,c
einen sicheren Arbeitsplatz haben	a,b,c
sich stets fachlich weiterbilden	a,b,c
gute Kontakte zu Vorgesetzten und Kollegen haben	a,c
in einer Bank mit gutem Image arbeiten	a,c
eine Tätigkeit mit hohem Ansehen ausführen	a,c
an einem attraktiven Ort wohnen	a,c
unter einem zeitgemäßen Führungsstil arbeiten	a,c
innerhalb flacher Hierarchien arbeiten	a,c
Möglichkeiten zu Auslandseinsätzen haben	a,c
nach dem Leistungsprinzip beurteilt werden	a,c
flexible Arbeitszeit-/Urlaubsregelung	c
umfangreiche Sozialleistungen erhalten	c
Größe der Bank (BiSu > 1 Mrd.)	c
faire Personalauswahl	c

2) Mit **a** gekennzeichnete Items wurden von Trainees, Traineeverantwortlichen, Praktikern und akademischen Direkteinsteigern beantwortet.
Mit **b** gekennzeichnete Items wurden von Auszubildenden und Sommerakademikern beantwortet.
Mit **c** gekennzeichnete Items wurden von den Studenten beantwortet.

Berufswünsche bezogen auf einzelne Bereiche in der Bank Folgende Funktionen/Bereiche könnte ich mir für eine zukünftige Tätigkeit vorstellen: (4 Antwortkategorien: "sehr gerne", "gerne", "eher nicht", "überhaupt nicht")	Präferierte Arbeitgeber Bei folgenden Kreditinstituten könnte ich mir eine zukünftige Tätigkeit vorstellen: (4 Antwortkategorien: "sehr gerne", "gerne", "eher nicht", "überhaupt nicht")
Wertpapiergeschäft	Ausländische Banken
Kreditgeschäft	Bayerische Hypobank
Firmenkundenbetreuung	Bayerische Landesbank
Revision	Bayerische Vereinsbank
VWL-Abteilung	Berliner Bank
Auslandsgeschäft	BfG Bank
Filialleitung	BHF-Bank
Privatkundenbetreuung	Commerzbank
Organisation/EDV	Citibank
Konsortialgeschäft	Deutsche Bank
Personalabteilung	Dresdner Bank
Marketing	Deutsche Genossenschaftsbank
Controlling	Landesgirokasse
Baufinanzierung	L-Bank
Immobiliengeschäft	Privatbanken
	Sparkassen
	Südwest LB
	West LB
	Volksbanken und Raiffeisenbanken

Sonstige Angaben zu: Person/Ausbildung/Kosten etc.	
Stichprobe:	**erhobene Merkmale:**
Trainees nachher Selbsteinschätzung	Alter Geschlecht Abiturnote Art der Hochschule Studienfach Diplomabschlußnote Berufsausbildung u. -abschlußnote Note/Punkte im Abschlußseminar Kontakt zur Traineebank nötiger Umzug
Personalverantwortliche/ **Traineebetreuer** in der Bank nachher Fremdeinschätzung	Kontakt zum Trainee Wiederholung Traineeprogramm Kosten f. teuersten Trainee: * Lohn- u. Lohnnebenkosten * Seminarkosten * Unterkunft u. Verpflegung * erstattete Fahrtkosten * nötige Freistellungen in Tagen * Betreuungsaufwand in Stunden * Sonstige Kosten
Praktiker 3./4. Stufe Aufstiegsfortbildung (AF) bzw. Management in Genossenschaftsbanken (MGB)	Alter Geschlecht Schulbildung Studium angestrebt Berufsausbildung u. -abschlußnote Länge der Betriebszugehörigkeit derzeitige/zukünftige Position
Studenten der BWL an FH und UNI	Alter Geschlecht Studienfach Semester Hochschule Berufsausbildung als/bei Bedeutung eines Traineeprogramms

akademische Direkteinsteiger 3./4. Stufe AF bzw. MGB	Alter Geschlecht Abiturnote Art der Hochschule Studienfach Diplomabschlußnote Berufsausbildung u. -abschlußnote Kontakt zum jetzigen Arbeitgeber Unterstützung während Studium Länge der Betriebszugehörigkeit derzeitige/zukünftige Position
Auszubildende mit Abitur in der Ausbildung	Alter Geschlecht Schulbildung Bekanntheit der Förderprogramme "Akademischer Nachwuchs"
Teilnehmer der Sommerakademie (ehemalige Auszubildende, derzeit Studenten BWL oder Jura)	Alter Schulbildung Berufsausbildungsabschlußnote Art der Hochschule Studienfach Studiensemester Bekanntheit der Förderprogramme "Akademischer Nachwuchs" Ferientätigkeit in der Bank aktueller Kontakt zur Bank
***Dokumentation* des** **Bewerberaufkommens und der** **Bewerberqualität sowie** **der tatsächlichen Vermittlung an** **eine Bank**	Anzahl Alter Geschlecht Wohn- bzw. Studienort Bankausbildung Bankpraktika Studienfach u. -schwerpunkt Noten (gesamt) Beurteilungen Dauer der Vermittlungsbemühungen Gründe für Absage

Wichtigkeit beruflicher Ziele

(Mittelwert und Standardabweichung für die einzelnen Items der jeweiligen Vollversion pro Stichprobe)

Items	Stichprobe						
	Trainees (26 Items - 10 Fälle)	akademische Direkteinsteiger (26 Items - 13 Fälle)	Praktiker (26 Items - 111 Fälle)	Teilnehmer der Sommerakademie (18 Items - 19 Fälle)	Auszubildende mit Abitur (18 Items - 77 Fälle)	Fremdeinschätzung d. Personalverantwortlichen (26 Items - 5 F.)	Studenten der BWL (21 Items - 143 Fälle)
ein hohes Gehalt bekommen	M = 2,2 s = 0,4	M = 2,2 s = 0,6	M = 2,2 s = 0,6	M = 1,9 s = 0,4	M = 2,2 s = 0,5	M = 2,0 s = 0,7	M = 1,8 s = 0,7
in e. Führungsposition aufsteigen	M = 2,6 s = 0,8	M = 2,0 s = 0,7	M = 1,9 s = 0,8	M = 1,9 s = 0,6	M = 2,1 s = 0,7	M = 2,4 s = 0,9	M = 2,0 s = 0,6
Anerkennung durch Vorgesetzte erhalten	M = 2,7 s = 0,5	M = 2,4 s = 0,5	M = 2,4 s = 0,6	M = 2,4 s = 0,5	M = 2,3 s = 0,7	M = 2,4 s = 0,5	
Anerkennung durch Kollegen erhalten	M = 2,5 s = 0,5	M = 2,2 s = 0,6	M = 2,3 s = 0,7	M = 2,4 s = 0,6	M = 2,2 s = 0,8	M = 2,2 s = 0,4	
Anerkennung durch nahestehende Personen außerhalb des Berufs erhalten	M = 1,7 s = 0,8	M = 1,7 s = 0,9	M = 2,1 s =0,8	M = 2,3 s = 0,7	M = 1,7 s = 0,9	M = 2,6 s = 0,5	
sich durch sehr gute Leistungen auszeichnen	M = 2,8 s = 0,4	M = 2,5 s = 0,5	M = 2,4 s = 0,6	M = 2,0 s = 0,7	M = 2,3 s = 0,6	M = 2,4 s = 0,9	
in der Arbeit gefordert werden	M = 2,6 s = 0,5	M = 2,5 s = 0,7	M = 2,3 s = 0,6	M = 2,5 s = 0,6	M = 2,3 s = 0,5	M = 2,2 s = 0,8	
Verantwortung übernehmen	M = 2,8 s = 0,4	M = 2,6 s = 0,5	M = 2,4 s = 0,6	M = 2,4 s = 0,5	M = 2,2 s = 0,6	M = 2,4 s = 0,5	

Items	Stichprobe						
	Trainees (26 Items - 10 Fälle)	akademische Direkteinsteiger (26 Items - 13 Fälle)	Praktiker (26 Items - 111 Fälle)	Teilnehmer der Sommerakademie (18 Items, -19 Fälle)	Auszubildende mit Abitur (18 Items, -77 Fälle)	Fremdeinschätzung d. Personalverantwortlichen (26 Items - 5 F.)	Studenten der BWL (21 Items - 143 Fälle)
selbständig arbeiten	M = 2,9 s = 0,3	M = 2,7 s = 0,6	M = 2,7 s = 0,5	M = 2,5 s = 0,6	M = 2,5 s = 0,6	M = 2,4 s = 0,5	
eigene Ideen verwirklichen können	M = 3,0 s = 0,0	M = 2,8 s = 0,4	M = 2,4 s = 0,7	M = 2,4 s = 0,8	M = 2,3 s = 0,7	M = 2,4 s = 0,5	M = 2,3 s = 0,7
eine abwechslungsreiche Tätigkeit haben	M = 2,9 s = 0,3	M = 2,8 s = 0,4	M = 2,6 s = 0,5	M = 2,6 s = 0,5	M = 2,6 s = 0,5	M = 2,4 s = 0,5	M = 2,5 s = 0,6
an Entscheidungen beteiligt werden	M = 3,0 s = 0,0	M = 2,7 s = 0,6	M = 2,6 s = 0,5	M = 2,6 s = 0,5	M = 2,2 s = 0,6	M = 2,6 s = 0,5	M = 1,7 s = 0,7
sich durch Leistung selbst bestätigen	M = 2,6 s = 0,5	M = 2,4 s = 0,5	M = 2,5 s = 0,5	M = 2,4 s = 0,6	M = 2,2 s = 0,7	M = 2,6 s = 0,5	
persönlich zum Erfolg der Bank beitragen	M = 2,6 s = 0,5	M = 2,1 s = 0,9	M = 2,4 s = 0,6	M = 2,1 s = 0,8	M = 2,0 s = 0,7	M = 2,0 s = 0,0	
beruflich flexibel sein im Hinblick auf den Wechsel in ein anderes Unternehmen	M = 1,9 s = 0,9	M = 1,8 s = 0,9	M = 1,8 s = 0,9	M = 1,6 s = 0,6	M = 2,0 s = 0,8	M = 1,8 s = 0,8	M = 1,5 s = 0,8
einen ausgeprägten Handlungs- und Entscheidungsspielraum haben	M = 2,6 s = 0,5	M = 2,5 s = 0,7	M = 2,3 s = 0,6	M = 2,3 s = 0,7	M = 2,2 s = 0,6	M = 2,2 s = 0,4	M = 2,3 s = 0,6
einen sicheren Arbeitsplatz haben	M = 1,7 s = 0,8	M = 2,4 s = 0,8	M = 2,7 s = 0,5	M = 2,6 s = 0,6	M = 2,5 s = 0,7	M = 2,4 s = 0,9	M = 2,1 s = 0,7

Items	Stichprobe						
	Trainees (26 Items - 10 Fälle)	akademische Direkteinsteiger (26 Items - 13 Fälle)	Praktiker (26 Items - 111 Fälle)	Teilnehmer der Sommerakademie (18 Items - 19 Fälle)	Auszubildende mit Abitur (18 Items - 77 Fälle)	Fremdeinschätzung d. Personalverantwortlichen (26 Items - 5 F.)	Studenten der BWL (21 Items - 143 Fälle)
sich stets fachlich weiterbilden	M = 2,6 s = 0,5	M = 2,7 s = 0,5	M = 2,5 s = 0,5	M = 2,7 s = 0,5	M = 2,5 s = 0,5	M = 2,8 s = 0,4	M = 2,5 s = 0,6
gute Kontakte zu Vorgesetzten und Kollegen haben	M = 2,4 s = 0,7	M = 2,6 s = 0,5	M = 2,5 s = 0,6			M = 2,4 s = 0,9	M = 2,5 s = 0,6
in einer Bank mit gutem Image arbeiten	M = 1,6 s = 0,7	M = 2,0 s = 0,9	M = 2,2 s = 0,6			M = 2,4 s = 0,5	M = 1,5 s = 0,7
eine Tätigkeit mit hohem Ansehen ausführen	M = 1,4 s = 0,7	M = 1,8 s = 0,6	M = 1,7 s = 0,8			M = 2,4 s = 0,5	M = 1,6 s = 0,7
an einem attraktiven Ort wohnen	M = 1,6 s = 0,5	M = 1,5 s = 1,1	M = 1,6 s = 1,2			M = 1,4 s = 0,5	M = 1,7 s = 0,8
unter einem zeitgemäßen Führungsstil arbeiten	M = 2,7 s = 0,5	M = 2,4 s = 0,9	M = 2,4 s = 0,6			M = 2,6 s = 0,5	M = 2,2 s = 0,7
innerhalb flacher Hierarchien arbeiten	M = 2,3 s = 0,8	M = 1,9 s = 0,8	M = 1,8 s = 0,8			M = 1,6 s = 0,5	M = 1,7 s = 0,8
Möglichkeiten zu Auslandseinsätzen haben	M = 0,7 s = 0,5	M = 0,9 s = 0,8	M = 0,6 s = 0,8			M = 0,8 s = 0,8	M = 1,7 s = 1,0
nach dem Leistungsprinzip beurteilt werden	M = 2,6 s = 0,5	M = 2,1 s = 0,5	M = 1,8 s = 0,8			M = 1,6 s = 0,9	M = 2,0 s = 0,8

Items	Stichprobe						
	Trainees (26 Items - 10 Fälle)	akademische Direkteinsteiger (26 Items - 13 Fälle)	Praktiker (26 Items - 111 Fälle)	Teilnehmer der Sommerakademie (18 Items, -19 Fälle)	Auszubildende mit Abitur (18 Items, -77 Fälle)	Fremdeinschätzung d. Personalverantwortlichen (26 Items - 5 F.)	Studenten der BWL (21 Items - 143 Fälle)
flexible Arbeitszeit-/ Urlaubsregelung							M = 2,1 s = 0,8
umfangreiche Sozialleistungen erhalten							M = 1,7 s = 0,7
Größe der Bank (BiSu > 1 Mrd.)							M = 0,9 s = 0,8
faire Personalauswahl							M = 2,4 s = 0,6

Wahrscheinlichkeit beruflicher Ziele

(Mittelwert und Standardabweichung für die einzelnen Items der jeweiligen Vollversion pro Stichprobe)

Items	Stichprobe					
	Trainees (26 Items - 10 Fälle)	akademische Direkteinsteiger (26 Items - 14 Fälle)	Praktiker (26 Items - 101 Fälle)	Teilnehmer der Sommerakademie (18 Items - 20 Fälle)	Auszubildende mit Abitur (18 Items - 71 Fälle)	Fremdeinschätzung d. Personalverantwortlichen (26 Items - 4 F.)
ein hohes Gehalt bekommen	M = 1,4 s = 0,7	M = 2,1 s = 0,7	M = 1,6 s = 0,8	M = 1,4 s = 0,6	M = 1,8 s = 0,7	M = 2,3 s = 0,5
in eine Führungsposition aufsteigen	M = 1,8 s = 0,6	M = 1,7 s = 0,8	M = 1,7 s = 0,8	M = 1,5 s = 0,6	M = 1,8 s = 0,7	M = 2,3 s = 1,0

Items	Stichprobe					
	Trainees (26 Items - 10 Fälle)	akademische Direkteinsteiger (26 Items - 14 Fälle)	Praktiker (26 Items - 101 Fälle)	Teilnehmer der Sommerakademie (18 Items - 20 Fälle)	Auszubildende mit Abitur (18 Items - 71 Fälle)	Fremdeinschätzung d. Personalverantwortlichen (26 Items - 4 F.)
Anerkennung durch Vorgesetzte erhalten	M = 1,7 s = 0,8	M = 2,4 s = 0,5	M = 2,0 s = 0,7	M = 2,0 s = 0,7	M = 1,7 s = 0,7	M = 2,3 s = 0,5
Anerkennung durch Kollegen erhalten	M = 1,9 s = 0,3	M = 2,4 s = 0,6	M = 2,2 s = 0,6	M = 2,1 s = 0,7	M = 1,5 s = 0,7	M = 2,0 s = 0,0
Anerkennung durch nahestehende Personen außerhalb des Berufs erhalten	M = 1,6 s = 0,8	M = 1,9 s = 0,9	M = 2,0 s = 0,7	M = 2,3 s = 0,7	M = 1,7 s = 0,8	M = 2,3 s = 0,5
sich durch sehr gute Leistungen auszeichnen	M = 2,4 s = 0,5	M = 2,2 s = 0,7	M = 2,0 s = 0,5	M = 2,1 s = 0,6	M = 1,9 s = 0,5	M = 2,3 s = 0,5
in der Arbeit gefordert werden	M = 2,7 s = 0,5	M = 2,4 s = 0,8	M = 2,5 s = 0,6	M = 2,3 s = 0,6	M = 2,1 s = 0,7	M = 3,0 s = 0,0
Verantwortung übernehmen	M = 2,2 s = 0,8	M = 2,4 s = 0,9	M = 2,3 s = 0,6	M = 2,1 s = 0,6	M = 2,1 s = 0,8	M = 2,5 s = 0,6
selbständig arbeiten	M = 2,4 s = 0,8	M = 2,5 s = 0,7	M = 2,5 s = 0,6	M = 1,8 s = 0,7	M = 2,1 s = 0,7	M = 2,5 s = 0,6
eigene Ideen verwirklichen können	M = 1,9 s = 1,0	M = 2,1 s = 0,8	M = 1,8 s = 0,8	M = 1,6 s = 0,6	M = 1,7 s = 0,8	M = 1,5 s = 0,6
eine abwechslungsreiche Tätigkeit haben	M = 1,9 s = 0,9	M = 2,2 s = 0,8	M = 2,2 s = 0,6	M = 1,8 s = 0,6	M = 1,7 s = 0,8	M = 2,3 s = 0,5
an Entscheidungen beteiligt werden	M = 1,7 s = 1,2	M = 2,1 s = 0,9	M = 1,9 s = 0,8	M = 1,9 s = 0,6	M = 2,0 s = 0,7	M = 2,5 s = 0,6
sich durch Leistung selbst bestätigen	M = 2,3 s = 0,8	M = 1,9 s = 1,0	M = 2,3 s = 0,5	M = 2,1 s = 0,8	M = 2,0 s = 0,7	M = 2,3 s = 0,5
persönlich zum Erfolg der Bank beitragen	M = 2,2 s = 0,8	M = 2,3 s = 0,7	M = 2,1 s = 0,7	M = 2,0 s = 0,7	M = 1,7 s = 0,8	M = 2,5 s = 0,6
beruflich flexibel sein im Hinblick auf den Wechsel in ein anderes Unternehmen	M = 2,2 s = 0,8	M = 1,4 s = 0,9	M = 1,5 s = 0,8	M = 1,8 s = 0,6	M = 2,1 s = 0,8	M = 1,3 s = 0,5

Items	Stichprobe					
	Trainees (26 Items - 10 Fälle)	akademische Direkteinsteiger (26 Items - 14 Fälle)	Praktiker (26 Items - 101 Fälle)	Teilnehmer der Sommerakademie (18 Items - 20 Fälle)	Auszubildende mit Abitur (18 Items - 71 Fälle)	Fremdeinschätzung der Personalverantwortlichen (26 Items - 4 Fälle)
einen ausgeprägten Handlungs- und Entscheidungsspielraum haben	M = 1,8 s = 0,9	M = 1,9 s = 0,7	M = 1,7 s = 0,8	M = 1,5 s = 0,6	M = 1,9 s = 0,7	M = 2,3 s = 0,5
einen sicheren Arbeitsplatz haben	M = 1,8 s = 0,9	M = 2,2 s = 0,6	M = 2,2 s = 0,6	M = 2,0 s = 0,7	M = 1,7 s = 0,8	M = 2,5 s = 0,6
sich stets fachlich weiterbilden	M = 2,2 s = 0,6	M = 2,6 s = 0,5	M = 2,3 s = 0,6	M = 2,1 s = 0,6	M = 2,1 s = 0,6	M = 2,8 s = 0,5
gute Kontakte zu Vorgesetzten und Kollegen haben	M = 2,2 s = 0,4	M = 2,4 s = 0,5	M = 2,3 s = 0,5			M = 2,5 s = 0,6
in einer Bank mit gutem Image arbeiten	M = 1,5 s = 0,8	M = 1,9 s = 0,7	M = 2,0 s = 0,7			M = 2,3 s = 0,5
eine Tätigkeit mit hohem Ansehen ausführen	M = 1,7 s = 0,7	M = 1,7 s = 0,8	M = 1,7 s = 0,7			M = 2,3 s = 0,5
an einem attraktiven Ort wohnen	M = 2,0 s = 0,9	M = 1,4 s = 1,1	M = 1,6 s = 1,0			M = 1,8 s = 0,5
unter einem zeitgemäßen Führungsstil arbeiten	M = 1,6 s = 1,0	M = 1,7 s = 0,9	M = 1,6 s = 0,7			M = 2,5 s = 0,6
innerhalb flacher Hierarchien arbeiten	M = 1,7 s = 1,2	M = 1,6 s = 0,9	M = 1,6 s = 0,7			M = 2,3 s = 0,5
Möglichkeiten zu Auslandseinsätzen haben	M = 0,3 s = 0,5	M = 0,5 s = 0,8	M = 0,1 s = 0,5			M = 0,3 s = 0,5
nach dem Leistungsprinzip beurteilt werden	M = 1,9 s = 0,9	M = 2,0 s = 0,8	M = 1,6 s = 0,8			M = 2,5 s = 0,6

Ausgewählte Veröffentlichungen im Rainer Hampp Verlag

Birgit Rank, Roland Wakenhut (Hg.)
Sicherung des Praxistransfers im Führungskräftetraining
ISBN 3-87988-285-1, Rainer Hampp Verlag, München und Mering 1998, 256 S., DM 49.80

In diesem Band sind die Forschungsarbeiten zu einem mehrjährigen Kooperationsprojekt zwischen dem Lehrstuhl für Wirtschafts- und Sozialpsychologie der Katholischen Universität Eichstätt und der Akademie Bayerischer Genossenschaften in Beilngries dokumentiert. Ziel des Projektes war es, die Möglichkeiten eines systematischen Praxistransfers am Beispiel des genossenschaftlichen Führungsseminars empirisch zu untersuchen. Ausgehend von einem theoretischen Rahmenmodell zum Praxistransfer wurde ein Transfersicherungssystem aus abgestimmten Methoden und Instrumenten ausgearbeitet. Dieses Transfersicherungssystem setzt bereits im Vorfeld des Seminars an und erfaßt alle Phasen des Weiterbildungsprozesses bis hin zur Anwendung des Gelernten am Arbeitsplatz. Über eine längsschnittliche Untersuchung bei Teilnehmern des Führungsseminars konnte der Nachweis erbracht werden, daß die entwickelten Methoden und Instrumente den Praxistransfer merklich fördern. Die vorgestellten Ergebnisse bestätigen darüber hinaus die Gültigkeit des zugrundegelegten Rahmenmodells zum Praxistransfer.

Michael Habersam: **Controlling als Evaluation.**
Potentiale eines Perspektivenwechsels
ISBN 3-87988-216-9, Rainer Hampp Verlag, München u. Mering 1997, 240 S., DM 49.80

'Controlling als Evaluation' ist kein Controllingbuch im gängigen Sinn. Es behandelt die grundlegende Frage nach dem Warum von Controlling zunächst anhand des historischen Beispiels von Josiah Wedgwood, einem der herausragenden englischen Keramikhersteller des 18. Jahrhunderts. Wedgwood erfindet 1772 ein seiner Situation angemessenes Controlling, verschafft sich Transparenz in seiner komplexer werdenden Organisation und vermeidet es letztlich, seinen Namen in der Konkursspalte der Gazetten wiederzufinden.

Dieses Anliegen Josiah Wedgwoods ist auch der heutigen Controllingdiskussion nicht fremd, und eine genauere Betrachtung der vorherrschenden Controllingauffassung in der betriebswirtschaftlichen Literatur zeigt hinsichtlich des Organisations- und Führungsverständnisses bemerkenswerte Parallelen zur mechanistisch geprägten Sichtweise Wedgwoods. Darin liegt jedoch gleichzeitig auch eine der wesentlichen Begrenzungen dieser spezifischen Controllingauffassung.

An den Grenzen der gängigen Controllingdiskussion angelangt und folglich auf der Suche nach Anregungen für ein verändertes Controllingverständnis ist das Neue dieses Beitrags zur Controllingdiskussion in der Einführung und Betrachtung der Evaluationsdiskussion zu sehen. Die Evaluationsdiskussion geht zwar vom gleichen Anliegen aus wie die Controllingdiskussion, nimmt jedoch im Verlauf ihrer Entwicklung Abstand von einem mechanistisch geprägten Organisations- und Führungsverständnis. In diesem, die Controllingdiskussion öffnenden Perspektivenwechsel liegen Potentiale, die am Ende dieses Buches skizziert werden.

Birgit Rank: **Erwartungs-Wert-Theorien.**
**Ein Theoriekonzept der Wirtschaftspsychologie und seine Anwendung auf
eine berufsbiographische Entscheidung**

ISBN 3-87988-239-8, Rainer Hampp Verlag, München u. Mering 1997, 364 S., DM 49.80

Dieser Band legt eine umfassende theoriekritische und empirisch-operational gestützte Analyse der Erwartungs-Wert-Theorien vor, die in der Wirtschaftspsychologie vielfach als „Theoriekern" ausgewiesen werden – zumindest insoweit, als sich Wirtschaftspsychologie mit bewußten, überlegten Entscheidungen befaßt. Die Analyse zeichnet den historischen Gang der Theorieentwicklung nach, leistet eine formalisierte Zusammenschau der einzelnen Ansätze und präzisiert Einschränkungen des Geltungsbereichs.

Schließlich wird anhand einer eigenständigen empirischen Untersuchung in einem abgegrenzten Feld, nämlich der Entscheidung arbeitsloser Akademiker für eine Umschulung, die Erklärungskraft zentraler Variablen des Theoriekonzepts geprüft. Hierzu wurden 14 Umschulungsgruppen aus neun Institutionen befragt und hinsichtlich der Anwendbarkeit der Erwartungs-Wert-Theorien ausgewertet.

Hubert M. Vogt: **Persönlichkeitsmerkmale und komplexes Problemlösen.**
**Der Zusammenhang von handlungstheoretischen Persönlichkeits-
konstrukten mit Verhaltensweisen und Steuerungsleistungen bei dem
computersimulierten komplexen Szenario UTOPIA**

ISBN 3-87988-309-2, Rainer Hampp Verlag, München u. Mering 1998, 309 S., DM 62.80

In welchem Umfang bedingen Persönlichkeitsmerkmale den Prozeß des komplexen Problemlösens? Diese Frage bildet den Ausgangspunkt dieser empirischen Arbeit.

In der Untersuchung wird zunächst gezeigt, daß das computersimulierte Szenario UTOPIA seine Qualitäten als eignungsdiagnostisches Instrument des Assessment Centers sowie als komplexe Problemstellung in angemessener Weise gegeben sind.

Das handlungstheoretische Partialmodell der Persönlichkeit (HPP) von G. Krampen bildet die persönlichkeitspsychologische Basis der Arbeit. Zur Messung von bereichs- und situationsspezifischen Erwartungen in komplexen Problemlösesituationen werden Fragebögen zum Selbstkonzept und zum Kontrollbewußtsein aus dem HPP abgeleitet und teststatistisch analysiert.

Für die *betriebliche Personalarbeit* wird die aktuelle Literatur über den Stellenwert computersimulierter Szenarien im Assessment Center zusammengefaßt. Unter Verwendung von UTOPIA zeigt die Studie, welchen praktischen Nutzen computersimulierte Szenarien in der betrieblichen Eignungsdiagnostik haben können.

Für das *Forschungsfeld komplexes Problemlösen* werden die aktuellen empirischen Befunde, die über Persönlichkeitsmerkmale als den komplexen Problemlöseprozeß bedingende Faktoren vorliegen, zusammenfassend dargestellt. In der empirischen Studie steht die Untersuchung der Beziehung zwischen zeitlich und situativ stabilen persönlichen Merkmalen und der Vorgehensweise sowie dem Erfolg im Umgang mit dem computersimulierten Szenario UTOPIA im Vordergrund. Es wird gezeigt, wie dadurch eine weitere Aufhellung des Konstrukts der „komplexen Problemlösefähigkeit" erfolgen kann.